IV Congresso de Processo Penal

IV Congresso de Processo Penal

I CONGRESSO LUSO-BRASILEIRO DE CRIMINALIDADE ECONÓMICO-FINANCEIRA

Memórias

2016

Manuel Monteiro Guedes Valente
(Coordenador)

ALMEDINA

IV CONGRESSO DE PROCESSO PENAL
I Congresso Luso-Brasileiro de Criminalidade Económico-Financeira – Mermórias
COORDENADOR
Manuel Monteiro Guedes Valente
EDITOR
EDIÇÕES ALMEDINA, S.A.
Rua Fernandes Tomás, n.os 76, 78 e 80
3000-167 Coimbra
Tel.: 239 851 904 · Fax: 239 851 901
www.almedina.net · editora@almedina.net
DESIGN DE CAPA
FBA.
PRÉ-IMPRESSÃO
EDIÇÕES ALMEDINA, S.A.
IMPRESSÃO E ACABAMENTO
DPS - DIGITAL PRINTING SERVICES, LDA

Fevereiro, 2016
DEPÓSITO LEGAL
404502/16

ALMEDINA | GRUPOALMEDINA

Biblioteca Nacional de Portugal – Catalogação na Publicação

CONGRESSO DE PROCESSO
PENAL, 4, Lisboa, 2013

IV Congresso de Processo Penal, I
Congresso Luso-Brasileiro de Criminalidade
Económico-Financeira : memórias / IV
Congresso... ; coord. Manuel Monteiro Guedes
Valente
ISBN 978-972-40-6074-3

I – CONGRESSO LUSO-BRASILEIRO DE CRIMINALIDADE
ECONÓMICO-FINANCEIRA, 1, Lisboa, 2013
II – VALENTE, Manuel Monteiro Guedes

CDU 343

APRESENTAÇÃO

O primado de que processo penal é por excelência o direito dos inocentes não pode ficar arredado do processo-crime quando o objeto *sub judice* é um crime económico-financeiro. A intervenção penal material e processual deve, sempre, obedecer à arquitetura constitucional de equilíbrio entre a tutela efetiva de bens jurídicos dignos de tutela penal, fundamentais ao desenvolvimento harmonioso da comunidade, e a defesa do delinquente face ao pendor cada vez mais securitário do *ius puniendi*.

O **IV Congresso de Processo Penal** tem como objeto de estudo a criminalidade económico-financeira. Pretende ser o primeiro **Congresso Luso-Brasileiro** sobre esta temática em concreto e chamar ao palco principal atores judiciários – magistrados judiciais e do Ministério Público, advogados, autoridades e órgãos de polícia criminal, autoridade tributária e aduaneira – de Portugal e do Brasil.

Este congresso tem como desiderato debater o quadro geral da prevenção e repressão da criminalidade económico-financeira, a tutela efetiva dos direitos, liberdades e garantias dos agentes dos crimes, a demonstração de que existem vítimas apesar da sua inata invisibilidade, a intervenção do Juiz das liberdades, do Ministério Público, das Autoridades e dos Órgãos de Polícia Criminal e do Advogado como «elemento essencial à administração da justiça».

O desafio aumenta tendo em conta a elevada especialidade e altíssima complexidade da criminalidade económico-financeira, ancorada na designada cibercriminalidade, cuja ética superior dos Estados de direito e democráticos exige uma legitimidade e rígida validade da atuação dos operadores judiciários na aquisição e comunicação da notícia do crime, na aquisição e preservação da prova real e pessoal, e na efetiva garantia dos direitos e liberdades fundamentais de todos os cidadãos ao longo do *iter processualis*.

Os textos que se publicam estão datados, ou seja, encontram-se situados no tempo – 11 e 12 de abril de 2013 – e no espaço – Hotel Altis, Lisboa –, pelo que se impõe uma leitura presa a esse *tempo* e *espaço*, elementos medulares e gravitacionais do Direito em democracia.

O Coordenador Científico
Manuel Monteiro Guedes Valente

ABERTURA

I. Cumprimentos

Bom dia, minhas Senhoras e meus Senhores!

Bem-vindos ao IV Congresso de Processo Penal do Grupo Almedina, na cidade de Lisboa.

II. Apresentação

O Congresso que temos pela frente nestes dois dias vai tratar de temas que nos preocupam como cidadãos e como juristas. Esta realidade impôs que chamássemos a este debate os vários intervenientes no processo: Juízes, Ministério Público, Advogados e Órgãos de Polícia Criminal.

Este **Evento Científico** conta, também, com a participação de vários conferencistas que desempenham as mais diversas atividades profissionais do e no mundo do Direito, de modo a se chamar a teoria e a prática a conviverem e a contribuírem para uma melhoria da vida judiciária, a consequente melhoria da justiça e, desta forma, uma melhor e mais profunda democracia. Temos de ter consciência de que **sem justiça sã não teremos uma sã democracia.**

Como sabem, os conferencistas deste **IV Congresso de Processo Penal** [Portugal, Brasil e Espanha] – aos quais agradeço publicamente o esforço que fizeram para apresentarem os seus trabalhos de investigação e produção académica e científica e por terem, desde o início aceite o nosso desafio para estarem, hoje e entre nós, como voz viva ao serviço da justiça e ao serviço do povo português e brasileiro –, vão apresentar os seus trabalhos sobre o quadro geral da prevenção e repressão da criminalidade económico-financeira, a tutela efetiva dos direitos, liberdades e garantias dos agentes dos crimes, as vítimas invisíveis e indetermináveis, a intervenção do Juiz das liberdades, do Ministério Público, das Autoridades e dos Órgãos de Polícia Criminal e do Advogado como «elemento essencial à administração da justiça».

III. Agradecimentos

Queremos, neste momento, agradecer aos membros da Comissão Científica – Professores Catedráticos ANABELA MIRANDA RODRIGUES e GERMANO MARQUES DA SILVA, Professores Doutores MÁRIO FERREIRA MONTE e JOSÉ MOURAZ LOPES, Procurador da República JORGE REIS BRAVO – pelo incondicional apoio e por terem dito presente ao IV Congresso de Processo Penal.

Cumpre-nos, em nosso nome e do Grupo Almedina, neste momento, agradecer publicamente aos **patrocinadores** – Associação Nacional de Delegados de Polícia Federal, na pessoa do Dr. MARCOS LEÔNCIO, Sindicato dos Magistrados do Ministério Público, na pessoa do Dr. RUI CARDOSO, e a Carlos Pinto de Abreu e Associados, Sociedade de Advogados, na pessoa do Dr. CARLOS PINTO DE ABREU – que apoiaram a realização deste evento.

Cumpre-nos, ainda, agradecer a todos os participantes deste Congresso que são a razão de ser do mesmo.

A todos vós, muito obrigado.

Não menos importante são os nossos agradecimentos à Dra. PAULA VALENTE e à Dra. CATARINA MARTINHO, por todo o trabalho desenvolvido para que este Congresso seja um sucesso académico e científico.

IV. Conferência de Abertura

É chegado o momento de ouvirmos o nosso ilustre Professor Catedrático GERMANO MARQUES DA SILVA, nosso amigo e uma voz autorizada na defesa de uma justiça penal que seja expressão de uma democracia, que assume a justiça como a plena substituição de toda e qualquer violência.

O Nosso Conferencista de honra da abertura deste IV Congresso não precisa de quaisquer apresentações. Fazê-lo seria um perigo e um risco que preferimos não correr.

Senhor Professor, muito obrigado por ser, para todos nós, um exemplo de como se deve participar civicamente para que o nosso mundo, e o mundo dos nossos vindouros, seja, cada vez, melhor.

Muito obrigado por tudo.

Tem a palavra o Senhor Professor.

Lisboa (Hotel Altis), 11 de abril de 2013

O Coordenador Científico
MANUEL MONTEIRO GUEDES VALENTE

Conferência de abertura

Criminalidade económica e financeira
Processo e prova

Germano Marques da Silva
Professor Catedrático da Universidade Católica e do ISCPSI

Introdução

I. No semanário EXPRESSO deste fim-de-semana (6 de Abril) dava-se conta de uma mega investigação jornalística internacional, denominada "Offshore Leaks" e informava-se que, segundo um estudo de julho de 2012, se estima que até 2010 tenham sido depositados nos paraísos fiscais entre 16 e 25 biliões de euros. Noticiava-se aí também que, segundo o jornal francês "Le Monde", o universo opaco dos paraísos fiscais não diz respeito apenas a multinacionais, bilionários ou oligarcas russos, mas inclui grandes empresários e homens de negócios, notáveis regionais e profissões liberais, membros de governos e seus familiares, todos recorrendo, com a colaboração de grandes bancos, ao uso de empresas e contas bancárias fictícias para obter vantagens não extensíveis aos cidadãos comuns.

Espero bem que esta investigação jornalística represente, como se prenuncia, uma tempestade sobre os paraísos fiscais, forçando o poder político mundial a tomar as medidas que tardam, não tanto pela vontade de curar o cancro que estes actos representam, mas pela exposição pública destes senhores do crime, e não digo por lhes provocar vergonha porque os envolvidos há muito que a perderam se alguma vez a tiveram, porque a febre provocada pela ganância perturba a consciência moral e o sentido do dever cívico.

Esses movimentos clandestinos de capitais são fruto de ilícitos criminais os mais variados: fraudes fiscais, corrupção, tráfico de influências, tráficos diversos, etc. etc. etc., porque, salvaguardado o segredo bancário perante terceiros, necessário à protecção da privacidade, a principal razão para esses movimentos clandestinos de dinheiros tem que ver as mais das vezes com a sua origem criminosa.

Que fique claro. Entendo que este tipo de criminalidade é pelo menos tão grave como a criminalidade comum, a necessitar de combate eficaz, porque não se trata como pensam ainda alguns de criminalidade sem vítimas, mas de criminalidade que afecta a todos, provoca muitas vítimas porque corrói a comunidade, e por isso que a todos deve mobilizar nesse combate, a começar naturalmente pelo poder, mas não só, por todos os que cultivam os valores essenciais do ideal democrático.

II. Permitam-me uma provocação. É sabido que a fraude fiscal é uma das causas que nos arrastaram para a situação de crise em que vivemos; não será a única mas tem uma quota parte significativa no estado a que chegamos. Pois bem; para combater a economia paralela, a fuga ao IVA e ao IRC, o RGIT determina no art. 123º, nº 2, que «a não exigência, nos termos da lei, de passagem ou emissão de facturas ou recibos, é punível com coima de €75 a €2000» e é meu entendimento que se a não exigência da factura for causa consciente da fraude do comerciante pode mesmo constituir comparticipação criminosa, pelo menos a título de cumplicidade.

No início do ano foi anunciado que os inspectores tributários iriam fiscalizar o cumprimento do dever de exigir facturas e pareceu que iria rebentar um ciclone em Portugal «a limitar o direito das pessoas a fomentar ou a serem cúmplices da fraude»... Que era um absurdo, que o Governo estava a transformar todos os portugueses em polícias do fisco sem lhes pagar, que o benefício fiscal não compensava, etc., etc., e foi de tal forma o despautério que a própria Ministra da Justiça, em absoluto despropósito, aliás, veio publicamente dizer que nada disso, que os portugueses podiam continuar a colaborar alegremente na fraude fiscal porque a fiscalização deixaria de fiscalizar o cumprimento do dever fundamental de pagar impostos que fatalmente sobre todos recai.

Refiro este exemplo de direito penal económico – os crimes tributários – simplesmente para mostrar como é ainda grande a insensibilidade de muitos para o dano que a criminalidade económica, mormente a tributária, causa à comunidade. A não exigência de factura ou recibo, para além de ilegal, é acto de estupidez, porque pagamos o imposto que já está incluído no preço e sem qualquer benefício a não ser para o comerciante que embolsa o imposto em lugar de o entregar nos cofres do Fisco para que sirva a função que o legitima: de contribuição para as necessidades financeiras do Estado e para a repartição da riqueza. Se grande número assim reage perante o flagrante da infracção fiscal e dela é cúmplice, como surpreender-nos que outros, já não por estupidez mas por perturbação da consciência cívica e moral que a cobiça provoca, o façam no próprio proveito?!

III. Uma nota para findar esta introdução. A grande dificuldade de prevenção e combate à criminalidade económica reside a meu ver na falta de consciência comunitária que caracteriza a sociedade dos nossos dias, do individualismo extremo que faz com que estejamos sempre alerta para reivindicar os nossos direitos mas pouco propensos a cumprir os nossos deveres e até a facilitar que os outros não cumpram também os seus. Mas de quando em vez, sobretudo quando percebemos que afinal aquela criminalidade com que pactuamos também nos afecta, apressamo-nos a chamar "oh da guarda", armando-nos em justiceiros e a exigir pronto e grave castigo, mais vingança do que justiça, até dispostos a esquecer ou sacrificar os valores da justiça que são da essência do ideal democrático.

Desde há muito que venho a pugnar pela ideia de que a eficácia da prevenção e combate à criminalidade, a todo o tipo de criminalidade, sem distinções, há-de alcançar-se pela adequação e clareza das leis, pelo engenho e arte dos polícias e competência e dedicação dos titulares dos órgãos judiciários, e nunca pela força bruta, pelo artifício, pela actuação processualmente desleal ou pela subversão dos princípios democráticos em que assenta a nossa estrutura político-social, o nosso ideal de organização da sociedade, porque a utilização desses meios, ainda que momentaneamente eficazes, degradam quem os sofre, mas não menos quem os define, os usa ou os permite.

E se não desisti ainda da militância por esta ideia é porque estou absolutamente convencido que esse é o único caminho compatível com os valores da sociedade democrática e que os exemplos de violação dos princípios e valores em que assenta a sociedade livre, assim a modos de direito processual do inimigo, não significam, muito longe disso, índice de eficiência das forças de combate ao crime, e que a defesa que muitos ainda fazem dos métodos ditos "expeditos" se me apresenta frequentemente mais por voluntarismo, porventura até generoso e militante pela paz e pela justiça, do que por necessidade ou eficácia experimentadas.

IV. Esta introdução vem também a propósito pelo crescente e assustador ambiente de descrença nas instituições democráticas. É necessário, é urgente reconquistar a confiança nas instituições, nomeadamente nas que têm a cargo a prevenção e repressão da criminalidade; é necessário que em cada processo se possa comprovar sempre a legalidade substancial de procedimentos para que não fiquem nunca suspeitas sobre a justiça das condenações.

Tenho por assente que a democracia, enquanto forma de convivência cívico-política, enquanto complexo de ideias e instituições de um Estado social de direito, assenta em três elementos fundamentais e imprescindíveis: a soberania do povo, o reconhecimento dos princípios do direito natural e o culto da liberdade, não apenas como direito, mas como virtude pessoal e colectiva. A lei é a garantia da liberdade e o culto da liberdade, como virtude cívica e política, é em grande parte sinónimo de democracia.

V. Perdoem V. Exas. esta longa introdução, aparentemente despropositada relativamente ao tema anunciado para a minha comunicação, mas não me proponho falar-vos do direito positivo acerca dos meios mais ou menos expeditos ou eficazes do combate ao crime económico-financeiro ou dos instrumentos legislativos, processuais e policiais propostos aqui e ali para esse combate, ou não só nem sobretudo, mas essencialmente reflectir convosco sobre os riscos para a democracia quando a propósito de determinada categoria de criminalidade e com o pretexto da eficácia do seu combate se sacrificam valores e princípios instrumentais essenciais, subvertendo os valores do processo democrático pela força, ainda que positivamente legitimada pela lei, de procedimentos musculados das polícias e dos tribunais.

O que pretendo realçar é que também no combate ao crime económico e financeiro importa assegurar o mais profundo respeito pelos princípios e valores do Estado de direito democrático e a minha profunda convicção de que o processo penal comum é geralmente bastante para reagir com a firmeza necessária a esse fenómeno criminal que corrói as sociedades modernas como cancro social.

É essa, aliás, a questão fundamental: o respeito dos princípios fundamentais do processo penal democrático ou o seu abandono ou restrição, e respectiva medida, no combate à criminalidade económica e financeira.

1. À procura da delimitação do conceito de criminalidade económica

Correndo o programa deste IV Congresso de Processo Penal, que tem por tema a criminalidade económica e financeira, poderia pressupor-se que o conceito está adquirido no sistema jurídico e na doutrina. Não é, porém, assim. Há aproximações, mas há ainda muita indefinição. A doutrina tem apontado muitos critérios para a conceitualização da criminalidade económica:

(i) O critério do bem jurídico tutelado, que foi a primeira tentativa moderna de delimitação desta categoria de crimes e foi o apresentada pelos autores do projecto alternativo alemão (1977). Esta tentativa, que foi a base legislativa e doutrinária da categoria de crimes que nos ocupa, distinguia essencialmente os crimes que afectam bens jurídicos supraindividuais no âmbito económico (ex:crimes tributários e fraude na obtenção de subsídios para actividades económicas), por uma parte, e crimes que comportam um abuso de instrumentos imprescindíveis para o funcionamento da vida económica (ex: falsificação de balanços, abuso de letras de câmbio e de cheques), por outra. O conceito era muito amplo e tinha-se sobretudo em conta o carácter socioeconómico dos crimes em causa (protecção dos consumidores, concorrência, propriedade industrial, bolsa, insolvências).

(ii) Um outro critério corresponde, grosso modo, ao que habitualmente designamos por direito penal secundário, embora não na totalidade. O que caracteriza este ramo é uma criminalidade que se afasta do núcleo tradicional consagrado nos Códigos penais de oitocentos, e consequentemente também das concepções liberais que lhes subjazem, sendo que os bens jurídicos agora tutelados são puramente instrumentais relativamente aos bens jurídicos individuais, suscitando questões sobre a legitimidade e proporcionalidade das incriminações em razão da especial natureza do bem jurídico. É um direito penal essencialmente sancionador de regras extrapenais (administrativas, fiscais, mercantis, laborais, etc.)

(iii) Como critério adjuvante dos demais, que importa de modo particular ao objecto desta comunicação: a necessidade de meios especiais do processo penal. Reconhece-se a especialidade da investigação destes crimes, desde logo pelo seu carácter frequentemente transfronteiriço, pelas dificuldades jurídicas e económicas da matéria e até pela impreparação generalizada dos juristas e policias nas áreas que envolvem a economia e o lidar com números.

(iv) Têm ainda sido apontados para delimitação do conceito o critério criminológico, caracterizado basicamente pela busca de um benefício económico por parte do autor ou pelo abuso de confiança necessária à actividade económica, ou a execução do crime através da actividade empresarial.

Feito o apontamento não vou ocupar-me com o rigor da definição da categoria até porque como já referi é uma realidade em construção por parte da doutrina. Acentuarei apenas a ideia do bem jurídico de natureza essencialmente supraindividual e ligada a um determinado modelo económico, na nossa família o modelo capitalista.

2. Ideias feitas: necessidade de forma de processo especial, simplificação da prova e tribunais com competência específica

I. Como referi já, a propósito dos critérios delimitadores do conceito, está muito divulgada a ideia de que os crimes económico-financeiros necessitam de regras especiais do processo, nomeadamente no que respeita à investigação, à simplificação da prova e até à inversão do ónus da prova, dadas as dificuldades da investigação em razão da sua própria natureza.

Entendo, porém, destacar desde já que estas dificuldades de que nos dão conta vários autores (e destaco TIEDEMANN, nomeadamente em *Lecciones de Derecho Penal Económico*, Barcelona, 1993, e *Manual de Derecho*

Penal Económico, Valencia, 2010) acentuam essencialmente a falta de preparação das estruturas policiais e judiciárias para lidar com estes fenómenos pela sua habituação aos crimes do direito penal clássico e frequente impreparação por parte dos agentes dessas instâncias para as questões de natureza económico-financeira. É claro para mim que esta dificuldade não é uma especialidade objectiva da investigação deste tipo de criminalidade e que se resolve simplesmente com a adequada preparação dos respectivos agentes. Também para investigar um crime de homicídio por envenenamento, uma falsificação de uma obra de arte ou a simples falsificação de um documento ou assinatura é necessária que os agentes investigadores tenham preparação científica e técnica adequada. A polícia científica como instrumento adjuvante da investigação criminal é cada vez mais necessária e por isso admito perfeitamente que possa ou deva haver especialização dos investigadores para este tipo de criminalidade, do mesmo modo que a considero necessária para as várias categorias de crimes comuns.

Preconiza-se também o alargamento das competências do Ministério Público e das Polícias e dos prazos para a investigação pré-acusatória com o consequente aumento dos prazos de prescrição do procedimento criminal. Discordo em absoluto. É minha convicção que o sistema processual penal português é razoavelmente equilibrado na distribuição de competências entre o Ministério Público, as Polícias e o Juiz de Instrução. Não entendo que outros poderes necessitam as polícias e o Ministério Público em razão deste tipo de crimes. Querem as mãos livres da tutela garantística do Juiz de Instrução? Mas a intervenção do Juiz de Instrução na fase do Inquérito não tem precisamente por finalidade assegurar garantias fundamentais dos cidadãos?! Ou será que há dois tipos de criminosos: os criminosos comuns e os criminosos económico-financeiros, estes a merecerem menos protecção dos seus direitos do que aqueles? Um delinquente de sangue merece mais garantias de respeito pelos seus direitos do que um delinquente económico-financeiro? No que respeita ao alargamento dos prazos para a investigação também não me parece que tenha justificação. O prazo é o que se mostrar necessário porque na nossa lei os prazos são meramente ordenadores e é importante que haja um prazo normal para a conclusão do Inquérito, sem prejuízo das prorrogações necessárias ou convenientes em matéria de sigilo do inquérito que a lei já admite, sob pena de os processos se eternizarem em fase de investigação para serem julgados muitas vezes mais de uma década depois de o crime ter sido cometido, com todas as consequências resultantes para a paz do arguido e para a ineficácia preventiva da intervenção penal.

A propósito dos prazos para a investigação o que me parece necessário é acabar com os processos monstruosos, mas essa necessidade respeita tanto à criminalidade comum como à criminalidade económica e financeira. Não faz sentido algum que no mesmo processo, por via das regras da conexão ou simplesmente por comodidade da investigação, se acuse um arguido por um crime correcional e outros por crimes puníveis com penas graves. Isso representa frequentemente um sacrifício desproporcionado para alguns arguidos pelo arrastar do processo com todas as suas consequências de perda de tempo de trabalho e encargos acrescidos para assegurar a defesa e sem que isso represente as mais das vezes mais eficácia da repressão criminal.

Defendem alguns, também, restrições à oralidade e imediação da audiência, dando primazia ao processo escrito e admissibilidade de acordos processuais sobre a sentença. Neste tipo de processos a prova é com muita frequência predominantemente documental, mas a jurisprudência dos nossos tribunais há muito se firmou no sentido de que os documentos valem como elemento de prova desde que constem do processo, sem necessidade da sua leitura, salvo quando necessária ao contraditório. Por isso que a oralidade e imediação hão-de ser as adequadas à natureza da prova apresentada. E quanto aos acordos processuais, nomeadamente sobre a sentença, não me parece também que mereçam tratamento diverso da restante criminalidade.

II. Finalmente, e por causa da já apontada falta de conhecimentos científicos e técnicos dos agentes da justiça em matérias ligadas à ciência da economia e à técnica da contabilidade, preconiza-se e é muito frequente o recurso à prova pericial. É absolutamente consensual o recurso às perícias, mas é necessário muito cuidado porque neste domínio estão a passar-se coisas graves. É que, tendo essa prova um especial valor probatório, bem pode suceder, no limite, que a decisão assente exclusiva ou quase no laudo dos peritos que, frequentemente são, como tem sucedido na criminalidade económica e financeira, os próprios investigadores ou pessoas pertencentes aos mesmos departamentos governamentais. Confundem-se investigadores com peritos e porque o laudo pericial tem força probatória acrescida acabam por ser os investigadores a decidir sobre a culpabilidade! É a subversão total da garantia de jurisdição!

Para além do cuidado necessário na nomeação dos peritos, nomeadamente no respeitante a impedimentos e suspeições, exige-se que o juiz não se baste simplesmente com o laudo pericial, mas mantenha de pleno o seu poder de julgar, que avalie em concreto sobre a aceitação das teorias científicas ou técnicas e bem assim sobre a sua correcta aplicação no caso. A formação dialéctica da prova, para valer como meio eficaz de controlo do conhecimento científico ou técnico introduzido no processo, não pode exaurir-se no contraditório sobre o relatório pericial. E quanto mais estiverem em causa conhecimentos novos ou controversos e de elevado conteúdo especializado tanto mais se torna necessário dispor de opiniões de outros especialistas para que o juízo seja criticamente elaborado. Isto implica que os arguidos tenham a possibilidade concreta de apresentar opiniões de outros especialistas de modo que as diferentes opiniões que se contrapõem na comunidade dos especialistas sejam eficazmente admitidas no processo. A questão releva não só para a validade das teorias mas também para a correcção da sua aplicação prática ao caso dos autos.

Também aqui nada há de especial relativamente à criminalidade que nos ocupa; as regras são comuns a todo o tipo de criminalidade quando a percepção ou apreciação dos factos exigirem especiais conhecimentos científicos ou técnicos.

III. Há também quem defenda que os próprios tribunais deveriam ser especializados porque as dificuldades que as polícias e o Ministério Público enfrentam nas fases pré-processuais e preparatórias do processo também se revelam na fase de julgamento. Por enquanto a questão não nos respeita porque a nossa Constituição proíbe a existência de tribunais com competência exclusiva para o julgamento de certas categorias de crimes (art. 209º, nº 4, da CRP). São também razões históricas a justificar esta proibição, mas corre-se o risco de pouco a pouco se esquecer a razão da proibição constitucional.

3. Uma experiência: o tribunal colectivo dos géneros alimentícios

Permitam-me um aparte. Quando no fim dos anos 60 fui convidado para assistente de direito penal na Faculdade de Direito da Universidade de Lisboa, manifestei a vontade e necessidade de me dedicar a áreas economicamente mais rentáveis porque nessa altura o crime não compensava nem os criminosos nem os advogados: era tudo uma pelintrice porque os processos dos senhores do crime raramente chegavam aos tribunais... Para me entusiasmar pelo Direito Penal, o Prof. Cavaleiro de Ferreira aconselhou-me a ir assistir a alguns julgamentos no velho Tribunal Colectivo dos Géneros Alimentícios que era então um tribunal especial para a criminalidade económica – mais conhecida por crimes dos mixordeiros porque essa criminalidade incidia sobretudo na falsificação de produtos alimentares. Lembro-me de ter acompanhado um processo de falsificação de vinho – o chamado vinho a martelo – que culminou com a condenação em prisão efectiva porque feita a análise ao vinho se tinha concluído ser muito baixo o teor de prolina. O advogado do arguido bem argumentava que não, que o baixo teor de prolina era uma característica natural dos vinhos da região, ali para os lados de Torres Vedras, característica agravada pela pluviosidade normal no tempo das vindimas, etc. etc. etc., mas – o tribunal era constituído por um militar e um polícia reformados e um juiz auditor – o juiz auditor ripostava que não, que já estava farto de condenar por crimes da mesma natureza e que tantos tinham sido já os processos que de vinhos sabia agora o tribunal.

Passados uns anos foi reconhecido cientificamente que o vinho da tal região tinha efetivamente características especiais, dando origem a uma variedade denominada de "vinhos leves do oeste".

Importa só informar que esse tribunal foi extinto poucas semanas depois do 25 de Abril e espero que para nunca mais voltar. É que os conhecimentos muito especializados do tribunal têm frequentemente as mesmas consequências: a rotina faz com que o tribunal nem sequer atente nas eventuais especialidades do caso ou se contente com os pareceres dos serviços: no caso era a antiga Junta Nacional do Vinho que fiscalizava e disponibilizava ao tribunal os peritos, seus funcionários!

4. A organização policial, administrativa e judicial

I. Disse no início desta comunicação ser minha ideia de que a eficácia do combate à criminalidade, em qualquer dos seus domínios, tem de alcançar-se sobretudo pelo engenho e arte dos "polícias", mas é evidente que esse engenho e arte pressupõe também meios adequados, desde logo serviços especializados nos diversos domínios em que a actividade criminosa se desenvolve.

Lembro-me que nos anos 90 do século passado havia na Polícia Judiciária apenas meia dúzia de técnicos com conhecimentos contabilísticos e provavelmente eram suficientes naquele tempo. Depois, com a nossa entrada na Comunidade Económica Europeia, hoje União Europeia, surgiram os crimes de fraude na obtenção e de desvio de subsídios a exigirem conhecimentos contabilísticos e de economia para análise dos respectivos processos, mas nem as Polícias nem as autoridades judiciárias dispunham então de meios técnicos para analisar o volume de documentação de natureza contabilística e similar que a investigação desses processos implicava. O resultado foi o que se sabe: os processos arrastaram-se durante anos pelos serviços de justiça e grande parte acabou por prescrever.

Também a nossa adesão à União Europeia trouxe consigo um grande número de operações comerciais que até então eram praticamente desconhecidas. Estou a pensar nas transacções comunitárias de mercadoras sujeitas a Impostos Especiais e também com isenções ou complexas operações sobre IVA. Naturalmente que para a investigação de toda esta nova panóplia de crimes são necessários serviços especializados que dominem os métodos desse tipo de operações comerciais e que, ao contrário do que até há pouco era habitual no mundo dos juristas, dominem os números, as operações contabilísticas, os sistemas informáticos, o tipo e natureza dessas operações comerciais, o sistema financeiro, etc. etc. Mas tudo não passa da necessidade de formação científica e técnica, de competências, e cada vez mais no nosso tempo não há lugar para os incompetentes, sobretudo, mas não só, nos domínios da justiça. Tudo isto para referir que na luta contra o crime se torna necessária também a especialização dos serviços de polícia, sem o que a investigação se torna especialmente difícil ou pouco eficaz, mas essa necessidade nada tem que ver com simplificação das formas de processo ou subversão dos princípios do processo penal comum. A menos que, como parece querer fazer caminho, todos os processos passem a ser sumários!

A propósito, interrogo-me, como é que se compatibilizarão as proclamadas dificuldades de investigação da criminalidade económica com o novo regime do processo sumário. Sim porque também no domínio da criminalidade económica e financeira pode haver detenções em flagrante delito!!!!

Mas não é tudo. A criminalidade económico-financeira caracteriza-se frequentemente por ser transnacional e para a sua investigação é necessário ultrapassar fronteiras. Impõe-se também uma estreita cooperação internacional na investigação desses crimes e digo desses crimes porque há ainda países pouco sensibilizados para certo tipo de criminalidade (estou a pensar, por exemplo, na Suíça, em matéria de crimes fiscais, e compreende-se bem o porquê!), mas a cooperação internacional torna-se necessária não apenas para combater os crimes económico-financeiros, mas a criminalidade em geral.

Conclusão: não se justifica nem processo especial nem simplificação ou especialidade da prova.

É tempo de concluir e vou fazê-lo de pronto.

Como tinha anunciado não me propus uma análise técnica da legislação portuguesa sobre os instrumentos específicos de combate à criminalidade económica e financeira. Para tanto o tempo desta sessão era muito curto. Foi meu propósito enunciar a traços leves alguns dos métodos e meios processuais hoje preconizados por muitos para este tipo de combate, alertando para os riscos que o seu uso envolve no que respeita aos direitos fundamentais dos cidadãos.

Conclui, se isso não resultou claro da minha exposição clarifico-o agora, que o sistema jurídico português dispõe dos instrumentos jurídicos adequados para esse combate e que são, em geral, razoáveis, porque prevêem as medidas de controlo necessárias contra os abusos sempre possíveis. Mas o que me importava realçar é que por muito boas que sejam as leis – e as nossas parecem-me boas, em geral – para além das leis importa o modo como são aplicadas, o espírito que anima todos os que participam nesse combate.

É que, como frequentemente repito, parafraseando D. António Ferreira Gomes, não tenhamos ilusões; enquanto não entrar bem fundo nas ideias e nos costumes que o respeito absoluto pelos direitos fundamentais da pessoa humana é o limite de todo o poder, também de toda a actividade de investigação criminal, sempre a autoridade violará a dignidade pessoal, decerto por brio e eficácia profissional, mas não só.

Por isso que, dos mais altos magistrados ao mais modesto dos cidadãos, sem excepção alguma, é dever de todos travar o combate da cultura democrática, defendendo os seus valores essenciais. Esse combate é um combate pela legalidade substancial, pela paz e pela justiça. Deve ser travado firmemente, mas com inteligência: sem pactos com o diabo, mas também sem recurso a meios diabólicos.

E já agora, senhores congressistas, não esqueçam de pedir a facturazinha ... contribuindo assim para a prevenção da criminalidade fiscal, que é criminalidade económica!

Muito obrigado pela vossa paciência e pela atenção com que me aturaram.

Conferências

Aquisição e comunicação da notícia do crime económico-financeiro

PEDRO SOUSA
Mestre em Direito
Diretor de Ensino da EPP

Sumário: Nota prévia; 1. Brevíssimas considerações iniciais; 2. O Ministério Público, as Polícias e suas formas de relacionação; 3. Aquisição e comunicação da notícia do crime; 4. Algumas ideias de chegada; Referências Bibliográficas

Nota prévia

O tema desta minha reflexão, será sobre **a aquisição e comunicação da notícia do crime**, ou, nas felizes palavras de FRANCO CORDERO, do "*embrião da questão* penal"[1], convidando os presentes a acompanharem-me numa pequena viagem com estações localizadas à partida e obviamente ligadas entre si, tendo igualmente a esperança de não deixar cair ninguém nos braços de MORFEU nestes breves minutos.

Por considerar pertinente, começarei por referir algumas considerações iniciais.

[1] *Apud* MESQUITA, Paulo Dá, *Repressão Criminal e iniciativa própria dos órgãos de polícia criminal*, in: I Congresso de Processo Penal, Coimbra: Almedina, 2005, p. 59.

1. Brevíssimas considerações iniciais

As profundas alterações sociais e económicas verificadas nas últimas décadas, determinaram mudanças significativas das características da criminalidade.

A supressão das barreiras fronteiriças no quadro europeu, a evolução tecnológica bem como a intensificação dos fenómenos mediáticos têm vindo a contribuir para a aceleração da globalização dos comportamentos individuais a todos os níveis, donde resulta o aparecimento e a generalização de novas formas de criminalidade, cada vez mais sofisticadas, opacas e imunes aos métodos tradicionais de investigação.

Esta rápida evolução das formas de criminalidade impõe a adaptação das respostas operacionais instituídas aos novos desafios com que a manutenção da ordem se defronta.

Assiste-se, igualmente, ao surgimento de novas formas de criminalidade económica caracterizadas pela sua forma organizada e por se desdobrarem em múltiplas ocorrências relacionadas entre si, e que se traduzem no aumento do número de infrações fiscais e contra a segurança social, e do número de crimes de branqueamento de capitais.

Por outro lado, tais fenómenos criminais têm grande repercussão social, nomeadamente ao nível do cumprimento das funções do Estado, pelas suas implicações na cobrança de receitas públicas.

Em termos gerais, e na esteira de JOSÉ SOUTO DE MOURA, pode afirmar-se que "este género de delinquência busca o *lucro*, o enriquecimento dos seus protagonistas, e que estes são em regra indivíduos pertencentes a *estratos sociais médios ou elevados*".[2]

Estaremos então perante uma forma insidiosa de corrosão silenciosa das estruturas das nossas sociedades ocidentais, que se carateriza igualmente por não levantar o clamor das infrações convencionais (como por exemplo, um assalto cometido em pleno dia com armas de fogo), porque geralmente trata-se de crimes sem vítima ou de vítima difusa.

[2] MOURA, José Souto de, *Justiça, Ministério Público, Criminalidade Económica*, in: Revista Portuguesa de Ciência Criminal, Ano 13, n.º 1, Coimbra: Coimbra Editora, 2003, p. 23. De acordo com os dados de 2012 de uma organização com alguma credibilidade como a "Transparency International", Portugal em termos de corrupção no sector público, aparece no 33.º lugar, em 176 países, logo a seguir ao Butão.

Ora, como é do conhecimento da ilustre plateia aqui presente, em Portugal, a criminalização e punição das atividades delituosas contra a economia nacional tem sido, acima de tudo, objeto do chamado direito penal económico (que de acordo com os ensinamentos de JOSÉ DE FARIA COSTA, é visto, sobretudo, como um direito protetor de bens jurídicos supra-individuais)[3], cujo primeiro marco legislativo com enorme importância foi o Decreto-Lei n .º 41 204, de 24 de Julho de 1957, ao tempo saudado como um diploma bastante avançado em relação aos textos estrangeiros que proliferavam na matéria[4].

Por outro lado, relativamente ao direito penal adjetivo, e porque tem sido voz corrente afirmar-se que o Código de Processo Penal é excessivamente garantista[5], em detrimento da eficácia na perseguição penal, tem-se assistido a uma verdadeira proliferação de *regimes especiais* (e excecionais), o que de acordo com JOÃO GOUVEIA DE CAIRES, tem gerado uma nova *arquitetura do sistema processual*[6], destacando-se no interior do mesmo a Lei n.º 5/2002, de 11 de Janeiro e, mais recentemente, a Lei n.º 109/2009, de 15 de Setembro.

Mesmo o próprio Código de Processo Penal, face a um pendor cada vez mais securitário do *ius puniendi*, foi respondendo paulatinamente a estas realidades, igualmente com regimes especiais, sem contudo ceder à tentação do Direito Penal do inimigo[7], um compromisso obrigatório num Estado de Direito democrático que demanda ***a defesa da liberdade com segurança***, mas sem concessões que neguem aquele.

Nem de outra forma poderia ser, pois como nos ensina MARIA FERNANDA PALMA, "a Ordem Jurídica exatamente por pretender ser Direito,

[3] COSTA, José de Faria, *Direito Penal Económico*, Coimbra: Quarteto, 2003, p. 40.

[4] Preâmbulo do Decreto-lei n.º 28/84, de 20 de Janeiro.

[5] Por exemplo, a seguinte passagem: "Nos Estados de Direito, as novas expressões do crime organizado sempre mostraram uma elevada incolumidade face à ação preventiva e repressiva dos tradicionais sistemas de justiças penal, assentes numa lógica probatória fortemente garantística e num conjunto de meios de prova e de obtenção de prova que há muito se mostram desajustados e impotentes para enfrentar as dificuldades e os obstáculos nelas contidos", obtida em BRAZ, José, *Investigação Criminal, os desafios da nova criminalidade*, Coimbra: Almedina, 2009, p. 331.

[6] CAIRES, João Gouveia de, *O regime processual especial aplicado ao crime económico-financeiro*, in: Direito Penal Económico e Financeiro – Conferências do Curso Pós- Graduado de Aperfeiçoamento, Coimbra: Coimbra Editora, 2012, p. 535.

[7] *Idem*, p. 543.

não pode conceber uma qualquer pessoa como seu inimigo, sob pena de deixar de ser, quanto a essa pessoa, Direito"[8].

Nesta mesma linha de raciocínio, também JOÃO CONDE CORREIA, acredita que não se enveredou, **para já**, para um processo penal de índole securitária, que privilegia, **exclusivamente**, a busca da verdade e a realização da justiça, à custa dos direitos fundamentais[9], apesar de se notarem, preocupantemente, alguns sinais de precariedade nos "equilíbrios laboriosamente alcançados entre, de um lado, uma administração de justiça *eficaz* e, de outro, o respeito pelos direitos fundamentais das pessoas, buscando, em cada momento concreto, a sua máxima realização possível"[10].

Assim, e como PAULO DE SOUSA MENDES nos demonstra, poder-se-á afirmar que "o sistema processual penal português já não é garantista,

[8] *Apud* PALMA, Maria Fernanda, *O princípio da desculpa em Direito Penal*, Coimbra: Almedina, 2005, pp. 227-228.

[9] CORREIA, João Conde, *Inquérito: a manutenção do paradigma ou uma reforma encoberta*, in: Colóquio "A reforma do Direito Processual Penal Português em Perspectiva Teórico-Prática", Faculdade de Direito da Universidade de Coimbra, 11 e 12 de Abril de 2008. Todavia, João Conde Correia, *ob. cit.*, apresenta igualmente algumas cautelas, ou seja: "... mesmo assim, apesar deste panorama muito pouco auspicioso, uma análise macroscópica das disposições relativas ao inquérito nele contidas, parece concluir que tudo está, fundamentalmente na mesma. As finalidades e o âmbito do inquérito (art. 262.º, n.º 1, do CPP), os princípios da legalidade e da oficialidade na promoção e prossecução processual (artigos 262.º, n.º 2 e 48.º e ss. Do CPP), a titularidade da direcção da investigação e a dependência funcional dos órgãos de polícia criminal (art. 263.º), a delimitação dos actos a praticar, de forma directa ou delegada, pelo Ministério Público ou pelo juiz de instrução criminal (artigos 267.º a 270.º do CPP) continuam, no essencial, a ser as mesmas. Nesta perspectiva superficial e textualmente limitada, o paradigma teria, portanto, sobrevivido incólume ao passar dos anos e às rasteiras que, o legislador e a prática quotidiana se encarregaram de lhe pregar e parecer denotar até, apesar de alguma disponibilidade constitucional, uma resistência louvável às mais recentes tendências de índole securitária. No entanto, uma análise microscópica, centrada em diversas alterações legislativas posteriores (introduzidas no código ou, sobretudo, em leis extravagantes) e na sua interpretação, revela alterações profundas que ora parecem aprofundar o paradigma, ora parecem mesmo destrui-lo. A crescente policialização do inquérito, a lei-quadro da política criminal e algumas sequelas da mais recente revisão do Código de Processo Penal são apenas, alguns exemplos claros dessa tendência destrutiva. Os equilíbrios gizados pelo legislador de 1987 já não são os mesmos".

[10] RODRIGUES, Anabela Miranda, *A defesa do arguido: uma garantia constitucional em perigo no "admirável mundo novo"*, in: Revista Portuguesa de Ciência Criminal, Ano 12, n.º 4, Coimbra: Coimbra Editora, 2002, p. 550.

apesar do CPP continuar a sê-lo e até ter reforçado esta característica na Revisão de 2007"[11].

Razões que provocam em GERMANO MARQUES DA SILVA, uma "profunda convicção, quase certeza, de que o processo penal comum é geralmente bastante para reagir com firmeza" contra tais fenómenos criminais, considerando que "também no combate ao crime organizado importa assegurar o mais profundo respeito pelos princípios e valores do Estado de Direito Democrático"[12].

2. O Ministério Público, as Polícias e suas formas de relacionação

Ora, a realização do Estado de Direito Democrático ficará entre nós inacabada se ao lado de juízes independentes e imparciais não dispusermos de um exercício da acção penal autónomo, protagonizado pelo Ministério Público, a fim de que o poder judicial não deixe de intervir em relação a tudo aquilo em que deve intervir[13].

Tal como refere o artigo 219.º da Constituição da República Portuguesa, no seu n.º 1, ao Ministério Público "compete exercer a acção penal orientada pelo princípio da legalidade e defender a legalidade democrática", esclarecendo o n.º 2 que aquela Magistratura goza de estatuto próprio e de autonomia, nos termos da lei[14].

[11] CAIRES, João Gouveia de, *ob. cit.*, [6], p. 543.

[12] SILVA, Germano Marques, *Dos meios de prova*, in: I Congresso de Processo Penal, Coimbra: Almedina, 2005, pp. 401-402.

[13] Neste sentido, MOURA, José Souto de, *ob. cit.* [2], p. 14. No mesmo sentido CORREIA, João Conde, *ob. cit.*, [9], ao indicar que "... com efeito, o Ministério Público, pelo seu estatuto e pela sua posição processual está num posto privilegiado para, sem perder a necessária eficácia, respeitar e fazer respeitar os direitos individuais (as polícias estão demasiadamente comprometidas com o resultado da investigação tendo maior dificuldade para salvaguardar aqueles direitos e o juiz de instrução criminal já está demasiado longe, perdendo em eficácia)".

[14] Merece especial referência o n.º 2 do artigo 2.º do Estatuto do Ministério Público (Lei n.º 60/98, de 27 de Agosto): "a autonomia do Ministério Público caracteriza-se pela sua vinculação a critérios de legalidade e objectividade e pela exclusiva sujeição dos magistrados do Ministério Público às directivas, ordens e instruções previstas nesta lei". Sobre o estatuto dos magistrados do Ministério Público, SOUTO de MOURA, *ob. cit.* [2], p. 15, referiu que "...o estatuto de magistrado em referência coloca aliás exigências a que nem sempre é fácil responder, porque tanto os interesses que compete ao Ministério Público defender, e portanto as competências que lhe estão atribuídas, como a disciplina interna a que o Ministério Público

Desta forma, ao considerar o estatuto do Ministério Público, caracterizado pela sujeição dos seus magistrados a estritos critérios de legalidade e objectividade e à sua autonomia perante o poder político, o legislador processual-penal atribuiu-lhe[15] a titularidade da primeira fase do processo, a fase do inquérito, responsabilizando-o pela direção da investigação, levada a cabo diretamente por si ou por delegação de competência genérica ou específica nos órgãos de polícia criminal.

Pelo que, e com base nos ensinamentos de FIGUEIREDO DIAS e COSTA ANDRADE, se pode referir que "ao Ministério Público como instância formal de controlo do crime interessa, de forma quase exclusiva, a sua função de deduzir a acusação ou de ordenar o arquivamento do processo penal (...) já que se a vítima é a instância mais importante quanto à iniciativa de controlo do crime, o MP é seguramente a mais importante no que toca ao seu desfecho"[16], o que implica que o "MP esteja condicionado no exercício das suas funções, não a considerações de utilidade, segurança ou razões de Estado, mas pelo fim objectivo da realização do Direito"[17].

O Ministério Público[18], autoridade judiciária – por força do art. 1.º, n.º 1, alínea b) do Código de Processo Penal, é assim o titular da acção penal e tem, por isso, nos termos do art. 48.º daquele Código, legitimidade para promover o processo penal, com as restrições constantes dos arts. 49.º a 52.º.

Enquanto detentor da ação penal, o Ministério Público "age como órgão de justiça, cabendo-lhe nos termos dos artigos 53.º, n.º 2, alínea b) e 263.º, n.º 1 do CPP, a direção do inquérito, assistido pelos órgãos de polícia criminal[19], com o que se afirma uma relação de auxiliaridade que legitima

está sujeito se perfilam com um carácter claramente compromissório. Daí a importância, até, para esta magistratura, de um delicado sentido de equilíbrio...".

[15] *Vide* Preâmbulo do Código de Processo Penal, ponto III, 7.b).

[16] DIAS, Jorge de Figueiredo e ANDRADE, Manuel da Costa, *Criminologia – O Homem Delinquente e a Sociedade Criminógena*, Coimbra: Coimbra Editora, 2.ª Reimpressão, 1997, p. 471.

[17] CUNHA, José Manuel Damião da, *O Ministério Publico e os órgãos de polícia criminal*, Porto: Universidade Católica, 1993, p. 96.

[18] Sobre o qual impende um "*ethos* de polícia e de juiz", COSTA, José Faria, *As relações entre o Ministério Público e a Polícia. A experiência portuguesa*, in: Boletim da Faculdade de Direito da Universidade de Coimbra, Coimbra: Coimbra Editora, Volume LXX, 1994, p. 223, onde cita Figueiredo Dias e Costa Andrade.

[19] Sobre este assunto, CUNHA, José Manuel Damião da, *ob. cit.* [17], p. 14, apresenta uma expressão muito apropriada: "... para que as autoridades judiciárias cumpram as suas tarefas, estão obrigadas a recorrer ao auxílio de outros órgãos – exactamente os «órgãos de polícia

a qualificação dos órgãos de polícia criminal como órgãos auxiliares da Administração da Justiça"[20].

Por sua vez, "a polícia constitui o símbolo mais visível do sistema formal de controlo, o mais presente no quotidiano dos cidadãos e, por via de regra, o *first-line enforcer* da lei criminal"[21], quando aquela atua com a qualidade de órgão de polícia criminal.

Neste sentido, e de acordo com o atual Código de Processo Penal, os órgãos de polícia criminal são definidos[22] no artigo 1.º, n.º 1, alínea c)[23] como as entidades e agentes policiais a quem caiba levar a cabo quaisquer actos ordenados por uma autoridade judiciária ou determinados por aquele Código, pelo que se sustenta a ideia de que o que define a actividade de

criminal» – e isto porque, em regra, às autoridades judiciárias faltará um corpo organizatório próprio de execução – são pois verdadeiras «**cabeças sem mãos**» ...". Negrito nosso. No mesmo sentido, MESQUITA, Paulo Dá, *Notas sobre inquérito penal, polícias e Estado de Direito Democrático (suscitadas por uma proposta de lei dita de organização da investigação policial)*, Revista do Ministério Público, Lisboa, 2000, p. 137 e ss., ao indicar que a consagração legal de uma autonomia funcional das polícias elimina o conteúdo real da autonomia funcional do Ministério Público que, não tendo meios próprios para a investigação, fica dependente dos polícias que passam a ter competências próprias (nomeadamente para a criminalidade mais grave e complexa) e a estar dotados de autonomia técnica e táctica e contribui decisivamente para a «policialização e politização do inquérito penal».

[20] *Vide* Boletim do Conselho Superior do Ministério Público, *Dependência Funcional dos órgãos de polícia criminal*, n.º 37, Ano IV, consultado www.pgr.pt/, no dia 09 de Maio de 2008.

[21] DIAS, Jorge de Figueiredo e ANDRADE, Manuel da Costa, *ob. cit.*, [16], p. 443.

[22] Definição que José Faria Costa refere como "*uma definição propositadamente vazia de reenvio externo (ad quem)*", *ob. cit.*, [18], p. 238. Por sua vez, esta definição permite que "a polícia «sirva» a administração de justiça sem que esta intervenha na organização e funcionamento daquela", *Idem*, p. 239. Sobre este assunto, *vide*, por mero exemplo, o artigo 11.º, n.º 1, alínea b), da Lei n.º 53/2007, de 31 de Agosto (que aprova a orgânica da Polícia de Segurança Pública): «Órgãos de polícia criminal», todos os elementos da PSP com funções policiais incumbidos de realizar quaisquer actos ordenados por autoridade judiciária ou determinados por aquele Código.

[23] Todavia, e como vimos anteriormente, a lei processual, ao invés de operar uma definição fechada de órgãos de polícia criminal, procedeu a um reenvio aberto que tem por referente a repartição clássica entre funções de polícia judiciária e de polícia administrativa, pois a «caracterização é de ordem finalística: a polícia judiciária é uma actividade auxiliar quando levada a cabo pela Administração Pública», daí que, no que concerne ao processo penal, a posição jurídico-institucional dos corpos orgânicos designados como Polícia Judiciária, Polícia de Segurança Pública e Guarda Nacional Republicana seja idêntica. Neste sentido, MESQUITA, Paulo Dá, *ob. cit.*, [19], p. 56.

um órgão, enquanto órgão de polícia criminal, é, não a sua qualificação orgânica ou institucional, mas sim a qualidade dos actos que pratica"[24] [25].

No mesmo sentido, MAIA GONÇALVES refere que "não importa saber, em concreto de que polícia se trata, somente importando saber se lhe compete levar a cabo aqueles actos e se se trata de uma entidade ou de um agente dessa polícia"[26].

Desta forma, e é importante sublinhá-lo, o Código de Processo Penal não estabelece quaisquer distinções[27] entre os diversos órgãos de polícia criminal, os quais, para efeitos processuais penais, são todos, coadjutores ou auxiliares das autoridades judiciárias, resultando-lhes as respetivas competências (**genéricas e específicas**) da Lei de Organização da Investigação Criminal e das respectivas Leis Orgânicas.

[24] CUNHA, José Manuel Damião da, *ob. cit.*, [17], p. 14.

[25] RODRIGUES, Anabela Miranda, "A fase preparatória do Processo Penal – Tendências na Europa. O Caso Português", in: STVDIA IVRIDICA, n.º 61, Coimbra: Coimbra Editora p. 953.

[26] GONÇALVES, Maia, *Código de Processo Penal – Anotado e Comentado*, 13.ª Edição, Coimbra: Almedina Editora, 2002, anotação 3 ao artigo 1.º.

[27] Apesar da inexistência de qualquer distinção entre os órgãos de polícia criminal, não se deve de esquecer que o fundamento histórico (em 1945) para a criação da Polícia Judiciária portuguesa foi exactamente a necessidade sentida de uma polícia directamente ligada à investigação criminal, sobretudo para a criminalidade mais grave (nomeadamente os, então, chamados delinquentes habituais ou então a associações criminosas). Isto, porque a Polícia Judiciária deveria traduzir, de um ponto de vista operativo, um passo mais elevado de prevenção criminal, não apenas no sentido de impedir crimes, mas, fundamentalmente, de acabar com carreiras criminais, ou, então, de desmantelar "grupos criminosos". Mas, porque supondo, como ponto de partida da sua actuação, um crime ou a suspeita de um crime, sempre se admitiu que esta Polícia (denominada de Judiciária, mas sucessora da anterior "polícia de investigação criminal") trabalharia fundamentalmente em ligação com as magistraturas, embora, porque tratando-se de uma polícia nacional, dificilmente seria dirigível por concretos magistrados territorialmente competentes. Sobre esta matéria, relembrem-se alguns dos passos da exposição de motivos do Decreto-Lei n.º 35.042, onde se justifica a instituição da polícia judiciária, afirmando-se que *as funções de polícia judiciária são essencialmente funções de investigação criminal ou post delituais. As funções de prevenção do chamado perigo agudo da criminalidade pertencem à polícia de segurança, à qual incumbe, por acção de presença, impedir a prática das infracções. Mas já é do domínio da competência da polícia judiciária, por virtude da estreita conexão com a exteriorização criminosa, a prevenção do perigo crónico de criminalidade. Há, assim, no que respeita à criminalidade habitual, uma tão íntima ligação e dependência entre a prevenção e a repressão, que seria erro desarticular as duas funções.* Ideia recolhida em CUNHA, José Manuel Damião da, *O modelo português – A dependência funcional*, in: Modelos de Polícia e Investigação Criminal, Porto, Edições Gailivro, 2006, pp. 102 e 103.

Na linha de continuidade desta argumentação, o artigo 55.º, n.º 1 do CPP estatui que compete aos órgãos de polícia criminal coadjuvar as autoridades judiciárias com vista à realização das finalidades do processo, atribuindo-lhes o n.º 2, do mesmo artigo, uma certa competência própria[28] e não delegada, de **colher notícia dos crimes** e impedir quanto possível as suas consequências, descobrir os seus agentes e levar a cabo os actos necessários e urgentes destinados a assegurar os meios de prova, o que representa, e nas palavras de MANUEL VALENTE, o início do "**cordão umbilical da prevenção criminal à ação penal**"[29].

Por sua vez, o artigo 56.º do CPP sublinha a atividade coadjuvante dos órgãos de polícia criminal face às autoridades judiciárias, estatuindo que, nos limites do disposto do n.º 1 do art. 55.º, os órgãos de polícia criminal actuam, no processo, sob a orientação das autoridades judiciárias e na sua dependência funcional, reafirmando-se, desta forma, que "os órgãos de polícia criminal não dispõem de uma «competência» processual penal, no sentido de poderem co-determinar o processo penal com vista à decisão final"[30].

Ora, não se pode seguramente iludir que é sobretudo no inquérito que o relacionamento entre órgãos de polícia criminal e MP (enquanto autoridade judiciária) suscita maior relevância, face à especificidade e sentido desta fase, bem como aquele é o "lugar, no qual e pelo qual, se afere a efetiva concretização das mais elementares garantias do processo penal"[31].

Desta forma, se no âmbito da dependência funcional, o poder de direta orientação do MP é um poder que deve ser exercitado duradoura e continuadamente, e porque o inquérito corresponde à fase investigatória por excelência dentro de todo o processo penal, é fundamental que o órgão coadjuvado tenha à sua disposição todas as informações que lhe permitam dirigir toda a actividade dos órgãos de polícia criminal e que lhe permitam decidir ou autorizar os actos que lhe cabem em exclusividade.

[28] Onde José Faria Costa refere que "*o princípio da eficácia ganhou ressonância*", *ob. cit.*, [18], p. 230. *Do n.º 2 do artigo 55º do CPP decorrem para os órgãos de polícia criminal vastíssimos poderes em termos de reação ao crime, facultando-se-lhes uma* ***intervenção de primeira linha*** *que é essencial para a preservação dos meios de prova, e que se materializa não só na prática dos* ***atos urgentes necessários*** *a tal fim,* ***mas também na colheita de informação sobre os factos e os seus agentes***" (Parecer do Concelho Consultivo da Procuradoria Geral da República com o n.º P000642006 de 02-11-2006.

[29] VALENTE, Manuel Monteiro Guedes, *Do Ministério Público e da Polícia, Prevenção Criminal e Ação Penal como execução de uma Política Criminal do Ser Humano*, Lisboa: UCE, 2013, p. 560.

[30] CUNHA, José Manuel Damião da, *ob. cit.*, [17], p. 16.

[31] COSTA, José Faria, *ob. cit*, [18], p. 221.

"Daqui resulta que o poder de orientação que é conferido ao MP não pode ser entendido estaticamente, mas, pelo contrário, deve ser compreendido como um processo dinâmico que se baseia num processo de informação, tanto quanto possível constante, que possibilite aquele processo mais ou menos informal de circuito interno, criando ao MP as bases para juízos intercalares, consubstanciados em directivas resultantes daquela informação produzida"[32].

Logo, se na fase do inquérito, compete ao MP dirigir a investigação, em ordem a deduzir ou não a acusação, se constitui como uma premissa verdadeira, também não é menos verdade que a magistratura do MP não é, nem deve ser um corpo de polícia[33], **pois a titularidade do inquérito deve ser entendida** como o poder de dispor material e juridicamente da investigação, no sentido de emitir directivas, ordens e instruções quanto ao modo como deve ser realizada aquela investigação, acompanhar e fiscalizar os vários actos, delegar ou solicitar a realização de diligências, presidir ou assistir a diversos actos ou autorizar a sua realização, e avocar a todo o tempo o inquérito.

Nestas tarefas se materializa a direção efetiva do inquérito, **que jamais poderá significar, de forma resumida, apenas a recepção, de forma acrítica, dos resultados logrados pelos órgãos de polícia criminal**, o que põe em causa o princípio da investigação sob garantia judicial"[34],

[32] CUNHA, José Manuel Damião da, *ob. cit.*, [17], p. 133.

[33] PINTO, António Augusto Tolda, *A tramitação processual penal*, Coimbra: Coimbra Editora, 2001, p. 577.

[34] RODRIGUES, Anabela Miranda, *ob. cit.*, [25], p. 956. No mesmo sentido, COSTA, José Faria, *ob. cit.*, [18], p. 222, onde cita José Costa Pimenta: "Todavia, contrariamente ao que poderia parecer à primeira vista, o perigo não é tanto o de ingerência das magistraturas nas polícias, mas, inversamente, o risco das polícias, altamente dependentes da Administração, influenciarem a actividade da magistratura – com consequências perniciosas para a segurança dos cidadãos e credibilidade da justiça administrativas". Igualmente CUNHA, José Manuel Damião da, *ob. cit.*, [27], p. 100, ao analisar os riscos e as vantagens do modelo português de relacionamento entre as autoridades judiciárias e os órgãos de polícia criminal, considera que: "... pode constituir um obstáculo à realização das suas (MP) tarefas, tanto pela impossibilidade de definir ou escolher os funcionários competentes, como a "dominância" da polícia nas investigações poder subtrair-lhe uma efectiva direcção da fase processual de que é titular, pelo menos, em muitos âmbitos da criminalidade". Por tal facto, Damião da Cunha acredita que "a opção legislativa do CPP parece, assim, inscrever-se numa tentativa de conciliar o "inconciliável" – uma determinada forma de prevenção criminal e a garantia da responsabilidade judiciária no processo penal", *ob. cit.*, [27], p. 106.

apesar de "ser do mais elementar senso comum o reconhecimento de que o Ministério Público depende por completo dos OPC para realizar o inquérito, e de que tudo o que os OPC fizerem, ou serve os propósitos do Ministério Público, ou para pouco mais servirá!"[35].

Assim e nos tempos em que atualmente vivemos, comungamos inteiramente das palavras de MANUEL VALENTE quando afirma que "a ação de prevenção criminal e ação penal implicam pois conceitos de Polícia e de Ministério Público atualizados e atualizáveis que permitam a densificação dos princípios da **coadjuvação** e de **dependência funcional**[36], sem processos de judiciarização da primeira e sem processos (já em curso) de policialização do segundo"[37].

3. Aquisição e comunicação da notícia do crime

Na esteira do que já foi referido, se para os órgãos de polícia criminal existe então o dever e a obrigação de comunicação da notícia de crime, no mais curto prazo possível ao Ministério Público, também se pode considerar que um dos poderes de direção do MP face aos OPC se traduz igualmente na exigência da imediata comunicação da notícia do crime[38], bem como dos respetivos relatórios quanto às medidas cautelares e de polícia praticadas por aqueles.

Assim, os órgãos de polícia criminal, ao adquirirem conhecimento de um crime (que pode ocorrer de forma direta ou indireta), podem, *rectius*, devem, antes da intervenção da autoridade judiciária competente, praticar os actos cautelares que se mostrem não só necessários e urgentes, como também adequados e menos onerosos para os direitos do cidadão, que se destinem a «assegurar os meios de prova», actos estes sujeitos a posterior valoração da autoridade judiciária[39].

[35] MOURA, José Souto de, *ob. cit.*, [2], p. 18.

[36] Entendemos assim que o conceito de "dependência funcional" é claramente uma *definição jurídica construtiva*, e que por tal razão, representa uma opção legislativa de fundo. Sobre a expressão *definições jurídicas construtivas*, COSTA, José Faria, *As definições legais de dolo e de negligência enquanto problema de aplicação e interpretação das normas definitórias em Direito Penal*, in: Boletim da Faculdade de Direito, Coimbra: Universidade de Coimbra, 1993, p. 385.

[37] VALENTE, Manuel Monteiro Guedes, *ob. cit.*, [29], p. 560.

[38] VALENTE, Manuel Monteiro Guedes, Regime Jurídico da Investigação Criminal, Coimbra: Almedina, 2003, p. 67.

[39] *Idem*, p. 174.

Pelo que, verificada tal intervenção da autoridade judiciária, cai por base qualquer possibilidade de uma intervenção autónoma dos órgãos de polícia criminal. Ou seja, e dito de outro modo, "esta iniciativa própria dos órgãos de polícia criminal no processo penal obedece a dois vectores:

1.º Os actos cautelares de polícia integram-se na competência de *coadjuvação* ligada às finalidades do inquérito, agindo os órgãos de polícia criminal em substituição precária[40] do MP;

2.º Os actos cautelares e de polícia dependem dos pressupostos de *necessidade e de urgência*, isto é, de um circunstancialismo que exige uma intervenção pronta do órgão de polícia criminal, sendo globalmente norteados por um princípio de eficácia que justifica que aquele atue sem prévia autorização do Ministério Público, o que apenas pode ocorrer dentro de rigorosos pressupostos legais"[41], e que em nada afectam o dever de ser dada imediata notícia de um crime ao Ministério Público.

Neste sentido, e de acordo com o estatuído na antiga versão do artigo 248.º, é sabido que as entidades policiais, *maxime* os órgãos de polícia criminal, que tivessem conhecimento próprio ou por denúncia de um crime, ou seja, na sequência das suas ações de prevenção criminal *stricto sensu* ou através da denúncia de terceiros, adquirissem conhecimento de factos suscetíveis de preencher os elementos constitutivos de um crime, deviam comunicá-lo no mais curto prazo ao Ministério Público[42].

Todavia, face à atual redação deste articulado, o legislador penal, optou por densificar que o referido "prazo" de comunicação não poderá exceder os 10 dias, desde a data do conhecimento do facto.

Pode igualmente verificar-se de acordo com o n.º2 do artigo 248.º, que o referido procedimento é igualmente aplicável "a notícias de crime manifestamente infundadas que hajam sido transmitidas aos órgãos de polícia criminal".

Ora, e de acordo com PAULO DÁ MESQUITA, se "a notícia do crime constitui, numa abordagem diacrónica, um momento essencial nesta narrativa, já que a mesma determina a obrigatoriedade de comunicação

[40] Para CUNHA, José Manuel Damião, *ob. cit.*, [17], p. 140, pode mesmo falar-se de um certo exercício promíscuo de competências (naturalmente, que de promiscuidade só se poderá falar quando o órgão principal não tiver ainda exercido o seu direito de definição da actuação do órgão coadjutor, portanto, quando este tiver iniciativa própria na competência a exercitar).

[41] MESQUITA, Paulo Dá, *ob. cit.*, [1], p. 60.

[42] VALENTE, Manuel Monteiro Guedes, *ob. cit.*, [38], p. 171.

ao MP, **dada a sua função de impulso do procedimento criminal enquanto titular da acção penal (que compreende não só a decisão sobre a acusação, mas também a respectiva preparação e sustentação)**"[43], terá que se afirmar que não têm qualquer "enquadramento jurídico-legal os designados *pré-inquéritos* que se seguiriam à aquisição da notícia do crime, pois esta determina o dever de comunicação ao Ministério Público e, para este órgão, a obrigatoriedade de abertura do processo penal"[44].

Assim sendo, defendemos que o referido prazo de tempo para a comunicação, nunca poderá ser entendido como um espaço temporal de ***liberdade investigatória*** por parte dos órgãos de polícia criminal, atendendo ao facto que "todos os actos de investigação própria pelos órgãos de polícia criminal não enquadráveis nas medidas cautelares e de polícia se forem praticados em momento anterior à comunicação da notícia do crime, são ilegais sendo inadmissível a posterior validação dos mesmos por parte do MP (...), considerando que padecem de nulidade insanável, por força do art. 119.º, n.º 1, alínea b) do CPP"[45].

Caso fosse outra a interpretação, estaríamos a caminhar para um sistema anglo-saxónico ou de policialização da investigação criminal, o que não parece de todo adequado ao nosso ordenamento jurídico[46].

Quanto ao facto do referido procedimento ser também aplicável a notícias de crime manifestamente infundadas que hajam sido transmitidas aos órgãos de polícia criminal, entendemos que esta disposição é um sinal claro do legislador no sentido de reforçar o papel do Ministério Público como ***dominus*** do inquérito, considerando que compete a esta magistratura, e não aos órgãos de polícia criminal (a montante), o poder de analisar se uma notícia de crime, que se reporte a um facto específico com relevância penal, "se pode ou não constituir como *a mola idónea* para o desenvolvimento do inquérito investigatório"[47].

Sobre ***o valor probatório*** do auto de notícia em **processo penal**, constata-se que este documento não constitui prova dos factos neles mencionados

[43] MESQUITA, Paulo Dá, *ob. cit.*, [1], p. 58.
[44] *Idem*, p. 59.
[45] Assim, MESQUITA, Paulo Dá, *ob. cit.*, [19], pp. 73 e 76.
[46] VALENTE, Manuel Monteiro Guedes, *ob. cit.*, [38], p. 250.
[47] MESQUITA, Paulo Dá, *ob. cit.*, [19], p. 59.

(ao contrário do que se passava em 1929), valendo apenas como *denúncia*, assim o determina o n.º 3 do artigo 243.º do CPP. Todavia, o Ministério Público pode bastar-se com o auto de notícia elaborado, enquanto elemento que fundamente a convicção da existência de "indícios suficientes de se ter verificado crime e de quem foi o seu agente"[48].

Outro aspeto que deverá merecer agora a nossa atenção está relacionado com a eventual incompetência de algum órgão de polícia criminal em matéria de investigação criminal, ou seja, quais os procedimentos a efetuar no caso de **aquisição e comunicação** da notícia de um crime, quando aquele OPC não seja competente para a sua investigação.

Nestes casos, e de acordo com a Lei de Organização da Investigação Criminal (em especial os artigos 5.º e 10.º), face ao dever de cooperação, apenas podem ser praticados os atos cautelares necessários e urgentes para assegurar os meios de prova, devendo igualmente ser comunicados ao órgão de polícia criminal competente, os factos de que tenham conhecimento relativos à preparação e execução de crimes, no mais curto prazo, que não pode exceder as vinte e quatro horas, obviamente com conhecimento à autoridade judiciária.

Neste sentido, será então crucial realçar que este dever de cooperação[49], entre os diversos órgãos de polícia criminal em matéria de investigação criminal[50], é indispensável à eficácia da luta contra todas as formas de

[48] CARMO, Rui do, *A prova documental e a prova pericial no Código de Processo Penal*, in: I Congresso de Processo Penal, Coimbra: Almedina, 2005, p. 386.

[49] Sobre a cooperação policial, VALENTE, Manuel Monteiro Guedes, Dos Órgãos de Polícia Criminal – Natureza, Intervenção e Cooperação, Coimbra: Almedina, 2004, pp. 223 e seguintes, refere a existência de uma cooperação interna e de uma cooperação internacional. Relativamente à cooperação interna, este ilustre autor, subdivide a mesma em vertical e em horizontal, sendo que a vertical é referente à cooperação entre as polícias e o poder político, entre as polícias e os órgãos judiciais, enquanto que a horizontal é referente à cooperação entre as várias polícias.

[50] Destacando-se, também de acordo com o art. 11.º da LOIC, o Sistema Integrado de Informação Criminal. Refere igualmente o n.º 3 deste artigo, que "As autoridades judiciárias competentes podem a todo o momento e relativamente aos processos de que sejam titulares, aceder à informação constante do sistema de integrado de informação criminal".

expressão da criminalidade, e que exige dos agentes policiais uma especial sensibilidade e rigor[51] de processos de atuação.

4. Algumas ideias de chegada[52]

Após a enunciação das questões principais e das linhas de argumentação sobre esta temática da **aquisição e comunicação da notícia do crime**, que na generalidade se aplica igualmente ao crime económico-financeiro, importa colocar ainda o enfoque em algumas das ideias que reputamos de essenciais e que se devem destacar das restantes neste *multiversum*[53] teórico.

Considera-se assim então que:

1. É geralmente reconhecido por todos que a criminalidade económico-financeira, com o seu caráter insidioso, tem mudado profundamente nas últimas décadas, adquirindo um peso e uma importância acrescida nas sociedades abertas e democráticas[54];
2. Para estas novas expressões do crime, "a generalidade dos ordenamentos jurídicos tem procurado compatibilizar o conflito de interesses e de tensões, entre a busca da eficácia no *ius puniendi* (que tarda em ter lugar) e a efetiva tutela dos direitos e garantias fundamentais dos cidadãos que importa resguardar"[55], com o aparecimento de novos meios e procedimentos que são qualitativamente distintos dos tradicionais meios de prova e de obtenção de prova;
3. Deste modo, verifica-se alguma discussão e controvérsia no plano doutrinário, sobre se estes novos instrumentos se constituem nas melhores *armas* para combater estas novas formas de criminalidade, ou se por outro lado, o processo penal comum é geralmente bastante para reagir com firmeza. O tempo nos há-de dizer qual a melhor resposta;

[51] Para VALENTE, Manuel Monteiro Guedes, *Processo Penal – Tomo I*, Coimbra: Almedina, 2004, p. 174, "A **função dos OPC** é sem dúvida **importantíssima no desenrolar do processo,** digamos **crucial na defesa dos direitos e liberdades do cidadão**". Negrito do autor.

[52] Ideia recolhida em VALENTE, Manuel Monteiro Guedes, *ob. cit.*, [29], p. 557.

[53] Expressão recolhida em COSTA, José de Faria, *ob. cit.*, [3], p. 102.

[54] BRAZ, José, *ob. cit.* [5], p. 331.

[55] *Idem*, p. 332.

4. Todavia, e comungando inteiramente com MANUEL VALENTE, cuidamos que é atualmente exigido "um novo olhar de e sobre a fenomologia criminal por parte dos atores que, em primeiro lugar (Ministério Público e Polícia), atuam e executam a política criminal, que se quer abrangente e congregante sob o prisma da prevenção da criminalidade"[56], mas **promovendo sempre uma política criminal do ser humano**;
5. Razão pela qual, e mais uma vez, na esteira do defendido por GERMANO MARQUES DA SILVA, acreditamos que "a eficácia da prevenção e combate à criminalidade, em qualquer das suas manifestações, há-de alcançar-se sobretudo pelo engenho e arte dos "polícias", nunca pela força bruta, pelo artifício, pela atuação desleal ou pela subversão dos princípios em que assenta a nossa estrutura político-social, o nosso ideal de organização da sociedade, porque a utilização desses meios, ainda que momentaneamente eficazes, **degradam quem os sofre, mas não menos quem os usa**"[57].
6. Ora, ao falar-se de "arte e de engenho" dos polícias, acredita-se que para o combate a estas novas formas de criminalidade (e em especial à criminalidade económico-financeira) deve avançar a regra de ouro da especialização, sem prejuízo do dever de cooperação já abordado. Ou seja, e tal como JOSÉ FARIA COSTA nos ensina, **não se deseja saber cada vez mais de cada vez "mais"**, até porque tal saber é a negação do saber. Deve, pois, apostar-se em **saber cada vez mais de cada vez "menos"**, compensando-se a redução do campo operatório pelo aprofundamento analítico do objeto de estudo[58].
7. Assim concordamos inteiramente com JOSÉ BRAZ que nos indica que "a investigação criminal não pode enfrentar as novas formas de criminalidade organizada utilizando a mesma estratégia, a mesma metodologia e a mesma organização que utiliza na investigação da criminalidade comum e tradicional"[59], devendo deixar de se apostar

[56] VALENTE, Manuel Monteiro Guedes, *ob. cit.*, [29], p. 557.

[57] SILVA, Germano Marques, *ob. cit.* [12], p. 399.

[58] COSTA, José de Faria, *ob. cit.* [3], p. 22. Neste sentido, muito já tem sido feito, designadamente com o aparecimento dos Departamentos de Investigação e Ação Penal, do Departamento Central de Investigação e Ação Penal, bem como da Unidade de Perícia Financeira e Contabilística e do Gabinete de Recuperação de Ativos da Polícia Judiciária.

[59] BRAZ, José, *ob. cit.* [5], p. 335.

no raciocínio dedutivo em detrimento do "raciocínio indutivo, que já não circunscreve o seu objeto de análise apenas ao facto e ao autor, mas sim à atividade e à organização criminosa"[60];

8. Cremos ser então chegado o tempo de se promover uma melhoria na recolha, no tratamento, e acima de tudo, na partilha da informação, bem como na aposta da cooperação interinstitucional e no trabalho em equipa, demonstrando-se inequivocamente a insuportabilidade de uma certa cultura do quintal;
9. Para isto, acreditamos que a nova **Plataforma de Intercâmbio de Informação Criminal**, que estará em pleno funcionamento ainda este mês, poderá significar um enorme passo naquele sentido, bem como eventualmente contribuir para uma maior eficácia no combate a esta criminalidade;
10. Todavia, nunca deverá ser olvidado que em uma equipa, há sempre quem dirija e quem executa, sem prejuízo do respeito mútuo e do reconhecimento dos respetivos saberes e experiências[61], pelo que os Órgãos de Polícia Criminal terão sempre (e sublinhamos **sempre**) que ser vistos como órgãos auxiliares de administração de justiça e não como atores principais, deixando esse papel às Autoridades Judiciárias;
11. Termino agora, na esperança de não ter sido demasiado maçador na minha exposição, utilizando uma notável expressão, com a devida vénia, do Sr. Professor GERMANO MARQUES DA SILVA, que deve eticamente orientar a nossa atividade profissional, a bem da sobrevivência de um Estado que se quer de Direito e que se quer igualmente Democrático: **"em matéria de investigação criminal nunca devem ser feitos "nem pactos com o "diabo", nem utilizados meios diabólicos no seu combate"**[62].

Muito obrigado.

[60] *Idem*, p. 336.

[61] Defendemos desta forma que a fluidez da comunicação do MP com os OPC's e o permanente acompanhamento e análise conjunta dos processos, numa perspetiva de trabalho de equipa, são elementos de método indispensáveis do sucesso da luta contra a criminalidade económica e financeira.

[62] SILVA, Germano Marques, *ob. cit.* [12], p. 397.

Referências Bibliográficas

BRAZ, José, *Investigação Criminal, os desafios da nova criminalidade*, Coimbra: Almedina, 2009.

CAIRES, João Gouveia de, *O regime processual especial aplicado ao crime económico-financeiro*, in: Direito Penal Económico e Financeiro – Conferências do Curso Pós- Graduado de Aperfeiçoamento, Coimbra: Coimbra Editora, 2012.

CARMO, Rui do, *A prova documental e a prova pericial no Código de Processo Penal*, in: I Congresso de Processo Penal, Coimbra: Almedina, 2005.

CORREIA, João Conde, *Inquérito: a manutenção do paradigma ou uma reforma encoberta*, in: Colóquio "A reforma do Direito Processual Penal Português em Perspectiva Teórico-Prática", Faculdade de Direito da Universidade de Coimbra, 11 e 12 de Abril de 2008.

COSTA, José Faria, *As definições legais de dolo e de negligência enquanto problema de aplicação e interpretação das normas definitórias em Direito Penal*, in: Boletim da Faculdade de Direito, Coimbra: Universidade de Coimbra, 1993.

COSTA, José Faria, *As relações entre o Ministério Público e a Polícia. A experiência portuguesa*, in: Boletim da Faculdade de Direito da Universidade de Coimbra, Coimbra: Coimbra Editora, Volume LXX, 1994.

COSTA, José de Faria, *Direito Penal Económico*, Coimbra: Quarteto, 2003

CUNHA, José Manuel Damião da, *O Ministério Publico e os órgãos de polícia criminal*, Porto: Universidade Católica, 1993.

CUNHA, José Manuel Damião da, *O modelo português – A dependência funcional*, in: Modelos de Polícia e Investigação Criminal, Porto, Edições Gailivro, 2006.

DIAS, Jorge de Figueiredo e ANDRADE, Manuel da Costa, *Criminologia – O Homem Delinquente e a Sociedade Criminógena*, Coimbra: Coimbra Editora, 2.ª Reimpressão, 1997.

GONÇALVES, Maia, *Código de Processo Penal – Anotado e Comentado*, 13.ª Edição, Coimbra: Almedina Editora, 2002.

MESQUITA, Paulo Dá, *Notas sobre inquérito penal, polícias e Estado de Direito Democrático (suscitadas por uma proposta de lei dita de organização da investigação policial)*, Revista do Ministério Público, Lisboa, 2000.

MESQUITA, Paulo Dá, *Repressão Criminal e Iniciativa Própria dos Órgãos de Polícia Criminal*, in: I Congresso de Processo Penal, Coordenação de Manuel Monteiro Guedes Valente, Coimbra: Almedina, 2005.

MOURA, José Souto de, *Justiça, Ministério Público, Criminalidade Económica*, in: Revista Portuguesa de Ciência Criminal, Ano 13, n.º 1, Coimbra: Coimbra Editora, 2003.

PALMA, Maria Fernanda, *O princípio da desculpa em Direito Penal*, Coimbra: Almedina, 2005.

PINTO, António Augusto Tolda, *A tramitação processual penal*, Coimbra: Coimbra Editora, 2001.

RODRIGUES, Anabela Miranda, *A defesa do arguido: uma garantia constitucional em perigo no "admirável mundo novo"*, in: Revista Portuguesa de Ciência Criminal, Ano 12, n.º 4, Coimbra: Coimbra Editora, 2002.

RODRIGUES, Anabela Miranda, "A fase preparatória do Processo Penal – Tendências na Europa. O Caso Português", in: *STVDIA IVRIDICA*, n.º 61, Coimbra: Coimbra Editora.

SILVA, Germano Marques, *Dos meios de prova*, in: I Congresso de Processo Penal, Coimbra: Almedina, 2005.

VALENTE, Manuel Monteiro Guedes, *Regime Jurídico da Investigação Criminal*, Coimbra: Almedina, 2003.

VALENTE, Manuel Monteiro Guedes, *Dos Órgãos de Polícia Criminal – Natureza, Intervenção e Cooperação*, Coimbra: Almedina, 2004.

VALENTE, Manuel Monteiro Guedes, *Processo Penal, Tomo I*, Coimbra: Almedina, 2004.

VALENTE, Manuel Monteiro Guedes, *Do Ministério Público e da Polícia, Prevenção Criminal e Ação Penal como execução de uma Política Criminal do Ser Humano*, Lisboa: Almedina, 2013.

Boletim do Conselho Superior do Ministério Público, *Dependência Funcional dos órgãos de polícia criminal*, n.º 37, Ano IV, consultado www.pgr.pt/, no dia 09 de Maio de 2008.

Do *periculum in mora* da atuação da Autoridade Judiciária ao *fumus boni iuris* da intervenção policial

Contributo para o estudo das medidas cautelares e de polícia na cibercriminalidade económica.

Armando Dias Ramos
Doutorando em Direito, na Universidade Autónoma de Lisboa
Mestre em Ciências Jurídico-Criminais, pela FDL
Inspetor da Polícia Judiciária

1. Intróito

As medidas cautelares e de polícia são uma das competências atribuídas pelo Código de Processo Penal (CPP) a atos praticados exclusivamente pelos Órgãos de Polícia Criminal (OPC). Poderemos afirmar que se tratam efetivamente de atos processuais? Trilhando os ensinamentos do Prof. Germano Marques da Silva verificamos que *"(...) não são ainda actos processuais, são actos de polícia, mas o legislador entendeu discipliná-los no CPP porque estreitamente conexos com os actos do processo criminal e podem neles assumir relevância"*[1].

Efetivamente há medidas cautelares que podem ser anteriores a um processo, mas também podem ser contemporâneas do mesmo, bastando

[1] Germano Marques da Silva, *Curso de Processo Penal III*, Verbo, 2.ª Edição, Reimpressão de 2006, p. 63.

para tal que os factos venham a verificar-se na pendência daquele e que não seja possível ou expectável a intervenção imediata da autoridade judiciária.

Podemos afirmar que o legislador emitiu uma autorização, *quase em branco*, para a realização de atos de livre iniciativa dos OPC, quando colocou a tónica na expressão, no art. 55.º, n.º 2, do CPP[2], "mesmo por iniciativa própria", desde que esta iniciativa esteja dentro dos limites impostos pela lei. É assim deixado ao livre arbítrio dos OPC a liberdade para atuarem, consoante as necessidades de investigação/prevenção, usando da prerrogativa das medidas cautelares, desde que as mesmas ao serem utilizadas não estravassem o objeto da ação.

Todavia, não poderemos esquecer que esta autorização, a qual designamos por *quase em branco*, patente nas medidas cautelares e de polícia, terá que ser exercida em conformidade com os princípios constitucionais, entre os quais se perfilam lado-a-lado os princípios da adequação, da proporcionalidade *lato sensu* ou proibição do excesso e da exigibilidade[3].

A par destes princípios constitucionais teremos ainda outro principio constitucional, o da necessidade, patente no art. 272.º, n.º 2, da CRP que estabelece que *"as medidas de polícia são as previstas na lei, não devendo ser utilizadas para além do estritamente necessário"*[4].

Donde se retira a premissa que os OPC deverão lançar mão das medidas cautelares para praticar atos cautelares necessários e urgentes com o fito de assegurar os meios de prova, tratando-se de um *poder-dever* dos OPC, balizados pela própria lei.[5] Estaremos, assim, na presença de um *periculum*

[2] Diploma a que pertencem todas as disposições legais que se citarem sem menção de origem.

[3] Cf. Art. 18.º, n.º 1, da CRP que estabelece que os preceitos constitucionais respeitantes aos direitos, liberdades e garantias são diretamente aplicáveis e vinculam entidades públicas e privadas.

[4] Aqui se elenca mais um dos princípios constitucionais, ou seja, o princípio da proibição do excesso. O princípio da proibição do excesso, por seu turno, acarreta uma obrigatória subordinação das medidas de polícia aos requisitos da necessidade, exigibilidade e proporcionalidade. Com ele reafirma-se enfaticamente o princípio constitucional fundamental em matéria de atos públicos potencialmente lesivos de direitos fundamentais, em termos de tais atos só deverem ir até onde seja imprescindível para assegurar o interesse público em causa, sacrificando ao mínimo os direitos dos cidadãos. Nesta sede isto significa que o emprego das medidas de polícia deve ser sempre justificado pela estrita necessidade e que não devem nunca utilizar-se medidas gravosas quando outras de menor penosidade sejam suficientes para a concretização da tarefa ou fim a atingir. Cf. J. J. Gomes Canotilho e Vital Moreira, *Constituição da República Portuguesa Anotada*, 3ª ed., Coimbra Editora, 1993, p. 956.

[5] Cf. art. 249.º, n.º 1 do CPP.

in mora na qual a falta de atuação, ainda que não seja realizada pelo órgão competente, poderá perigar toda uma série de provas que serão úteis para a descoberta da verdade material, quiçá, conducentes à identificação dos agentes da prática do ilícito que se acabou de cometer[6].

O Capítulo II, do Título I, do Livro VI do CPP, constituído pelos art.s 248.º ao 253.º, enuncia algumas das medidas cautelares, sem prejuízo de encontrarmos outras dispersas em legislações avulsas. Entre as consagradas no CPP, destacamos a legitimidade que os OPC possuem, sem qualquer delegação de competências, para recolher informações acerca de pessoas que facilitem a descoberta dos agentes de um crime, a possibilidade de realização de buscas noturnas, nos termos do art. 174.º, n.º 5, de apreensões no decurso de buscas ou revistas, na identificação de suspeitos, entre outras.

As medidas cautelares, sempre no estrito cumprimento da lei e dos princípios que as enformam, terão que ser posteriormente sufragadas pela autoridade judiciária competente, que as ratifica ou as considera nulas.[7] Existe, desta forma, uma dominante preocupação do legislador em garantir a legalidade das provas, sem deixar, contudo, de zelar pela sua recolha atempada de elementos provatórios, que de outro modo poderiam perecer num ápice.[8]

Realça-se que as medidas cautelares apresentam uma característica peculiar: são da exclusiva competência dos órgãos de polícia criminal. Ocorrem maioritariamente antes da existência de um inquérito pelo que, estas *démarches*, não podem ser ordenadas ou delegadas pelas autoridades judiciárias competentes, designadamente o Ministério Público, porquanto a atuação destas se farão sempre em sede de inquérito (art. 241.º e 262.º). Ou seja, como refere ANABELA MIRANDA RODRIGUES, o inquérito é "*a fase*

[6] É dado como assente que o *domus* do processo penal é o Ministério Público (MP), art. 48.º do CPP. Só faz sentido falar em medidas cautelares quando o MP não possa atuar em tempo útil e haja perigo na demora desta atuação, daí o termo latino *periculum in mora*. Dependendo da fase processual também poderão estar acometidas ao Juiz de Instrução Criminal (JIC) a competência para a prática de certos atos e quando este não intervém atempadamente também os OPC poderão socorrer-se destas medidas cautelares, cf. art. 269.º do CPP. É por exemplo o caso da medida cautelar de apreensão de correspondência, que deverá ser transmitida de forma intacta ao juiz, sendo o primeiro a tomar conhecimento do seu conteúdo.

[7] Por força do art. 253.º do CPP.

[8] Neste sentido CARLOS ALBERTO SIMÕES DE ALMEIDA, *Medidas Cautelares e de Polícia do Processo Penal em Direito Comparado*, Almedina, 2006, pp. 11-27.

normal e usual de efetuar a investigação de um crime pelo Ministério Público" [9], que poderá delegar essa investigação nos OPC sugerindo ou ordenando diversas diligências com a finalidade da descoberta da verdade material.

2. As medidas cautelares no cibercrime

2.1. Razão de ser

Realizada esta abordagem sobre os pressupostos que enformam as medidas cautelares e de polícia não nos deteremos mais tempo sobre as mesmas. Iremos abordar seguidamente esta temática, das medidas cautelares e de polícia, com contornos mais específicos e que se encontram na ordem do dia, referimo-nos às medidas cautelares que poderão ser utilizadas nos crimes informáticos ou cometidos através de meio informático.

Se por um lado já existe doutrina e jurisprudência no que concerne às normas do CPP que nos referirmos anteriormente, por outro verifica-se um *deficit* quanto a outras medidas cautelares patentes em legislação avulsa, como é o caso das existentes na Lei do Cibercrime, pelo que optamos por nos debruçar sobre estas últimas. Ainda assim não esquecemos que nos encontramos no âmbito de um congresso que tem subjacente o tema da criminalidade económico-financeira, pelo que pretendemos não debandar desta circunscrição.

Efetivamente as tecnologias de informação e comunicação entraram definitivamente nas nossas vidas e já não suportamos viver mais sem elas. E se nós as utilizamos, quem se dedica profissionalmente ao mundo do crime também tira partido destas para os seus intentos.

Poderemos afirmar que a maioria dos cibercrimes estarão de alguma maneira ligados aos crimes económico-financeiros. Vejamos um exemplo daquilo que acabamos de afirmar: certamente que é "mais cómodo" efetuar pagamentos e transferências via *on-line*, através do sistema *homebanking* que todos os Bancos hoje em dia oferecem, do que assaltar propriamente uma instituição bancária. Esta comodidade leva a que sejam realizadas em todo o mundo milhares de operações ilícitas, nomeadamente transferências não

[9] ANABELA MIRANDA RODRIGUES, *O inquérito no novo Código de Processo Penal*, Jornadas de Direito Processual Penal, O Novo Código de Processo Penal, Centro de Estudos Judiciários, Almedina, 1997, p. 64.

autorizadas pelos legítimos detentores das credenciais bancárias. Existem redes criminosas especializadas na captura das credenciais de acesso aos seus proprietários, utilizando diversos *modus operandi*. Posteriormente estes, ou outros elementos da rede, efetuam transferências para contas bancárias de pessoas recrutadas previamente (designadas na gíria policial por *money mulles*) e estas, por seu turno, reenviam o dinheiro para locais onde o rasto se perde facilmente, recorrendo a sistemas de transferência quase imediato. Obviamente que todos conhecem este modo de atuação, que é mais conhecido pela palavra inglesa *phishing*[10]. Mas não existe apenas *phishing* bancário. Ele pode existir em todas as situações em que se requeira a introdução de credenciais de acesso, ou seja, o nome do utilizador e a *password* respetiva , como por exemplo no acesso às finanças, às contas de correio electrónico, etc.

Atualmente existe um *mundo obscuro*[11] onde a criminalidade ocorre sem deixar rasto e onde as cifras negras são cada vez maiores[12]. A Europol

[10] Como o nome indica *phishing* é o ato de "pescar" as credenciais de acesso de utilizadores menos atentos. Para o efeito os criminosos fazem-se passar supostamente por verdadeiras instituições (utilizando os logótipos destas para dar maior credibilidade) solicitando a atualização dos seus dados, recorrendo ao envio de falsos e-mail's, SMS ou através de páginas falsas na Internet semelhantes às verdadeiras.
Em 2012 as queixas aumentaram 17%, segundo a Polícia Judiciária e de acordo com a última edição do estudo *Norton Cybercrime Report*, a fatura global dos custos com o cibercrime atinge 110 (cento e dez) mil milhões de dólares, com as estimativas a apontarem para que cerca de 1,5 milhões de indivíduos, por dia, sejam vítimas deste tipo de crime. Relatório disponível *on-line* no endereço http://www.symantec.com/about/news/release/article.jsp?prid=20120905_02 [acedido em 7 de março de 2013].

[11] Esta zona obscura, também conhecida por "*deep web*", "*invisible net*"ou "*darknet*" é inacessível a motores de busca, bem como a exploradores tipo Internet Explorer, Firefox, Chrome ou Safari, necessitando de um explorador tipo TOR, porque a maioria destes sites estão encriptados. Imaginando a Internet como sendo um iceberg, referem os especialistas que, apenas 4% da Internet que conhecemos se encontra à superfície. Mais informações sobre esta temática, que foge ao tema analisado, *online* em http://www.brightplanet.com/deep-web-university/ [acedido em 23 de março de 2013].

[12] Não poderemos esquecer que muitas das estatísticas apresentadas pelas entidades competentes não refletem a realidade porquanto muitas das vítimas não se queixam criminalmente ou existem outros motivos externos que levam a que nunca se chegue a realizar o impulso processual e por conseguinte uma investigação criminal. Neste sentido Nuno Vieira de Carvalho, *As estatísticas criminais e os 'crimes invisíveis'*, 2006, disponível *online* em http://www.psicologia.pt/artigos/textos/A0272.pdf [*acedido em 20 de março de 2013*]; Maria José Morgado e José Vegar, *O inimigo sem rosto*, Dom Quixote, 2003.

divulgou recentemente o relatório *"EU Serious and Organized Crime Threat Assessment"*[13] onde identificou 3600 grupos de crime organizado. Analisaremos *infra* o impacto que as medidas cautelares poderão ter quando se trata de crimes económicos praticados com recurso à Internet.

2.2. As medidas cautelares *strito senso*

A convenção sobre o cibercrime do Conselho da Europa foi um dos primeiros instrumentos de trabalho internacional sobre o crime no ciberespaço.

Esta convenção vai comungar de muitos dos princípios ínsitos na resolução n.º 9(89) do Conselho da Europa, que acabou por ser transposto para o nosso ordenamento jurídico através da Lei n.º 109/91, de 15 de agosto, denominada Lei da Criminalidade Informática, atualmente revogada[14].

Portugal foi um dos primeiros países a assinar a Convenção sobre Cibercrime, também chamada de Ciberconvenção, mais precisamente em 23/11/2001. Porém, volvidos quase 8 anos desde a assinatura, é que se processa a ratificação[15] desta Convenção e, no mesmo dia, é publicada em Diário da República a atual Lei do Cibercrime, Lei n.º 109/2009, de 15 de setembro. Esta legislação para além de adaptar para o direito interno a Convenção sobre Cibercrime do Conselho da Europa, transpõe também a

[13] Segundo este relatório 12% dos cidadãos da UE já sofreram algum tipo de fraude *online*, donde se destaca o *phishing* bancário, sendo que 8% já sofreram "roubo" de identidade. Só em 2011, 60% das fraudes com cartões de pagamento foram realizadas sem a presença do referido cartão e totalizaram um prejuízo de 900 (novecentos) milhões de euros. Disponível *on-line* no endereço https://www.europol.europa.eu/sites/default/files/publications/europol_socta_2013_report.pdf [*acedido em 14 de março de 2013*].

[14] Por todos Pedro Verdelho, Rogério Bravo e Manuel Lopes Rocha, *Leis do Cibercrime*, Vol. I, Centro Atlântico, 2003, pp. 10 a 233 onde para além da explicação da Convenção sobre o Cibercrime, os autores tecem vários comentários pertinentes sobre a mesma.

[15] Aprovada pela Resolução da Assembleia da República n.º 88/2009 e ratificada pelo Decreto do Presidente da República n.º 91/2009. De referir que a Convenção sobre o Cibercrime foi aprovada com reserva, excluindo-se a possibilidade de Portugal conceder a extradição em determinados casos, como sejam a extradição: (i) de cidadãos portugueses, (ii) por crimes a que corresponda pena de morte segundo a lei do Estado requerente, (iii) por crime punível com pena privativa da liberdade inferior a um ano, ou (iv) nos casos em que a pessoa em causa deva ser julgada ou cumprir uma pena com carácter perpétuo ou decretada por um tribunal de exceção.

Decisão Quadro n.º 2005/222/JAI, do Conselho, de 24 de fevereiro, relativa a ataques contra sistemas de informação.[16]

A presente lei contém disposições penais materiais e processuais, sendo estas últimas, no tocante às medidas cautelares, que nos interessam analisar e vão de encontro ao nosso tema.

Não existe na Lei do Cibercrime qualquer capítulo ou artigo dedicado em exclusivo às medidas cautelares e de polícia, tal como sucede no CPP. Teremos que encontrar as mesmas da leitura de vários artigos.

Desde logo o art. 11.º, n.º 1, da Lei do Cibercrime, estabelece o âmbito de aplicação das medidas processuais, referindo a alínea c) deste número que serão aplicáveis *"em relação aos quais seja necessário proceder à recolha de prova em suporte digital"*.

De entre as normas processuais existentes na Lei do Cibercrime, encontramos as seguintes, referentes às medidas cautelares:

- Preservação expedita de dados, art. 12.º, n.º 2[17];
- Pesquisa de dados informáticos, art. 15.º, n.º 3 e 4[18];

[16] Entretanto encontra-se já em discussão e aprovação uma proposta de Diretiva do Parlamento Europeu e do Conselho relativa a ataques contra sistemas de informação e revogação da Decisão Quadro 2005/222/JAI do Conselho. Mais informações sobre este procedimento http://ec.europa.eu/prelex/detail_dossier_real.cfm?CL=pt&DosId=199692 [*acedido em 27 de março de 2013*].

[17] "2 – **A preservação pode também ser ordenada pelo órgão de polícia criminal** mediante autorização da autoridade judiciária competente ou **quando haja urgência ou perigo na demora**, devendo aquele, neste ultimo caso, dar notícia imediata do facto à autoridade judiciária e transmitir-lhe o relatório previsto no art. 253.º do Código de Processo Penal" (negrito nosso).

[18] "3 – O órgão de polícia criminal pode proceder à pesquisa, **sem prévia autorização da autoridade judiciária**, quando:

a) A mesma for voluntariamente consentida por quem tiver a disponibilidade ou controlo desses dados, desde que o consentimento prestado fique, por qualquer forma, documentado;

b) Nos casos de terrorismo, criminalidade violenta ou altamente organizada, quando haja fundados indícios da prática iminente de crime que ponha em grave risco a vida ou a integridade de qualquer pessoa.

4 – Quando o órgão de polícia criminal proceder à pesquisa nos termos do número anterior:

a) No caso previsto na alínea b), a realização da diligência é, sob pena de nulidade, imediatamente comunicada à autoridade judiciária competente e por esta apreciada em ordem à sua validação;

b) Em qualquer caso, é elaborado e remetido à autoridade judiciária competente o relatório previsto no artigo 253.º do Código de Processo Penal." (negrito nosso)

- Apreensão de dados informáticos, art. 16.º, n.º 2[19] e,
- Preservação e revelação expeditas de dados informáticos em cooperação internacional, art. 22, n.º 4[20].

Para além destas, que acabamos de mencionar, deveremos considerar como medida cautelar a apreensão de correio eletrónico e registos de comunicações de natureza semelhante, prevista no art. 17.º da Lei do Cibercrime? Na verdade este mesmo artigo remete para o regime de apreensão de correspondência previsto no CPP[21] e, por força do art. 252.º, trata-se igualmente de uma medida cautelar e de polícia.

Vejamos. Sendo equiparável, a medida cautelar é bastante *sui generis* porque abarca "comunicações de natureza semelhante" ao correio eletrónico, remetendo-nos, desde logo para o regime das escutas telefónicas. Ainda assim, não vislumbramos que o legislador tenha definido o que se deveria entender por esta expressão. Referir-se-á a mensagens de telemóvel, vulgo

[19] "2 – **O órgão de polícia criminal pode efectuar apreensões, sem prévia autorização da autoridade judiciária**, no decurso de pesquisa informática legitimamente ordenada e executada nos termos do artigo anterior, **bem como quando haja urgência ou perigo na demora**." (negrito nosso)

[20] "4 – **A preservação pode também ser ordenada pela Polícia Judiciária** mediante autorização da autoridade judiciária competente ou **quando haja urgência ou perigo na demora**, sendo aplicável, neste último caso, o disposto no n.º 4 do artigo anterior." (negrito nosso). No que concerne à cooperação internacional não iremos aprofundar esta temática. Acrescentamos apenas que a Convenção Cibercrime prevê o estabelecimento de um serviço de contacto, denominado "ponto de contacto 24.7" tendo como objetivo a rápida obtenção de elementos de prova aquando da criminalidade transnacional. Uma das características da prova informática é a sua volatilidade pelo que recorrendo aos instrumentos tradicionais, a emissão e cumprimento de uma carta rogatória poderá demorar uma eternidade. Desta forma o contacto 24.7 pretende dar resposta mais eficiente e rápida de modo a ultrapassar estes formalismos internacionais.

[21] Não poderemos deixar de criticar esta opção feita pelo legislador. Foi eventualmente a opção mais fácil de tomar, sem atender a questões eminentemente práticas. Um e-mail mais não é mais dados informáticos armazenados localmente ou num servidor, sem qualquer semelhança com uma carta. Neste sentido Rogério Bravo, *Da não equiparação do correio electrónico ao conceito tradicional por carta*, Polícia e Justiça, Revista do Instituto Superior de Polícia Judiciária e Ciências Criminais, III Série, n.º 7, Jan-Jun 2006, Coimbra Editora, pp. 210 a 214; Manuel da Costa Andrade, *"Bruscamente no Verão Passado", a reforma do Código de Processo Penal*, Coimbra Editora, 2009, p. 159; Vânia Costa Ramos, Âmbito e extensão do segredo das comunicações, Revista do Ministério Público, n.º 112, 2007, pp. 154-155; e o nosso *A Prova em Processo Penal: o correio eletrónico*. Lisboa: Chiado Editora, pp. 47-68.

SMS, a chamadas e mensagens escritas ou de voz realizadas com recurso a aplicações disponibilizadas nos modernos telemóveis (nos quais se inclui o *whatsapp, viber, skype* ou mesmo o *facebook*)[22], ou a programas/redes sociais que permitem a comunicação à distância mas cujo o nome do programa não inclui a expressão *e-mail*?

Por outro lado, o regime previsto no art. 252.º, nas palavras de PAULO PINTO DE ALBUQUERQUE, "*não constituem uma medida de pura prevenção criminal (...), antes nelas se trata de uma diligência instrumental para a descoberta da prova de um crime, ou seja, um verdadeiro meio de obtenção de prova destinado a instruir um "processo criminal"*"[23].

A diferença com a correspondência tradicional é abismal, porquanto torna-se quase impossível, se não mesmo inviável, como medida cautelar, ordenar a um *Internet Service Provider* (ISP ou prestador de serviços de comunicações) a suspensão da entrega de uma mensagem de correio eletrónico. Nesta situação tornar-se-ia mais viável a interceção das comunicações do correio eletrónico, mas assim sendo deixamos o campo da apreensão da correspondência, e, portanto, da equiparação com esta, para rumarmos para o campo das interceções das comunicações, socorrendo-nos, para tal, do regime previsto para as interceções das escutas telefónicas.

3. Análise das medidas cautelares

3.1. Preservação expedita de dados.

A preservação expedita de dados visa essencialmente o acesso a *dados informáticos*. O art. 2.º, da Lei do Cibercrime, define dados informáticos

[22] Atualmente existem diversas aplicações para telemóveis e diversos programas para computadores que permitem a troca instantânea de mensagens ou registos de voz sem a intervenção das redes de comunicações ditas tradicionais. O desenvolvimento das redes voIP (voz sobre IP) levou a um acréscimo do uso destas plataformas. Interessante, não sendo aqui a sede para tal abordagem, é a questão da interceção das comunicações, onde estas aplicações, muitas delas encriptadas na fonte e desencriptadas no destinatário, passam ao lado de um vulgar escuta telefónica. Mais um forte argumento para que efetivamente esta equiparação, feita pelo legislador, não seja realista e tenha que ser revista a posição e os fundamentos que a originaram.

[23] PAULO PINTO DE ALBUQUERQUE, *Comentário do Código de Processo Penal à luz da Constituição da República e da Convenção Europeia dos Direitos do Homem*, 2.ª edição atualizada, Universidade Católica Editora, 2008, p. 670. Também neste sentido MANUEL MONTEIRO GUEDES VALENTE, *Teoria Geral do Direito Policial*, Tomo I, Almedina, 2005, p. 188.

como *"qualquer representação de factos, informações ou conceitos sob uma forma susceptível de processamento num sistema informático, incluindo os programas aptos a fazerem um sistema informático executar uma função"*.

Alguma confusão se gerou com o que se deveria entender por dados informáticos, face à existência de dados de base, dados de conteúdo e dados de tráfego. Embora com conteúdos e significados diferentes, que não iremos escalpelizar por não ser aqui a sede própria, importa frisar que o OPC não deverá ter acesso aos mesmos, limitando-se, apenas e exclusivamente, a ordenar a quem detenha a disponibilidade destes dados que os preserve.[24] Esta ordem terá que ser posteriormente confirmada ou infirmada pela autoridade judiciária competente, ou pelo OPC mediante autorização desta.

Realizado este pedido de conservação de dados, como medida cautelar, deverão os mesmos ser salvaguardados pelo período máximo de 3 meses, prorrogáveis até ao limite máximo de 1 ano, sob pena do cometimento do crime de desobediência[25].

Esta procedimento poderá contudo também ocorrer no decurso de um inquérito, não deixando por isso de ser uma medida cautelar, desde que a preservação seja solicitada pelo OPC sem autorização da autoridade judiciária.

A Lei n.º 32/2008, de 17 de julho, que transpõe para a ordem jurídica interna a Diretiva n.º 2006/24/CE, do Parlamento Europeu e do Conselho, de 15 de Março, relativa à conservação de dados gerados ou tratados no contexto da oferta de serviços de comunicações eletrónicas publicamente disponíveis ou de redes públicas de comunicações estabelece prazos para a conservação de dados. O art. 6.º obriga os prestadores de serviços, vulgo ISP, a efetuarem esta salvaguarda pelo período mínimo de 1 ano, a contar da data da conclusão da comunicação.

Verifica-se, contudo, que os prestadores de serviço têm negado o fornecimento destes dados ao abrigo da Lei do Cibercrime, por não respeitarem à criminalidade grave, como é referido na Lei n.º 32/2008, art. 3.º, n.º 1. Ainda assim, os prestadores de serviços (ISP), têm que proceder à salvaguarda destes elementos pelo período de 1 ano, uma vez que as mesmas

[24] Também neste sentido Benjamim Silva Rodrigues, *Direito Penal, Parte Especial, Tomo I, Direito Penal Informático-Digital*, Coimbra Editora, 2009, pp. 612 a 616.

[25] Previsto e punido pelo art. 348.º do Código Penal.

jamais conseguirão apurar se determinado IP (*Internet Protocol*) ou comunicação foi utilizado para a prática de crimes graves ou não.[26] No caso de um OPC verificar que o prazo está quase a terminar, nem que seja no dia anterior ao perfazer 1 ano do *terminus* da comunicação, deverá ordenar a preservação dos dados e, nesta situação, os prestadores de serviços ficam obrigados a guardar estes dados pelo período superior a 1 ano, podendo, no limite máximo ter que salvaguardar estes dados por 2 anos, como verificamos anteriormente.

3.2. Pesquisa de dados informáticos

A pesquisa de dados informáticos não se confunde com uma busca, apesar do legislador remeter, no art. 15.º, n.º 6, da Lei do Cibercrime, para as regras de execução das buscas previstas no CPP, com as necessárias adaptações. Cremos que estas adaptações dizem respeito aos trâmites que se devem observar. Tal e qual como aquando da realização de uma busca, também após a realização de uma pesquisa de dados informáticos se deverá proceder à elaboração do respetivo auto, com assinatura de todos os intervenientes no ato.

Tratar-se-á de uma forma de obtenção de prova. Ainda assim a pesquisa de dados informáticos poderá ser uma medida cautelar quando a mesma for autorizada ou nos casos de terrorismo, criminalidade violenta ou altamente organizada e a mesma não seja ordenada pela autoridade judiciária competente.

A razão de ser deste artigo prende-se com o facto de, por vezes, ser impossível apreender um sistema informático na sua totalidade para o sujeitar a exame pericial. Não só pela sua dimensão, tanto em tamanho físico como em termos de alocação de espaço digital, mas, na maioria das

[26] Contrariamente ao protocolo firmado entre a Procuradoria Geral da República e alguns prestadores de serviços, assinado a 9 de julho de 2012, (disponível na página da PGR no endereço http://www.pgr.pt/Protocolos/PROTOCOLO-comunicacoes.pdf) somos da opinião que o Ministério Público não deveria informar aqueles operadores ao abrigo de que legislação requer os dados. As interpretações da lei são da competência dos Tribunais aquando da sua aplicação, servindo para o efeito os Tribunais de recurso. Discordamos totalmente da forma como foi construído o formulário para efetuar os referidos pedidos de informações às operadoras, anexo ao referido protocolo, consultável *on-line* no endereço http://www.pgr.pt/Circulares/textos/2012/formularios_circ12_2012.pdf [*links acedidos em 3 de março de 2013*].

vezes, porque a sua apreensão poderia causar danos irreparáveis, fazendo, por exemplo, que outros sistemas informáticos, dependente deste, deixem de funcionar. E desta forma a pesquisa será a forma menos lesiva, mais adequada e proporcional aos fins que se pretendem atingir, ou seja, verifica-se *in loco* se existem elementos de prova e em caso afirmativo procede-se à apreensão apenas desses dados informáticos.

A pesquisa contudo não se deverá confundir com um mandado de busca. Quando a autoridade judiciária emite um mandado de busca este abarca tudo o que se encontra no local buscado. Não faz sentido a existência de um mandado de busca, emitido pela autoridade judiciária competente, e um outro mandado de pesquisa de dados informáticos para o mesmo local, emitido pela mesma ou por outra autoridade judiciária. De igual modo, salvo melhor opinião, quando um suspeito autoriza a realização de uma busca esta abarcará também os sistemas informáticos que se encontrem no local autorizado para a busca. A não ser deste modo o suspeito autorizaria a busca mas referiria que num armário da sala não autorizaria que se mexesse, local esse que continha elementos de prova que comprometiam a sua inocência. Efetuar uma pesquisa de dados ou apreender o sistema informático no seu todo será uma decisão que deverá ser ponderada pelo OPC que realiza a diligência, consoante a sua adequação ao local e aos meios técnicos que dispõe no momento.

3.3. Apreensão de dados informáticos

Como resultado da pesquisa, se houver indícios suficientes que efetivamente os elementos encontrados estão a servir ou serviram para a prática de ilícitos criminais, o OPC deverá proceder à sua apreensão.

Uma vez mais se remete para o regime das apreensões do CPP, sendo estas igualmente sujeitas a comunicação e validação no prazo de 72 horas, para os devidos efeitos.

Novidade na apreensão de dados informáticos é o facto de que quando se tratem de conteúdos suscetíveis de revelar dados pessoais ou íntimos, que possam pôr em causa a privacidade do respetivo titular ou de terceiro, deverão estes elementos ser apresentados ao juiz. Este procedimento é obrigatório, pelo que se não for observado comina-se a nulidade da apreensão. Donde, acrescentamos, que estes elementos deverão ser levados ao juiz em envelope fechado, sendo este o primeiro a tomar conhecimento do seu conteúdo, evitando-se assim a exposição do titular ou de terceiros perante outros agentes da justiça.

Inovador também é o facto de aquando da cópia de dados sujeitos a apreensão, seja obrigatório efetuar um duplicado da mesma. Se uma das cópias ficará junto ao processo a outra deverá ser selada e entregue ao secretário judicial onde o processo corre os seus trâmites.

4. As medidas cautelares numa situação prática

A criminalidade económico-financeira passa cada vez mais, como já o referimos, pela Internet e pelo uso das tecnologias de informação e comunicação.

Na verdade um simples *e-mail* pode ser o suficiente para provar, por exemplo, a existência de um crime de corrupção, no qual corrupto e corrompido comunicam e planeiam a estratégia de atuação ou outro qualquer crime, seja ele de cariz económico-financeira ou não. Mas muito mais poderá ocorrer quando refastelado no sofá, aliado ao anonimato e á rapidez da atuação, se conjugam com a celeridade com que as provas podem ser destruídas.

Na realidade a tecnologia está demasiado evoluída a ponto da legislação não conseguir acompanhar este avanço. Urge adotar medidas e estratégias que possam de maneira fácil e eficaz combater a criminalidade, não colocando em causa o *periculum in mora* da atuação das autoridades judiciárias competentes. Já em 2009 Mira Amaral afirmava que estamos a viver uma 4.ª Revolução: a Era da Informação, que é originadora de uma nova economia[27].

No que às medidas cautelares diz respeito não existem normas suficientes para fazer face a este avanço tecnológico porque as mesmas não foram previstas aquando da criação da Lei do Cibercrime, limitando-se esta a ser uma cópia quase integral da Convenção do Cibercrime. Daí que esteja também em aprovação uma nova Diretiva relativa a ataques contra sistemas de informação, onde se preveem novas medidas de penalização, nomeadamente as de produção e disponibilização de instrumentos (por

[27] Luís Mira Amaral, *Economia Tech*, 1.ª Edição, Brooknomics, 2008.

exemplo, programas perniciosos destinados a criar "*botnets*" ou a capturar credenciais de acesso de forma ilícita), para cometer infracções.

Imaginemos um caso fictício que dificilmente venha a ser real ou talvez, por não ser assim tão absurdo, já se tenha verificado em boa verdade. Um grupo de jovens reúne-se todas as noites na Internet em salas de conversação (denominados *chat's*) onde decidem atacar sites governamentais, sites de comércio eletrónico ou sites considerados estratégicos para um determinado país, tais como: de controle da produção da eletricidade, da gestão de tratamento de águas, de controle dos aeroportos ou dos caminhos de ferro.

Para o efeito este grupo, de forma a ocultar a sua localização utiliza um servidor localizado num país estrangeiro e, a partir daí, realiza os ataques orquestrados. Este tipo de ataque poderá ter vários efeitos colaterais, podendo comprometer a segurança de um país. Poderão tratar-se de ataques DDoS (*distributed denial of service* – denegação de serviço), em que um site é "bombardeado" com diversos pedidos de acesso e acaba por ficar *off-line*, por não ter capacidade de resposta, ou poderá tratar-se de um acesso ilegítimo com intenções de interferir/destruir a programação aí existente.

Face a esta realidade, que de tão fictícia nada tem, poderá um OPC tomar medidas no sentido de solicitar a um país estrangeiro o bloqueio do dito servidor, sem qualquer intervenção da autoridade judiciária? Ou, invertendo a situação, poderá um OPC reportar a um ISP nacional que está a alojar um servidor do qual estão a ser realizados ataques a sites ou infraestruturas básicas num outro país e ordenar o encerramento imediato deste servidor?

E quem diz esta situação facilmente se revê na situação de um servidor (*bootnet*) que está a enviar mensagens de *e-mail* com o intuito de capturar credenciais de acesso a sistemas bancários ou a outros sistemas de acesso confidencial.

A Recomendação Rec (2001), do Comité de Ministros do Conselho da Europa, sobre os princípios diretivos da luta contra o crime organizado, sugere que se devem desenvolver novos métodos de trabalho policial, passando-se de uma polícia reativa para uma polícia pró-ativa[28].

O art. 20.º e ss da Lei do Cibercrime, no âmbito da cooperação internacional, respeita apenas à conservação ou preservação expedita de dados

[28] José Santos Cabral, *Uma incursão pela polícia*, Almedina, 2007, p. 172.

informáticos e não abarca uma situação de "encerramento" de um servidor ou de uma página da Internet. E foi com base nesta disposição legal de cooperação internacional, extraída da Convenção sobre o Cibercrime, que se criou, ficando em Portugal sob alçada da Polícia Judiciária, o ponto de contato permanente, também designado de contacto 24.7. Porém não existe, entre nós, a obrigatoriedade, vinte e quatro horas por dia, sete dias por semana, de os ISP terem um ponto de contato. Voltando ao nosso caso hipotético: e se esta situação ocorrer à noite, depois das aulas dos nossos jovens, no fundo fora do horário de expediente, a quem recorrer dos ISP para "bloquear" este ataque? Certo é que estando o crime a decorrer e havendo premente necessidade de evitar a sua continuação, há necessariamente que tomar medidas adequadas e proporcionais de forma a estancar este ataque. Resta-nos, em última instância, um contra-ataque a esse servidor, fundamentado na legítima defesa do art. 32.º do Código Penal?

5. Conclusão

As medidas cautelares e de polícia são fulcrais para o germinar de um processo crime, da recolha atempada de prova e consequente identificação/condenação dos agentes envolvidos numa atividade criminosa.

É certo que todos os dias se clamam aos sete ventos pelos direitos dos arguidos, mas muitos se esquecem que efetivamente também as vítimas têm direitos, e os direitos destas são, na maioria das vezes, postergados em detrimento dos direitos daqueles que provocam a lesão de bens jurídicos.

A atuação dos OPC, na primeira linha de batalha, exige que estes tenham que decidir que medidas tomar e por vezes essa decisão tem que ser efetuada numa fração de segundos. Aqui ainda não existe uma dependência funcional do Ministério Público, porquanto o processo apenas vê a luz do dia após a comunicação da notícia do crime ao MP.

Os ventos de mudança das novas tecnologias continuam a alterar todo o paradigma da atuação imediata dos OPC e é urgente, para que estes possam continuar a assegurar os meios de prova, uma adaptação a este maravilhoso mundo novo da tecnologia. Novos desafios se colocam à investigação da criminalidade e as tecnologias de informação e comunicação terão forçosamente que fazer parte desta atuação. De dia para dia a velocidade de transmissão da Internet é maior, os suportes informáticos de alocamento de informação são cada vez mais pequenos, mas possuem cada vez mais capacidade. Por outro lado os sistemas de armazenamento na *cloud computing* são um dos entraves á atuação cautelar dos OPC, face à impossibilidade de determinar a localização física dos dados a apreender.

Urge repensar a criminalidade informática, na qual está intrinsecamente associada a criminalidade económico-financeira praticada por meios informáticos, por forma a autonomiza-la, e surja um novíssimo Código Penal e Processual informático.

Nunca é demais recordar que as medidas cautelares e de polícia apenas podem ser exercidas se tiverem previsão legal em obediência aos princípios constitucionais que as emanam.

Concluo que não se está a colocar nas mãos dos OPC poderes discricionários, quando estes praticam, por sua livre iniciativa, medidas cautelares e de polícia. Apenas se está a dar a oportunidade que se efetue um combate mais eficaz à criminalidade. É certo que as medidas cautelares e de polícia passam sempre pelo crivo da autoridade judiciária competente, que as ratifica ou não. Em última análise, no caso das medidas cautelares serem violadas, para lá do que seja considerado adequado e proporcional, deverá haver responsabilização criminal e disciplinar dos agentes policiais prevaricadores. Se a criminalidade está mais aguerrida, só com medidas cautelares eficazes se poderão identificar e recolher elementos de prova que conduzam à barra do Tribunal os seus autores.

Sintra, 10 de abril de 2013

Bibliografia

Albuquerque, Paulo Pinto de, *Comentário do Código de Processo Penal à luz da Constituição da República e da Convenção Europeia dos Direitos do Homem*, 2.ª edição atualizada, Universidade Católica Editora, 2008.

Almeida, Carlos Alberto Simões de, *Medidas Cautelares e de Polícia do Processo Penal em Direito Comparado*, Almedina, 2006.

Amaral, Luís Mira, *Economia Tech*, 1.ª Edição, Brooknomics, 2008.

Andrade, Manuel da Costa, *"Bruscamente no Verão Passado", a reforma do Código de Processo Penal*, Coimbra Editora, 2009.

Bravo, Rogério, *Da não equiparação do correio electrónico ao conceito tradicional por carta*, Polícia e Justiça, Revista do Instituto Superior de Polícia Judiciária e Ciências Criminais, III Série, n.º 7, Jan-Jun 2006, Coimbra Editora.

Cabral, José Santos, *Uma incursão pela polícia*, Almedina, 2007.

Canotilho, José Joaquim Gomes e **Moreira**, Vital, *Constituição da República Portuguesa Anotada*, 3ª ed., Coimbra Editora, 1993.

Carvalho, Nuno Vieira de, *As estatísticas criminais e os 'crimes invisíveis'*, 2006, disponível *online* em http://www.psicologia.pt/artigos/textos/A0272.pdf

Ramos, Armando Dias, *A Prova em Processo Penal: o correio eletrónico*. Lisboa: Chiado Editora, 2014.

Ramos, Vânia Costa, Âmbito e extensão do segredo das comunicações, Revista do Ministério Público, n.º 112, 2007.

Rodrigues, Anabela Miranda, *O inquérito no novo Código de Processo Penal*, Jornadas de Direito Processual Penal, O Novo Código de Processo Penal, Centro de Estudos Judiciários, Almedina, 1997.

Rodrigues, Benjamim Silva, *Direito Penal, Parte Especial, Tomo I, Direito Penal Informático-Digital*, Coimbra Editora, 2009.

Silva, Germano Marques da, *Curso de Processo Penal III*, Verbo, 2.ª Edição, Reimpressão de 2006.

Valente, Manuel Monteiro Guedes, *Teoria Geral do Direito Policial*, Tomo I, Almedina, 2005.

Verdelho, Pedro, **Bravo**, Rogério e **Rocha**, Manuel Lopes, *Leis do Cibercrime*, Vol. I, Centro Atlântico, 2003.

Investigação, prevenção e informação de segurança

Paulo de Sousa Mendes
Professor Associado da Faculdade de Direito da Universidade de Lisboa

I. A polémica sobre a possibilidade de realização de pré-inquéritos

O Código de Processo Penal (CPP) de 1987 foi pensado de maneira a não permitir a existência de "*fases pré- ou extra-processuais*"[1], aliás "[*f*]*ases que – bem o mostra a experiência recente com o inquérito dito 'policial' ou 'preliminar' –, sob a alegação de constituírem coisa 'privada' relativamente ao processo, ou representam um gasto inútil de tempo e de esforços, ou se tornam particularmente vulneráveis a abusos resultantes de simples 'mudanças' (ou 'burlas') de etiquetas*"[2].

Mas a evolução recente do direito penal e do direito processual penal ditou entretanto o aparecimento de diferentes modalidades de 'investigações policiais', 'investigações preliminares', 'pré-inquéritos' e 'investigações pró-ativas' ou o que se lhes queira chamar[3].

II. A prevenção criminal

A primeira dificuldade, neste contexto, ocorre com a crescente importância da prevenção criminal, cujas fronteiras relativamente à investigação criminal não são fáceis de traçar, correndo-se permanentemente o risco

[1] Assim o dizia Figueiredo Dias (1989: 7) e ainda hoje o reafirma (2008: 373-374).
[2] Figueiredo Dias, 1989: 7.
[3] Criticando as investigações preliminares (*Vorfeldermittlungen*) das polícias, Müller, 1995: 210.

de as polícias franquearem o umbral do direito administrativo, na matéria que concerne à defesa segurança pública, para entrarem no domínio do direito penal, na parte que corresponde à perseguição de factos puníveis[4].

Na Europa, pode falar-se de uma autêntica viragem preventiva (*preventive turn*) a partir dos anos 80 do século passado[5].

Em Portugal, a Lei de Organização da Investigação Criminal (Lei n.º 49/2008, de 27 de agosto[6]) atribui aos Órgãos de Polícia Criminal (OPC) competência para desenvolverem ações de prevenção e investigação (art. 3.º, n.º 4, alínea *b)* do diploma legal citado).

No âmbito do combate ao tráfico de droga são admitidas ações de prevenção a realizar pela Polícia Judiciária (PJ), Guarda Nacional Republicana (GNR), Polícia de Segurança Pública (PSP) e Direção-Geral das Alfândegas (DGA), havendo inclusivamente brigadas anticrime da GNR com competência de prevenção e investigação (arts. 2.º e 5.º do Decreto-Lei n.º 81/95, de 22 de abril), devendo as notícias de crime eventualmente obtidas ser comunicadas imediatamente ao MP (art. 3.º do mesmo diploma legal).

No domínio do combate ao branqueamento de capitais, as autoridades de supervisão e fiscalização do setor financeiro têm poderes para efetuar auditorias e inspeções nas entidades supervisionadas, devendo informar o Procurador-Geral da República (PGR) e a Unidade de Informação Financeira (UIF) dos factos que indiciem a prática de crimes de branqueamento que porventura tenham descoberto nessas diligências por si efetuadas (art. 40.º da Lei n.º 25/2008, de 5 de junho[7]).

Em tema de ações de prevenção criminal, cabe também referir a possibilidade de utilização de técnicas especiais de atuação, designadamente as ações encobertas. Nos termos do Regime Jurídico das Ações Encobertas para Fins de Prevenção e Investigação Criminal (Lei n.º 101/2001, de 25 de agosto), as mesmas são admissíveis no âmbito da prevenção de um vasto catálogo de crimes graves, tais como o homicídio voluntário, desde que o agente não seja conhecido, organizações terroristas, associações criminosas, roubo em instituições bancárias, tráfico de droga, branqueamento de

[4] Figueiredo Dias, 2008: 374.

[5] Crawford, 2009: XVI.

[6] Já era assim na anterior Lei n.º 21/2000, de 10 de agosto, alterada pelo Decreto-Lei n.º 305/2002, de13 de dezembro.

[7] Revogou a Lei n.º 11/2004, de 27 de março, que já impunha o dever de comunicação das autoridades.

capitais e muitos outros crimes (art. 2.º do diploma legal citado)[8]. As ações encobertas a realizar no âmbito da prevenção criminal devem, porém, ser sempre autorizadas pelo juiz do Tribunal Central de Instrução Criminal (TCIC), mediante proposta do magistrado do Ministério Público (MP) junto do Departamento Central de Investigação e Ação Penal (DCIAP), nos termos do art. 3.º, n.os 2 e 3, do mesmo diploma legal.

A necessidade de incrementar a eficácia da prevenção penal tem servido de justificação para a autorização legal destes métodos ocultos de atuação por parte das polícias. Mas há vozes muito críticas na doutrina. Eis, por exemplo, a posição de Germano Marques da Silva: "*A pretexto do combate ao terrorismo e à criminalidade violenta ou altamente organizada, as derrogações*

[8] A primeira expressão legal da figura do agente encoberto surgiu no Decreto-Lei n.º 430/83, de 13 de dezembro (Lei da Droga), cujo art. 52.º considerava não punível a conduta do funcionário de investigação criminal que, para fins de inquérito preliminar e sem revelação da sua qualidade e identidade, aceitasse a entrega de estupefacientes ou substâncias psicotrópicas, desde que o relato de tais factos fosse junto ao processo num prazo máximo de 24 horas. Ainda no âmbito do tráfico e consumo de estupefacientes, o Decreto-Lei n.º 15/93, de 22 janeiro, introduziu alterações à Lei da Droga, mas manteve o regime das ações encobertas do funcionário de investigação criminal, agora no respetivo art. 59.º. A Lei n.º 45/96, de 3 de setembro, alterou o mencionado art. 59.º, tornando a atuação do agente encoberto dependente "*de prévia autorização da autoridade judiciária competente, a proferir no prazo máximo de cinco dias e a conceder por período determinado*" (novo art. 59.º, n.º 2) ou, em caso de urgência, devendo ser "*validada no primeiro dia útil posterior, fundamentando-se as razões da urgência*" (novo art. 59.º, n.º 3). Do mesmo passo, foi ampliado o leque de pessoas que podiam atuar como agente encoberto, passando a incluir-se não só o funcionário de investigação criminal, mas também o "*terceiro atuando sob controlo da Polícia Judiciária*" (novo art. 59.º, n.º 1). Igualmente foi alargado o âmbito de atuação do agente encoberto, passando a admitir-se que, "*para fins de prevenção ou repressão criminal, com ocultação da sua qualidade e identidade,* [este pudesse] *aceitar, det*[e]*r, guardar, transportar ou, em sequência e a solicitação de quem se dedique a essas atividades, entregar estupefacientes, substâncias psicotrópicas, precursores e outros produtos químicos*" (novo art. 59.º, n.º 1). Foi fixado em 48 horas o prazo máximo para a apresentação do relato da intervenção do funcionário pela PJ à autoridade judiciária competente (novo art. 59.º, n.º 4). A referida alteração ao art. 59.º da Lei n.º 15/93, de 22 de janeiro, designadamente na parte em que tornou exigível a autorização da autoridade judiciária competente, foi imposta a título de execução da decisão de condenação do Estado português pelo TEDH, no caso Teixeira de Castro *vs.* Portugal (44/1997/828/1034), de 9 de junho de 1998. Entretanto, este regime foi revogado pela Lei n.º 101/2001, anteriormente citada.
O documento oficial do Comité de Ministros do Conselho da Europa sobre a execução da decisão no Caso Teixeira de Castro *vs.* Portugal está disponível *online*: <https://wcd.coe.int/ViewDoc.jsp?id=188539&Site=&BackColorInternet=B9BDEE&BackColorIntranet=FFCD4F&BackColorLogged=FFC679>.

ao direito comum, assim como a adoção de métodos particulares de investigação, e não só de natureza reativa, mas também preventiva, de que são paradigmáticas as ações encobertas (Lei n.º 101/2001, de 25 de agosto), tantas vezes na fronteira da provocação, como nos dão conta os frequentes incidentes nos nossos tribunais, [...] tendem a transformar-se na norma"[9]. Na verdade, o Estado português até já foi condenado pelo Tribunal Europeu dos Direitos Humanos (TEDH), como vimos, por ter usado agentes encobertos para a provocação ao crime (caso Teixeira de Castro *vs.* Portugal)[10]. Seja como for, a própria lei proíbe agora expressamente a provocação ao crime por parte dos agentes encobertos ou infiltrados, mas autoriza "*a prática de atos preparatórios ou de execução de uma infração em qualquer forma de comparticipação diversa da instigação e da autoria mediata*" (art. 6.º, n.º 1, da Lei n.º 101/2001).

Sem dúvida que a doutrina terá de contribuir para uma demarcação clara entre a prevenção e a investigação criminal, sobretudo no domínio das ações encobertas, pois vivemos hoje num regime legal de indefinição, tanto mais que as ações de prevenção facilmente se transformam, na prática, em pré-averiguações policiais sem direção efetiva do MP.

III. As averiguações preliminares

Para além da prevenção criminal, há outras espécies de pré-averiguações em domínios que já seriam, em princípio, de pura investigação criminal.

No domínio dos crimes contra o mercado de valores mobiliários (*i e.*, o abuso de informação privilegiada e a manipulação do mercado), a Comissão do Mercado de Valores Mobiliários (CMVM) tem competência para a realização de averiguações preliminares, cujas conclusões e documentos associados, caso se traduzam na notícia de um crime, devem ser remetidas à autoridade judiciária competente, nos termos dos arts. 383.º e 386.º do Código dos Valores Mobiliários (CVM)[11].

Será que a existência de averiguações preliminares, conduzidas por entidades independentes do MP, contende com princípios jurídicos constitucionais, já que a ação penal só pode ser exercida pelo MP, nos termos

[9] Marques da Silva, 2006: 303.

[10] Oneto, 2005: 131-134, Meireis, 2006: 92 e 98, n. 13 e Loureiro, 2007: *passim*.

[11] Aprovado pelo Decreto-Lei n.º 486/99, de 13 de novembro, e alterado pela última vez pelo Decreto-Lei n.º 85/2011, de 29 de junho.

do artigo 219.º, n.º 1, da CRP? Em princípio, a resposta será negativa, como explicaremos de seguida.

As averiguações preliminares são parte integrante dos poderes de supervisão da CMVM, na medida em que cabem ainda na função de acompanhamento dos mercados e de fiscalização do cumprimento das normas de atuação dos intermediários financeiros e demais participantes do mercado. Naturalmente, a atividade de supervisão permite muitas vezes a deteção de ilícitos, que tanto podem ser contraordenações como crimes.

Em especial, as averiguações preliminares visam *"apurar a possível existência da notícia de um crime"* (art. 383.º, n.º 2, do CVM), mas não constituem um inquérito em processo penal. Desde logo, distinguem-se formalmente do inquérito em processo penal por serem dirigidas por uma autoridade administrativa independente e não pelo MP[12]. Esta distinção só é legítima, porém, se a CMVM não desenvolver uma autêntica atividade de investigação criminal. Na verdade, a CMVM não pode interrogar pessoas, nem pode constituí-las arguidas em processo-crime. À CMVM compete apenas analisar os elementos recolhidos na sua atividade de supervisão e verificar se contêm indícios da existência de um crime contra o mercado de valores mobiliários. Por isso se diz que as averiguações preliminares constituem um mero *"filtro técnico especializado"*[13]. Enfim, as averiguações preliminares permitem ainda, se for caso disso, aprofundar os factos através de novos pedidos de informação dirigidos aos intermediários financeiros ou a quaisquer outras pessoas sujeitas aos poderes de supervisão da CMVM, que têm o dever de colaborar, sob cominação de sanções para o incumprimento das injunções da Comissão (art. 385.º, n.º 1, alínea *a)*, do CVM). No final, o MP receberá então os autos das averiguações preliminares concluídas com a obtenção da notícia de crimes, evitando-se assim que sejam remetidos para investigação criminal elementos inconsistentes e obstando-se a que o

[12] Em Itália, a *Commissione Nazionale per la Società e la Borsa* (CONSOB), que é a autoridade nacional congénere da CMVM, tem também competência para a averiguação preliminar (*accertamento preliminare*) dos crimes de abuso de informação privilegiada e de manipulação de mercado, nos termos do *articolo 187 octies* do *Decreto legislativo del 24 febbraio 1998 n. 58* (*Testo unico delle disposizioni in materia di intermediazione finanziaria*), modificado pelo *Decreto legislativo del 17/07/2009 n. 101.*

[13] Costa Pinto, 2000: 106 e Vinga Santiago, 2001: 604.

cidadão seja desnecessariamente objeto de um processo criminal à partida votado ao insucesso por razões técnicas[14].

A questão das averiguações preliminares é, no entanto, muito polémica na doutrina portuguesa, e não só, na medida em que a sujeição do suspeito a uma investigação administrativa não lhe permite que beneficie dos direitos de defesa reconhecidos ao arguido em processo penal, antes podendo deixá-lo exposto a uma maior insegurança jurídica e podendo ser ameaçado pela possibilidade de abuso por parte da Administração[15].

IV. A investigação criminal e a informação de segurança

Até agora, vimos que há áreas de difícil separação entre a prevenção criminal e a investigação criminal, sobretudo quando se entra nas eufemisticamente chamadas 'investigações pró-ativas'.

A complicar ainda mais este panorama, entra agora mais uma variável, que é a atividade de recolha de informação de segurança (*intelligence and security*) em domínios de relevância penal.

1. A prevenção do branqueamento de capitais

Por exemplo, as caraterísticas intrínsecas do branqueamento de capitais exigem metodologias de abordagem inovadoras. Não bastam as metodologias sancionatórias normalmente utilizadas pelas autoridades administrativas independentes (*i.e.*, o direito contraordenacional) e pelas autoridades judiciárias (*i.e.*, o direito penal), que visam geralmente só a reação *a posteriori* contra as situações desconformes com as leis e os regulamentos.

2. A implementação voluntária de sistemas de prevenção do branqueamento

Em especial, a prevenção do branqueamento de capitais implica uma atitude pró-ativa por parte das autoridades administrativas e pressupõe o concurso das entidades reguladas na conceção e implementação das medidas adequadas.

[14] Costa Pinto, 2000: 105-106.

[15] Silva Dias e Costa Ramos, 2009: 68.

O controlo dos resultados atingidos pelas entidades reguladas impõe que a matéria não seja apenas alvo das rotinas de supervisão, tais como questionários destinados a ser respondidos por escrito pelos próprios destinatários, mas seja também tratada ao nível da auditoria e inspeção, implicando assim a verificação *on-site* dos sistemas de controlo interno utilizados por cada entidade, a análise dos resultados obtidos com esses sistemas e o incentivo ao melhoramento dos recursos instalados ou à implementação de mais e melhores recursos.

Em especial, a inspeção das condições de prevenção do branqueamento de capitais nas entidades financeiras deve passar pela realização de encontros regulares entre os representantes das autoridades de supervisão e os responsáveis dos departamentos de avaliação do cumprimento de boas práticas e requisitos legais (*compliance*) ou estruturas similares dessas entidades, em separado, tendo em vista os seguintes objetivos:

a) Informação sobre o sistema de prevenção de branqueamento de capitais implementado;
b) Descrição do controlo existente na abertura de contas de depósitos à ordem de novos clientes, em particular de pessoas coletivas com sede em *off-shores*;
c) Definição de regras consensuais entre as autoridades de supervisão e as entidades financeiras e aperfeiçoamento, numa base voluntária, dos sistemas de prestação de informação por parte das entidades financeiras, como é prática corrente noutros países;
d) Incorporação de nomes de pessoas politicamente expostas e informação individualizada (*e.g.*, números de contas);
e) Circulação de nomes;
f) Descoberta de lucros relevantes e especificação dos totais;
g) Congelamento de contas.

Os progressos registados na implementação do sistema de prevenção do branqueamento de capitais têm de ser regularmente avaliados.

3. O subsistema de direito contraordenacional

É claro que os modernos instrumentos de direito flexível (*soft law*) têm de ser garantidos também pelos velhos mecanismos de direito vinculativo (*hard law*).

São vários os deveres de prevenção a cargo das entidades sujeitas, financeiras e não financeiras, a saber:

- O dever de identificação;
- O dever de recusa de realização de operações;
- O dever de conservação de documentos;
- O dever de exame;
- O dever de comunicação;
- O dever de abstenção;
- O dever de colaboração;
- O dever de segredo;
- O dever de criação de mecanismos de controlo e de formação.

O incumprimento dos deveres da Lei do Branqueamento é tratado por lei como contraordenação.

4. O dever de comunicação de operações suspeitas

O dever de comunicação de operações suspeitas tem uma função equívoca no nosso ordenamento jurídico.

Segundo a Lei do Branqueamento (Lei n.º 25/2008), a comunicação é feita ao PGR e à UIF:

Artigo 16.º
Dever de comunicação

1 – *As entidades sujeitas devem, por sua própria iniciativa, informar de imediato o Procurador-Geral da República e a Unidade de Informação Financeira sempre que saibam, suspeitem ou tenham razões suficientes para suspeitar que teve lugar, está em curso ou foi tentada uma operação suscetível de configurar a prática do crime de branqueamento ou de financiamento do terrorismo.*

2 – *As informações fornecidas nos termos do número anterior apenas podem ser utilizadas em processo penal, não podendo ser revelada, em caso algum, a identidade de quem as forneceu.*

Há aqui uma sobreposição de comunicações e uma confusão de conceitos.

De facto, é frequente lermos relatórios da UIF deste género:

"No ano de 2..., a PJ, através da UIF, recebeu, provenientes das diversas entidades bancárias nacionais, N comunicações relativas a suspeitas de branqueamentos de capitais. Destas, N, depois de investigadas, revelaram estar-se em presença de crimes efetivos. Entre os crimes conexos associados ao branqueamento, concluiu-se que N deles são relativos ao financiamento do terrorismo".

Qual é a função da UIF? É uma entidade responsável pelo tratamento de informação vital para a deteção de ameaças à segurança interna e externa ou é uma polícia criminal?

Mais uma vez, cabe aqui à doutrina a especial responsabilidade de contribuir para uma demarcação clara entre investigação criminal e a informação de segurança.

Bibliografia

CRAWFORD, Adam, "The preventive turn in Europe", in: AA.VV., *Crime Prevention Policies in Comparative Perspective* (org.: Adam Crawford), Portland, Oregon (USA): Willan, 2009, pp. XV-XXVIII.

DIAS, Augusto Silva / RAMOS, Vânia Costa, *O direito à não auto-inculpação (*nemo tenetur se ipsum accusare*) no processo penal e contraordenacional português*, Coimbra: Coimbra Editora, 2009.

DIAS, Jorge de Figueiredo, "Sobre os sujeitos processuais no novo Código de Processo Penal", in: AA.VV., *Jornadas de Direito Processual Penal – O novo Código de Processo Penal* (org.: Centro de Estudos Judiciários), Coimbra: Almedina, 1989, pp. 1-34.

DIAS, Jorge de Figueiredo, "Sobre a revisão de 2007 do Código de Processo Penal português", in: *RPCC* 18 (2008), pp. 367-385.

LOUREIRO, Joaquim, *Agente infiltrado? Agente provocador! Reflexões sobre o 1.º acórdão do T.E.D. Homem – 9junho1998 – Condenação do Estado Português*, Lisboa: Almedina, 2007.

MEIREIS, Manuel Augusto, "'Homens de confiança' – Será o caminho?", in: AA.VV., *II Congresso de Processo Penal* (org.: Manuel Monteiro Guedes Valente), Coimbra: Almedina, 2006, pp. 81-101.

MÜLLER, Oswin, "Der Abschied von der konkreten Gefahr als polizeirechtliche Eingriffsbefugnis" in: AA.VV., *Neue Strafrechtsentwicklungen im deutsch-japanischen Vergleich* (org.: Hans-Heiner Kühne e Koichi Miyazawa), Köln / Berlin / Bonn / München: Heymann, 1995, pp. 209-219.

ONETO, Isabel, *O agente infiltrado – Contributo para a compreensão do regime jurídico das ações encobertas*, Coimbra: Coimbra Editora, 2005.

PINTO, Frederico de Lacerda da Costa, *O novo regime dos crimes e contraordenações no Código dos Valores Mobiliários*, Coimbra: Almedina, 2000.

SANTIAGO, Bruno Vinga, "O regime das averiguações preliminares no Código dos Valores Mobiliários de 1999", in: *RPCC* 11 (2001), pp. 603-632.

SILVA, Germano Marques da / CARVALHO, L. G. Grandinetti Castanho de / PRADO, Geraldo / BRANDÃO, Nuno, *Processo Penal do Brasil e de Portugal*, Coimbra: Almedina, 2009.

Titularidade da ação penal e direção do inquérito no âmbito da criminalidade económico-financeira

Jorge dos Reis Bravo
Procurador da República

Resumo: No texto, identificam-se problemas gerais colocados pelos desafios da criminalidade económico-financeira e organizada à estabilidade e sustentabilidade dos Estados contemporâneos. Propõe-se um critério de reconhecimento da criminalidade económico-financeira. Indicam-se alguns aspetos de contacto e de distanciamento entre essa realidade e a da criminalidade organizada, em que o crime de corrupção se assume como figura tipológica de confluência entre as duas. Procura-se elencar o acervo, no âmbito nacional, do ordenamento penal e processual penal avulso, tendente a potenciar a prevenção e o combate à criminalidade económico-financeira, aí se surpreendendo algumas descontinuidades que, porventura, não favorecem uma intervenção adequada sobre os fenómenos que visam controlar.

Observam-se as dificuldades de definição de conceitos como criminalidade económico-financeira e organizada, que derivam da própria ambiguidade das categorizações criminológicas e sociológico-culturais que não encontram uma caracterização unívoca e estável.

Alude-se a estratégias judiciárias desenvolvidas noutros sistemas, como parâmetro comparativo das possibilidades de intervenção e controlo de fenómenos de fraude e corrupção contemporâneos, num contexto de escrutínio das causas das

crises sistémicas dos mercados bancário e financeiro, que potenciaram a atual situação de emergência económica e social.
Ensaia-se uma abordagem do que pode vir a ser uma metodologia mais adequada e eficiente de dominialidade da ação penal relativamente à criminalidade económico-financeira, centrando-se sobre a eventual reconfiguração do papel e formas de intervenção das principais instituições de prevenção e investigação criminal (*v.g.*, entidades de supervisão e regulação, departamentos inspetivos da Administração Pública, o Conselho de Prevenção da Corrupção, o Ministério Público/o DCIAP e a Polícia Judiciária/UNCC). Abordam-se, ainda, as pré-compreensões e as possíveis formas de intervenção dos atores institucionais mais diretamente envolvidos no combate à criminalidade económico-financeira.
Aceitando a centralidade da corrupção como fenómeno de confluência entre a criminalidade económico-financeira e a criminalidade organizada, procura-se analisar o conjunto de pressupostos em que se pode alicerçar um modelo alternativo de segurança e de controlo das práticas corruptivas.

Expressões-chave: criminalidade económico-financeira; criminalidade organizada; criminalidade altamente organizada; fraude e corrupção; prevenção criminal; métodos especiais de investigação criminal; medidas especiais de investigação da criminalidade económico-financeira e organizada; recuperação de ativos; conceito estratégico de prevenção e combate à criminalidade económico-financeira; segurança e controlo das práticas corruptivas.

Abstract: In the paper, we identifie the general problems posed by the challenges of economic, financial and organized crime to the stability and sustainability of contemporary states. We propose a criterion for recognition of the economic and financial crime and focus some aspects of contact and gap between this reality and organized crime, wherein the crime of corruption is assumed as a typological figure of confluence between the two.
We try to list the legal domestic standards, within the criminal and procedural loose system, tending to enhance the prevention and fight against economic and financial crime, surprising some discontinuities that perhaps do not favor an appropriate intervention on the phenomena they seek to control.
We note the difficulties of definition of concepts such as economic and financial crime and organized crime, derived, understandably, to some extent, from the very ambiguity of criminological and sociological-cultural categories which characterization is not univocal and stable.

There are highlighted the strategies developed in other judicial systems, as comparative parameters of the possibilities of intervention and control contemporaries phenomena of fraud and corruption, amid scrutiny of the causes of systemic crises of banking and financial markets, which potentiate the current economic and social «emergency context».
An approach of what may be a more appropriate and efficient methodology of the mastery of prosecution on the phenomenon of economic and financial crime is assayed, focusing on the possible reconfiguration of the role and terms of intervention of the major institutions on preventing and criminal investigation (*v.g.*, supervisory and regulatory authorities, inspective departments of Public Administration, the Council for Prevention of Corruption, the Public Prosecution Office/DCIAP and Judiciary Police/ UNCC). It is also tested the pre-understandings and possible terms of intervention of institutional actors most directly involved in the fight against economic and financial fraud.
Accepting the centrality of corruption as a confluence phenomenon between economic and financial crime and organized crime, we seek to analyze the set of assumptions that can base an alternative model of safety and control of corrupting practices.

Key-expressions: economic and financial fraud; organized crime; highly organized crime; fraud and corruption; crime prevention; special methods of criminal investigation; special investigative measures of organized and economic and financial crime; asset recovery; strategic concept of prevention and fight against economic and financial crime; security and control of corruption.

Para prender cem delinquentes ao longo de um ano, são necessários catorze polícias em Washington, quinze em Paris, dezoito em Londres e mil e duzentos e noventa e cinco na Cidade do México.

Eduardo Galeano

1. Considerações preliminares

A tentativa de abordar uma temática como a criminalidade económico-financeira, contemporânea – incluindo-se neste conceito abrangente os de *Fraude* e *Corrupção* –, bem como tentar traçar as características de um sistema de prevenção e controlo da mesma, não é tarefa simples.

Deparamo-nos com a dificuldade de um rigoroso diagnóstico sobre a situação do crime económico-financeiro, entre nós, que deriva, em grande medida, da ausência de estudos compreensivos cientificamente acreditados, apesar da validade de algumas abordagens setoriais sobre a perceção e representação social e mediática do fenómeno e sobre a respetiva resposta judiciária[1]. Além disso, cumpre referir a existência de inúmeras opiniões e avaliações empíricas, bem como a realização de estudos de tendências estatísticas, que, sendo instrumentos relevantes para o auxílio da compreensão dessa realidade, não constituem, ainda, tentativa do seu enquadramento global. Por isso, entendemos que para a integral compreensão do fenómeno, se tornará essencial a complementaridade dos saberes, a comparação dos diagnósticos, o diálogo entre os discursos científicos interdisciplinares e complementares, e a partilha dos resultados.

Também a nossa abordagem não poderá, por isso, deixar de ter uma natureza fragmentária, que parte de uma experiência profissional e de alguma (modesta) reflexão sobre a possível articulação entre o sistema normativo e institucional vigente (e sugerido) com a incidência dos fenómenos corruptivos e da criminalidade económico-financeira e organizada[2], circunscrita a um âmbito nacional.

[1] Cfr., os estudos de LUÍS DE SOUSA, de JOÃO TRIÃES e de ANTÓNIO JOÃO MAIA, bem como de CARLOS PIMENTA, NUNO GONÇALVES, ÓSCAR AFONSO e outros Autores do Observatório de Gestão de Fraude, mencionados nas referências bibliográficas, que representam meritórios contributos no tocante ao tratamento das questões da Fraude e Corrupção, estes últimos com particular incidência na abordagem das questões da *Fraude e da Economia não Registada*. Com muito interesse, cfr. também o conjunto de artigos de JOSÉ VEGAR sobre «A Economia do Mal», publicados no *Público* de 17, 24 e 31 de Agosto e 7 de Setembro de 2007. Além destas referências, cfr., ainda, os relatórios anuais de Segurança Interna, do OSCOT e da Europol, no que se refere à criminalidade organizada.

[2] Como refere LABORINHO LÚCIO, «(...) é preciso saber como é que, tendo sido adotadas tantas medidas, tendo sido elaborados tantos discursos de combate à corrupção, todos se saldaram por uma resposta praticamente inexistente. Estamos aqui perante um problema de diagnóstico, eu diria mesmo cognitivo, de conhecimento suficiente quanto ao modo como

Não há ocasião que os responsáveis institucionais não aproveitem para produzir discursos retóricos, de um mediatismo pretensamente programático, sobre o combate à corrupção, sem que se perceba qualquer significativa alteração na abordagem dos problemas, sobretudo ao nível das propostas e dos resultados (preventivos ou repressivos)[3].

Um modelo de segurança e controlo que ousaremos sugerir parte de soluções, umas conciliáveis com o quadro legal e normativo vigente, outras com ele incompatíveis, exigindo, algumas delas, adequadas alterações legislativas. Seria para nós um resultado já muitíssimo satisfatório, se, ao menos, alguma das propostas e sugestões que se formulam, fosse adotada e levada à prática.

Temos consciência da precariedade que representará a tentativa de uma abordagem como a nossa, sobre uma realidade como a criminalidade económico-financeira, dada a volatilidade de cenários observados, num contexto de *crises* das «dívidas soberanas» e de «Pós-Subprime», da «Zona Euro» e inseridos no que se designa já por «desordem dos mercados da desigualdade e de «sociedades de não emprego».

Os dados convocados para essa tentativa devem ser entendidos à luz do contexto contemporâneo de *globalização*, que fornece, sem dúvida, pistas de entendimento das implicações no plano jurídico (*maxime*, no plano jurídico-criminal) desse processo económico, financeiro e comercial, mas, fundamentalmente, informacional, e logo, com consequências ao nível comunicacional, cultural e civilizacional.

MANUEL CASTELLS apresenta-nos uma consistente grelha de compreensão do fenómeno da *globalização* e das suas interferências com os fluxos criminosos transnacionais. Conforme lucidamente defende, a

se intervém nesta matéria, de avaliação de medidas», *Boletim da Ordem dos Advogados*, Maio de 2012, N.º 90, p. 33.

[3] É esta uma questão que nos parece ser frequentemente desvirtuada, por se pretender que apenas os resultados repressivos são expressão do combate à corrupção. Com efeito, a mais eficaz forma de combater a corrupção é ao nível preventivo, evitando a incidência de episódios corruptivos. Todavia, cremos que seria uma interessante linha de investigação procurar responder à questão sobre se a inexpressiva taxa de condenações por crime(s) de corrupção e criminalidade associada, é devida a uma particular atividade preventiva no âmbito do fenómeno.

globalização do crime subverte o Estado-Nação, «*transformando de forma profunda os processos de governação, e deixando o Estado, em muitos casos, efectivamente de mãos atadas*»[4]. De acordo com aquele Autor, «*...novidade não é o maior grau de penetração do crime e o seu impacto na política, a novidade é a ligação global do crime organizado, o seu condicionamento das relações internacionais, tanto económicas como políticas, por causa da escala e do dinamismo da economia criminosa. A novidade é o profundo envolvimento e efeito desestabilizador dos Estados-Nação, numa série de contextos submetidos à influência do crime transnacional. Embora o tráfico de drogas constitua o sector de actividade mais relevante da nova economia do crime, todos os tipos de tráfico são praticados por esse "sistema sombra", cujo poder se estende por todo o mundo: armas, tecnologia, materiais radioactivos, obras de arte, seres humanos, órgãos humanos, assassinos a soldo e contrabando dos mais diversos produtos de e para qualquer parte do mundo. Estão todos interligados pela mãe de todos os crimes – a lavagem de dinheiro. Sem ela, a economia do crime não seria global nem altamente lucrativa. Por ela, encontra-se directamente ligada aos mercados financeiros globais, dos quais pode ser considerada uma componente de dimensão significativa...*»[5].

Também WINFRIED HASSEMER já expressou a mesma ideia, noutros termos, ao esclarecer que «*a criminalidade organizada paralisa o braço que a deve combater*».

Por seu turno, ANSELMO BORGES lembra que «*desgraçadamente, a globalização está a ser sobretudo mundialização do mercado, no quadro ideológico do neoliberalismo, que cava cada vez mais fundo o fosso entre ricos e pobres: o Relatório do Desenvolvimento Humano de 1999 do PNUD (Programa das Nações Unidas para o Desenvolvimento) mostra que 80 países têm hoje rendimentos* per capita *mais baixos do que há uma década e os bens de três multimilionários são superiores ao conjunto do PNB dos países menos desenvolvidos e dos seus 600 milhões de habitantes*»[6].

[4] *A Era da Informação: Economia, Sociedade e Cultura. O Poder da Identidade*, Vol. II., Fundação Calouste Gulbenkian, Lisboa, 2003, p. 313.

[5] Ob. cit., pp. 313 e 314.

[6] «O crime económico na perspectiva teológico-filosófica», *RPCC*, Ano 10, Fasc. 1.º; Janeiro - Março 2000, p. 11. No artigo em referência, faz o Autor uma abordagem filosófico-teológica de uma possível teoria do crime económico com base na violação do sétimo mandamento («não roubarás»), o qual determina uma específica relação entre propriedade e liberdade, num duplo sentido: prevenindo contra o perigo de perder a liberdade própria por aliená-la à escravização pelo ter; mas, também, prevenindo contra o roubo da liberdade dos outros, «na medida em que, apropriando-nos da sua propriedade, apropriamo-nos também da sua

A Conferência da ONU sobre o *Crime Transnacional*, realizada em 1994[7], elencou uma lista das seis mais relevantes atividades criminais, para além do tráfico de drogas: o *tráfico de armas*, o *tráfico de material nuclear*, o *tráfico de migrantes (ilegais)*, o *tráfico de mulheres e de crianças*, o *tráfico de órgãos humanos* e a *lavagem de dinheiro*. Trata-se de um conjunto de atividades que, de imediato, suscita a aquiescência da impossibilidade de se desenvolverem a título individual, carecendo, antes, de estruturas organizacionais ou "empresariais", falando-se em redes de contratação e subcontratação de atividades criminosas organizadas, numa base de complementaridade e de coordenação. Conforme refere, ainda, CASTELLS, «*A apostar na flexibilidade local e na complexidade internacional, a economia do crime escapa das tentativas desesperadas de controlo por parte das rígidas instituições estatais circunscritas às suas fronteiras que, por enquanto, sabem que estão a perder a batalha. Com isso, perdem também um elemento fundamental da soberania e legitimidade do Estado: a capacidade de impor a lei e a ordem*»[8].

Ainda a propósito da interpenetração entre a criminalidade organizada e a criminalidade económico-financeira, CUNHA RODRIGUES lembrou também, de forma exemplarmente expressiva e penetrante, que «*o crime não é cometido apenas no âmbito das profissões; ganha o estatuto de profissão. Deixou de ser um subproduto dos negócios para ser um negócio em si mesmo. Não é estranho à economia: funciona segundo as suas regras, organiza-as e modela-as. Passa frequentemente de patologia do poder a forma de exercício do poder*»[9].

As formas tradicionais de controlo da economia pelo Estado (o intervencionismo, os instrumentos de regulação e condicionamento de actividades, as políticas de preços) têm cedido perante uma feérica expansão de um (ultra)liberalismo económico – enfatizado pelos *clichés* do *capitalismo popular*, do *empreendedorismo* e da *liberdade de iniciativa privada e individual* –, que,

liberdade». Quem se apropria dos homens torna-os "mercadoria" e dispõe deles como meios, ilustrando com os exemplos do trabalho infantil, da tomada de reféns, do recrutamento forçado de trabalhadores, do comércio de carne branca para a prostituição, salários injustos.

7 Tratou-se da *Conferência Ministerial Mundial sobre o Crime Organizado Transnacional*, que teve lugar em Nápoles, de 21 a 23 de Novembro de 1994.

8 *A Era da Informação: Economia, Sociedade e Cultura. O Fim do Milénio*, Vol. III., Fundação Calouste Gulbenkian, Lisboa, 2003, p. 260. Para uma perspetiva geral e interessantíssima, para além de referências bibliográficas atuais e pertinentes, ver o 3.º Capítulo desta obra, "A conexão perversa: a economia global do crime".

9 «Os senhores do crime», *RPCC*, Ano 9, N.º 1, Janeiro-Março 1999, pp. 7 ss.

a qualquer preço, se pretende e vai conseguindo impor, como referência de um sistema dito de *Mercado*, triunfante e auto-justificado pela falência dos sistemas político-económicos do Leste Europeu.

Assiste-se até a um peculiar fenómeno de «cumplicidade objectiva que se estabelece entre os agentes económicos com a sua lógica do lucro e os agentes tecnológicos que, como sublinhou MANUEL CASTELLS, têm a sua origem nos movimentos libertários californianos, e se movem por uma espécie de utopia da liberdade absoluta e da democracia directa»[10]. Num mundo globalizado, assistimos a uma «Globalização do crime». Assim como na *globalização económica* não se visa conquistar países mas *mercados*, na criminalidade global (organizada) visa-se adquirir o maior lucro possível.

Contudo, mesmo dentro do que se pode convencionar chamar de *economia legal*, se constata a impregnação pela criminalidade organizada e económica de extensos setores de atividade, atrativos como meio de reciclagem e lavagem das enormes receitas de capitais produzidas pelas atividades criminalmente ilícitas, como o tráfico de pessoas, de armas, de droga, de metais e pedras preciosas, da corrupção e da fraude, para falar apenas dos mais ostensivos. Tais «injeções» de dinheiro na *economia legal* – nas mais diversas áreas, desde a promoção e intermediação imobiliária, passando pelos investimentos proporcionados por *paraísos fiscais* e *zonas francas*, aos negócios de obras de arte e das indústrias de lazer e turismo, negócios desportivos –, não deixam de perverter as normais condições de concorrência, logo, refletindo-se nefastamente sobre interesses como os dos trabalhadores, dos consumidores, das empresas, de um harmonioso ordenamento e planeamento urbanístico e do território, de um ambiente que preserve padrões aceitáveis de qualidade, entre outros[11]. Por isso, foi

[10] EDUARDO PRADO COELHO, «Será que regula?», In *PÚBLICO* - Supl. *Mil Folhas*, 3 de Fevereiro de 2001, p. 15. Assinala o autor, citando CASTELLS, no mesmo artigo, que «temos dificuldade em tomar consciência de que o Estado já não é um centro de autoridade soberana. Ele já não pode controlar os fluxos globais da riqueza: a moeda, o comércio internacional, a informação e a tecnologia. Face à emergência pujante do individualismo já não está em condições de incarnar uma identidade colectiva».

[11] A interacção entre os fluxos de capitais produzidos pela *criminalidade organizada* e injetados na economia legal atinge proporções tais que se estima que, caso os mesmos fossem neutralizados, tal situação acarretaria um *crash* económico e financeiro comparável ao que provocou a «Grande Depressão» nos E.U.A. (1929-1933), desta vez com repercussões à escala planetária.

já dito, com propriedade, relativamente à «ordem económica mundial, o que há é uma grande *desordem*».

A emergência de uma situação gerada pelos riscos da nova sociedade global, leva AUGUSTO SILVA DIAS a referir que, «*Pondo de parte os problemas relacionados com a aplicação da lei no espaço, levantam-se aqui questões relativas à responsabilidade das pessoas colectivas, à autoria, ao estabelecimento do nexo causal e à prova do dolo e da negligência, para cuja solução as actuais teorias da culpa, da autoria e da causalidade pouco ou nada servem*»[12]. Assim se alcança um patamar inquietantemente já designado por muitos autores como *sociedade de risco*[13], conceito que carateriza um estádio avançado de desenvolvimento da sociedade pós-industrial, atingido sobretudo após a década de sessenta do século passado, no qual se ignora a sua própria sustentabilidade, em prol da necessidade de reproduzir um sistema económico que gera, além de uma riqueza material, uma riqueza virtual, traduzida na criação de necessidades de consumo e na manutenção de tais necessidades.

Como corolário deste estado de coisas, edifica-se uma nova conceção de Direito Penal, o *Direito Penal do Risco*, sobre cujos pressupostos, natureza e função, propriamente ditos, vigora ainda acesa controvérsia na doutrina nacional e estrangeira, por não se ter tornado pacífica a definição das formulações mais adequadas que o Direito Penal deve buscar para fazer face aos dados emergentes dos desafios de uma tal realidade, correntemente denominada de *sociedade de risco*. É que, aos *riscos* (ou «mega-riscos» ou «riscos globais») – que colocam em perigo a própria subsistência dos sistemas vitais –, contrapõe-se a *segurança*. Para alcançar a necessária (e indispensável) segurança que as sociedades atuais reclamam, nos mais variados domínios – desde a segurança alimentar, farmacêutica, médica, energética, nuclear, informática, de equipamentos de utilização pública e transportes, dos elementos ambientais, ao conteúdo dos contratos de massa (*v. g.*, de prestação de serviços essenciais, de crédito à habitação e

[12] *Protecção jurídico-criminal de interesses dos consumidores*, Lições policopiadas da FDUC - Cursos de Pós-graduação em Direito do Consumo e em Direito Penal Económico e Europeu, 3.ª ed., Coimbra, 2001, p. 6.

[13] ULRICH BECK, *Sociedade de Risco – Rumo a uma outra modernidade*, Editora 34, São Paulo, 2010 (edição brasileira de *Risikogesellschaft - Auf dem Weg in eine andere Moderne, Frankfurt am Main*, Suhrkamp, 1986).

consumo) –, impor-se-á (re)definir o modelo penal adequado a intervir sobre tal realidade. A opção, haverá de fazer-se entre as teses da chamada «Escola de Frankfurt» – para a qual o Direito Penal não deve extrapolar do seu âmbito clássico de tutela, mantendo-se num nível de intervenção mínimo na defesa dos bens jurídicos individuais –, e uma posição doutrinal que admite a funcionalização do Direito Penal pelas exigências de prevenção dos mega-riscos, antecipando a tutela penal a estados ainda muito distantes da efetiva lesão dos interesses socialmente relevantes, com a ampliação e antecipação da tutela dos bens jurídicos, expandindo-se os crimes de perigo e criando, se necessário, um *direito de intervenção* ("Interventionesrecht"), com feição sancionatória híbrida de direito penal e de direito administrativo.

Uma corrente intermédia, formulada por SILVA SANCHEZ[14], que pode ser um interessante ponto de partida, preconiza a adopção de uma política criminal e de uma dogmática jurídico-penal *dualistas*, «a duas velocidades», com um *centro*, onde manteriam validade todos os princípios dogmáticos clássicos do Direito Penal (para a proteção subsidiária dos bens jurídicos individuais) e uma *periferia*, vocacionada para a proteção contra os «riscos globais», na qual aqueles princípios se encontrariam atenuados, permitindo a introdução de outros, designados de «flexibilização controlada», direcionados para a proteção antecipada de interesses coletivos ou difusos, de «menor intensidade garantística», devendo, relativamente aos comportamentos a que sejam cominadas penas privativas de liberdade valer irrestritamente os princípios da dogmática penal clássica, não se podendo, em caso algum, consentir a invasão do *centro* pela *periferia*[15].

O Direito Penal nas *sociedades de risco* surgiria enquanto instrumento de tranquilização comunitária, perante os receios provocados pela insegurança das atividades industriais e de prestação de serviços perigosas, que vão proliferando (em detrimento da função garantística tradicionalmente ligada aos princípios da proteção de bens jurídicos e da subsidiariedade), na

[14] *La Expansión del Derecho Penal. Aspectos de la política criminal en las sociedades postindustriales*, Civitas, Madrid, 1999.

[15] Cfr. FIGUEIREDO DIAS, «O Direito Penal na "Sociedade do Risco"», *Temas Básicos da Doutrina Penal – Sobre os Fundamentos da Doutrina Penal. Sobre a Doutrina geral do Crime*. Coimbra Editora, Coimbra, 2001, pp. 164-172 e, em geral, sobre a temática, PAULO SILVA FERNANDES, *Globalização, "Sociedade do Risco" e o Futuro do Direito Penal*, Almedina, Coimbra, 2001, pp. 71-84.

antecipação da tutela penal através da formulação de bens jurídicos vagos ou difusos, incrementando os crimes de perigo abstrato, na criação de leis penais de referência e aplicabilidade simbólicas, em certas conceções dos fins das penas exclusiva ou predominantemente orientadas pela prevenção geral positiva – com tradução na doutrina propugnada por G. JAKOBS, da estabilização contrafática das expectativas comunitárias, perante a violação da norma penalmente relevante[16] – e levada ao extremo de uma conceção como a do *direito penal do inimigo*. Surge-nos, pois, como um dado sempre presente, a porventura excessiva antecipação da tutela penal, prosseguida com a criação de múltiplos tipos de crime de perigo abstrato para além da tendência que ousaria denominar de *pancontraordenacionalização*[17], o que lança a inevitável discussão sobre a sua eventual inconstitucionalidade.

Bem se compreenderá, por isso, que esse é o ambiente onde pode florescer, como consequência das naturais disfunções de um tal sistema, o crime ecónomico-financeiro e organizado, realidades conceituais sobre as quais, em seguida, tentaremos fazer uma aproximação, e relativamente às quais cumprirá contextualizá-las no cenário contemporâneo de "crise" ou de superação de paradigma económico-financeiro dos Estados.

[16] Cfr., sobre a temática, com bastante pormenorização, no tocante à indicação de autores, das correntes, propostas e críticas, AUGUSTO SILVA DIAS, *loc. cit.*, pp. 16 ss.

[17] Com a expressão, pretende significar-se a progressiva e extensa invasão de praticamente todos os domínios da atividade legiferante pelo ilícito de mera ordenação social. Sobre o tema, com desenvolvimentos brilhantemente detalhados, cfr. EDUARDO CORREIA, «Direito Penal e Direito de Mera Ordenação Social», *in Boletim da Faculdade de Direito da Universidade de Coimbra*, XLIX, pp. 257-281; JORGE DE FIGUEIREDO DIAS, «O movimento da descriminalização e o ilícito de mera ordenação social», *Jornadas de Direito Criminal. O Novo Código Penal Português e Legislação Complementar – I*, Centro de Estudos Judiciários, 1983, Lisboa, pp. 317-336; FREDERICO DE LACERDA DA COSTA PINTO, «O ilícito de mera ordenação social e a erosão do princípio da subsidiariedade da intervenção penal», *RPCC*, Ano 7.º- Fasc. 1.º, Janeiro - Março de 1997, pp. 7-100, *ed. ut*, respectivamente, *in Direito Penal Económico e Europeu: Textos Doutrinários*. Vol. I, Problemas Gerais, IDPEE - Coimbra Editora, Coimbra, 1998, pp. 3-18, 19-34 e 209-274.

2. O contexto de *crise* e de superação dos anteriores paradigmas cultural, civilizacional e económico-financeiro e o crime económico-financeiro contemporâneo

2.1. O contexto de crise, tentativa de compreensão e as relações causa-efeito sobre o sistema judiciário

A noção de "crise" atual multiplica os sentimentos de "injustiça". Ousaríamos dizer que a vivência da "crise" amplifica a representação social de todas as "injustiças", por trazer a lume o conhecimento de situações cuja objetiva irregularidade ou iniquidade, noutras circunstâncias não concitaria a mesma reação.

A representação social preponderante sobre a qualidade do "estado da Justiça", podendo não ser esclarecida, aponta para um juízo de clara insatisfatoriedade do mesmo, em função dos resultados, pautando-se por critérios e padrões de *gestão por objetivos*, de *eficiência*, ou de falta deles. Não se apontam ao sistema de Justiça patologias de corrupção, de prevaricação, abuso de poder ou de tráfico de influências. Apontam-se-lhe, quanto a nós, com algum fundamento, défices de eficiência e de celeridade – indesmentíveis nalguns segmentos do sistema (processo executivo, contencioso administrativo e tributário, áreas pontuais da jurisdição comum) – e, sem tanta razão, défices de competência, sobretudo na abordagem de assuntos de índole económico-financeira, contabilística, e nalgumas algumas temáticas especializadas da jurisdição comum (*v.g.*, as áreas do direito comercial e societário, do mercado de valores e da propriedade intelectual e da criminalidade económico-financeira[18]).

Ouve-se e lê-se, com frequência, e não sem alguma estranheza, clamar por um sistema de justiça que favoreça a "competitividade" e o "empreendedorismo", como fator de atração do investimento, e, assim, como indutor do "relançamento da economia". Parece que só mesmo essa "responsabilidade" faltava atribuir ao sistema de justiça.

Com efeito, não nos parece procedente esta observação, uma vez que, por um lado, são indiscutíveis os avanços – e também os riscos – dos instrumentos

[18] Aqui, por manifesto défice de previsão no dimensionamento do quadro de magistrados do Tribunal da Concorrência e Propriedade Intelectual, face ao fluxo de serviço com que o mesmo se vê confrontado.

de informalização e agilização de negócios ("Empresa-na-hora", "licenciamento zero", constituição imediata e *on-line* de sociedades, obtenção de marca registada imediata e *on-line*, etc), de desburocratização registral e notarial, e, por outro, é razoavelmente divulgada toda a gama de possibilidades de atribuição de contenciosos negociais a instâncias arbitrais.

Pretender um sistema de justiça completamente ajustado às novas realidades económicas e empresariais implicaria, quanto a nós, reformular grande parte do sistema jurídico, bem como reconfigurar a estrutura e gestão dos tribunais e o padrão dos procedimentos judiciais.

Pensamos mesmo que, mais do que reconverter o sistema judiciário, se tornaria necessário reformular todo o ordenamento jurídico, tarefa que o legislador há-de avaliar criteriosamente se tem condições para empreender.

Além disso, insistir em que o sistema de justiça deva promover um "ambiente de negócios" favorável ao investimento, embora legítimo e compreensível – e, porventura, até suscitando adesão –, não explica a razão pela qual se assiste a uma crescente deslocalização de iniciativas empresariais (por parte de empresas multinacionais e nacionais) para Estados que estão longe de figurar como modelo de bom desempenho dos sistemas de justiça, bem como não explica a razão pela qual, durante décadas, muitas empresas se instalaram no nosso País, quando o sistema de justiça assumia características efetivamente anacrónicas, mas em que o nível salarial era extremamente "atrativo" (para usar uma terminologia tão do agrado dos investidores).

Noutra vertente de observações, convém esclarecer-se se o que se aponta como disfunções do sistema judicial – e que, aparentemente, assim são percebidas, por nele se manifestarem – não se tratará, antes, de disfunções do ordenamento jurídico, a reclamar revisão. Tome-se, como exemplo, o estado da ação executiva, após a sua Reforma através da legislação de 2003; numa recente e meritória investigação empreendida pela Fundação Francisco Manuel dos Santos e pela Associação Comercial de Lisboa, uma das conclusões do referido estudo menciona, precisamente que «*Em particular, constatou-se que muitas ações executivas são propostas com o único propósito de obter a declaração de incobrabilidade necessária para a devolução do IVA*»[19]. Trata-se de um exemplo, replicável noutros domínios, em que se demonstra que a

[19] Documento eletrónico «Justiça Económica em Portugal: Síntese e Propostas», acessível em: https://www.ffms.pt/upload/docs/4390b6b1-0f7f-4d6d-95d2-b6c86bb73bca.pdf., p. 20 (acedido em 16-02-2013).

intervenção judiciária é "sobrecarregada" com questões claramente marginais, de diminuta relevância social, mais próprias de outras instâncias, e que não contendem imediatamente com decisões sobre direitos das pessoas e, muito menos, com a tutela de direitos humanos e fundamentais.

Portanto, decididamente, o que temos é um cenário de sobrecarga do sistema, motivada por funções marginais, e para finalidades distintas da definição de direitos, mas que, acumulada, gera bloqueios e disfunções, desviando-se o sistema do que deveria ser o seu núcleo fundamental, reduzindo a sua eficiência (celeridade e satisfação dos utentes) e, eventualmente, a qualidade das decisões. O que muitos investigadores e comentadores afoitamente apontam como «bloqueios do sistema», já há muito foi sinalizado pelos profissionais – as associações profissionais e sindicais e os órgãos superiores de gestão – sem que nenhuma verdadeira *política* coerente e integrada tivesse sido debatida e ensaiada[20]. Estes, sentem que trabalham "em perda", mediante fórmulas reprodutivas, anacrónicas e estéreis – mas legalmente impostas –, desprovidas de qualquer utilidade marginal ou de funcionalidade garantística dos direitos das pessoas. Ousaríamos, por isso, dizer que os Tribunais são um lugar onde se trabalha muito; seguramente, não onde se trabalha melhor[21].

As modificações estruturais a que assistimos em todos os domínios, talvez não correspondam a uma mera "crise sistémica", ultrapassável para um patamar seguinte do sistema económico-financeiro capitalista[22], como o que conhecemos até ao início do séc. XXI. Muito menos parece possível

[20] Não falamos, obviamente, de um conjunto de "medidas", que pontualmente têm sido anunciadas com algum triunfalismo salvífico – que se têm materializado em edição de leis de Amnistia e Perdão, em «medidas de descongestionamento dos tribunais» (*v.g.*, Res. C.M. n.º 171/2007, pub. DR 1.ª Série, de 06-11-2007), de desjudicialização da ação executiva, de *reforma do contencioso administrativo e tributário, da reforma penal de 2007* –, mas que não lograram, dada a sua conceção atomística e pouco integrada, resolver os (graves) problemas dos setores em que visaram intervir. Convém ressalvar, todavia, que uma tal ideia, de adotar *políticas integradas de Justiça*, terá estado na intencionalidade programática do exercício do Ex.mo Conselheiro Laborinho Lúcio, como Ministro da Justiça.

[21] Cfr., a propósito da área da justiça cível (ações declarativa, comercial e executiva), com muito interesse, pela sua novidade e metodologia, os resultados do Estudo sobre a *Justiça Económica em Portugal*, empreendida pela Fundação Francisco Manuel dos Santos e pela Associação Comercial de Lisboa (https://www.ffms.pt/estudo/24/a-justica-economica).

[22] Seria interessante indagar se a própria natureza e estrutura do capitalismo não se estará a alterar, face a fenómenos de subalternização (ou de "esmagamento") do capitalismo empresarial clássico, perante a expansão da esfera de influência do capitalismo financeiro.

podermos regressar a um modelo de desenvolvimento económico (ou de "desenvolvimentismo"), baseado no consumo e no *Welfare State* das populações do hemisfério ocidental e na produção de bens transacionáveis no Extremo Oriente.

O mais provável é que estejamos no limiar de uma superação de paradigmas de matriz cultural, civilizacional e económico-financeira. É pertinente indagar sobre se a "crise" de que tanto se fala e se invoca não será, antes, uma crise da condição humana e, como tal, da pauta dos seus valores, a carecer de reinvenção. Assiste-se já a alguns afloramentos dessa tendência de "reinvenção" ou reconfiguração, p. ex., entre os modelos de oposição lazer/trabalho, consumo/sustentabilidade, comportamentos de risco/precaução.

Porém, a tendência que preponderantemente se percebe, é ainda no sentido do aprofundamento das clivagens nas relações do paradigma até agora vigente: a privatização crescente das funções do Estado (chegando a invadir-se domínios que se julgavam imunes a tal assalto, como a gestão da água, das infra-estruturas de transportes), a difusão e confusão das estruturas acionistas de empresas multinacionais influentes, exaltação do efémero e consumível (a exponencial exploração das áreas do luxo e do lazer), o desprezo pelos valores do mérito e do trabalho em proveito de fenómenos de construção mediática e escassa produção de riqueza (o aparecimento de uma vedeta artística ou desportiva num evento social pode gerar mais ganhos económicos do que um projeto empresarial consistente e sério), o domínio dos meios de comunicação social por grupos económico-financeiros, etc.

Por isso, o amplificado clamor mediático atual por um sistema de justiça que promova o investimento, parece sugerir que os seus defensores partem da premissa da inequívoca preponderância dos valores de "eficiência económica" (ou *eficientismo*), do *homo œconomicus*, em detrimento da tutela dos direitos humanos e dos direitos fundamentais.

Estas observações não significam uma atitude de resignação ou conformismo relativamente ao *status quo*; antes, sou adepto de um debate sério e alargado sobre as vias alternativas de superação do paradigma atual, com a assunção das respetivas responsabilidades, sem as assacar, porém, por inteiro aos agentes do sistema (magistrados, advogados, polícias e funcionários).

A obsessão por um tal projeto de eventual "refundação" da política judiciária, com matriz ideológica, é coerente com um programa económico ultra-liberal. Resta saber se será o mais conveniente para lidar com as realidades específicas do crime que esse mesmo contexto económico-financeiro potencia e produz.

Assim, o sistema judiciário penal confronta-se, atualmente, com desafios inéditos, pela sua natureza e pela sua magnitude. Por um lado, são colocados desafios inauditos pela sua dimensão e esforço que convocam, na tarefa de tentar deslindar teias de relações económicas e financeiras entretecidas e consolidadas durante longos períodos de tempo, muito "armadilhadas" e cujo esclarecimento se torna árduo mister.

A isso acresce aquele tipo de situações que contendem com opções e decisões no âmbito da atividade de órgãos político-legislativos, cuja possibilidade de escrutínio criminal é mais do que discutível. Assim – e apenas como exercício metodológico exemplificativo –, cumprirá questionar se uma opção político-económica será suscetível de ser sindicada, por referência a meros critérios de racionalidade económica, se for de prever, na data da sua decisão/deliberação, que virá a mostrar ruinosa para as finanças públicas? Será possível emitir um juízo de natureza jurisdicional relativamente a uma opção de preferência de nacionalização de um Banco (com vista à sua ulterior reprivatização), em alternativa à sua liquidação? Pode emitir-se um juízo de tal natureza, relativamente à decisão de aprovação de um contrato de parceria público-privada que se vem a revelar ruinoso, e que já na ocasião da sua celebração seria previsível que o fosse? Será viável, também, formular um juízo jurisdicional quanto aos concretos responsáveis por tais opções, quando tais opções hajam sido veiculadas através de competente lei formal ou de outros atos normativos dos órgãos de tutela competentes? Seria insuficiente o estabelecimento de uma "responsabilidade política", ou, mesmo, de uma "responsabilidade financeira", para sancionar tais condutas?

Tudo questões a reclamarem reflexão e debate intensos[23], dado que certezas, é o que parece escassear nestes domínios.

Procuraremos, em seguida, caraterizar os conceitos de criminalidade organizada e de criminalidade económico-financeira.

[23] Sem ignorar que pode interceder nessa discussão, mais do que considerações de ordem formal – relevando do princípio da divisão de poderes –, toda uma lógica de «adequação económica da conduta», de acordo com a qual se imporia analisar se a opção político-económica era sustentável, na data da negociação aprovação dos atos ou contratos que venham, *a posteriori*, a revelar-se ruinosos para as finanças públicas. Para uma abordagem muito interessante, nesta ótica, IVAN LUIZ DA SILVA, «Introdução à Teoria da Adequação Económica da Conduta no Direito Penal Económico, *RPCC*, Ano 22, N.º 1, janeiro-março 2012, pp. 9-59.

2.2. As descontinuidades conceituais e sistémicas do ordenamento jurídico-penal material e adjetivo

O conceito de *criminalidade organizada* é um conceito originariamente recortado no âmbito da Criminologia. De uma forma algo incipiente, pode apontar-se uma tentativa de delimitação do conceito de criminalidade organizada como as formas de aparecimento de fenómenos criminosos dotados de certo grau de racionalidade organizativa, com recurso a planos e meios pessoais e materiais geralmente sofisticados, com o objetivo de obter avultados lucros ilegítimos e com possíveis conexões a mais de um Estado, recorrendo quando necessário à violência ou à sua iminência, dotados de mecanismos de apagamento ou dissimulação dos vestígios dos métodos delituosos[24].

A doutrina tem maioritariamente adoptado um critério conceptual, de acordo com o qual se estabelece uma ligação de tais actividades ilícitas com a tutela de bens jurídicos determinados. Significa isso que se considerará estar perante uma manifestação de criminalidade organizada, desde que reportada a uma dada tipologia penal – cujo catálogo é cada mais uniforme, dado o processo de integração europeia (e mesmo de outros processos regionais de integração) e de cooperação internacional nos domínios do crime organizado e do terrorismo –, e não a quaisquer tipos de crime.

Foi possível chegar a um consenso quanto a uma definição do conceito de criminalidade organizada. No âmbito dos trabalhos da Convenção da ONU sobre o Crime Organizado Transnacional, de 15 de Novembro de 2000, define-se no seu art. 2.º, al. *a*) *"grupo criminoso organizado"* como «um grupo estruturado de três ou mais pessoas, existindo durante um período de tempo e actuando concertadamente com a finalidade de cometer um ou mais crimes graves ou infracções estabelecidas na presente Convenção, com a intenção de obter, directa ou indirectamente, um benefício económico ou outro benefício material». Por seu turno, nos termos da al. *c*), estabelece-se que por "grupo estruturado" se entenderá um «grupo não

[24] Partindo de uma abordagem criminológica do conceito, mas percorrendo um itinerário abrangente sobre a evolução do conceito, cfr., HANS-JÖRG ALBRECHT, «Criminalidade organizada na Europa: perspectivas teoréticas e empíricas», *2.º Congresso de Investigação Criminal*, Almedina, Coimbra, 2010, pp. 73-99, cfr., também, AUGUSTO SILVA DIAS, «Criminalidade organizada e combate ao lucro ilícito», 2.º Congresso de Investigação Criminal, Almedina, Coimbra, 2010, pp. 23-48.

formado de maneira fortuita para a prática imediata de uma infracção e cujos membros não tenham necessariamente funções formalmente definidas, podendo não haver continuidade na sua composição nem dispor de uma estrutura desenvolvida». Por último, ainda, a al. *b*) classifica como "crime grave" o «acto que constitua uma infracção punível com uma pena privativa de liberdade não inferior a quatro anos ou com pena superior»[25].

Havendo que fazer um diagnóstico sincrético das manifestações de um tal tipo de criminalidade, podem surpreender-se alguns dos aspetos mais evidentes: trata-se de uma criminalidade que aproveita as potencialidades de um *mercado global* ou *transnacional* – aqui se compreendendo as formas de exploração de mercados de produtos e de força de trabalho –, o que tem tradução, desde logo, na própria constituição e natureza das organizações criminosas detentoras dos instrumentos de controlo dos mercados de droga, de armas, de corrupção, de branqueamento de vantagens, do tráfico de pessoas e de órgãos, *etc.* Para além disso, são ainda marcas distintivas destas formas contemporâneas de crime, a sua versatilidade, invisibilidade e capacidade de vulneração de pontos sensíveis do sistema económico, político e financeiro mundial e nacional, a sua adaptabilidade e capacidade de regeneração. É frequente que uma dada organização criminosa não se confine a uma só atividade ilícita, distribuindo-se por diversas áreas de interesse, ou criando parcerias com outras organizações complementares ou, mesmo, investindo simultaneamente em atividades lícitas, ao lado do seu «core-business». São, por outro lado, organizações que geram e dispõem de assinaláveis recursos financeiros cuja injeção, através de distintas modalidades de branqueamento, se torna vital para muitos setores de atividade económica (legal) e, por vezes, mesmo para o orçamento de alguns estados. É, ainda, notável a capacidade de (re)conversão e de (re)programação das atividades de tais organizações, ao que se alia a sua extraordinária resistência aos mecanismos de controlo e ao exercício das atividades das instâncias de fiscalização e repressão, já pelo próprio tipo de estrutura – em que a eventual falta de direção e chefias é prontamente suprida –, já pelo «apetite» e interesse que suscita a sua gestão ou participação.

Tem sido questionada a possibilidade de construção de um tipo de crime diretamente associado à "criminalidade organizada". Sendo a

[25] Cfr. o texto oficial da Convenção em versão portuguesa, no site http://www.gddc.pt/cooperacao/materia-penal/textos-mpenal/onu/ConvCrimOrganiz.pdf.

criminalidade organizada um fenómeno social, económico, político, cultural, resultado da sociedade contemporânea, num mesmo plano de relevância de outros tipos de criminalidade – como a criminalidade política, o terrorismo, a criminalidade patrimonial, contra o ambiente e o ordenamento do território – será inviável, quanto a nós, proceder à sua tipificação ou autonomizá-la numa concreta categoria tipológica.

Mas tal significará que é inútil a identificação de um bem jurídico inerente a tal realidade?

Criminalidade organizada e *criminalidade económico-financeira* não são, rigorosamente, conceitos (técnico-)jurídicos; são conceitos eminentemente operativos ou instrumentais. A eles estão, de alguma forma, associados determinados tipos de crimes já [pré-]existentes no ordenamento jurídico-penal[26]. Entre eles, os tipos-de-ilícito clássicos, previstos no ordenamento codificado ou extravagante, em que avultam os crimes contra as pessoas, alguns crimes contra o património, contra o exercício de funções públicas, contra a economia, com recurso a meios informáticos e com conexões transnacionais, do mercado de valores mobiliários, a corrupção e o branqueamento.

A verdade é que o eventual estabelecimento de um crime específico de *criminalidade organizada* não revestiria qualquer mais-valia no quadro da prevenção e combate contra tal realidade, face à existência de tipologias que cobrem, quase integralmente, o espectro das atividades de tal espécie de criminalidade[27].

Por outro lado, não se poderá incorrer no equívoco de confundir criminalidade organizada p. ex., com o crime de associação criminosa[28]. Convém, no entanto, notar que parece ser essa a orientação propugnada

[26] Cfr., neste sentido, FIGUEIREDO DIAS, «A criminalidade organizada: do fenómeno ao conceito jurídico-penal», *Revista Brasileira de Ciências Criminais*, n.º 71, Março-Abril de 2008, pp. 14 e ss.

[27] O que, como veremos *infra* no texto, não ocorre no contexto da criminalidade económico-financeira.

[28] Previsto no art. 299.º do CPen, cuja redação, introduzida pela Lei n.º 59/2007, de 04-09, pôs termo à querela doutrinal e jurisprudencial anteriormente instalada, face à redacção do seu n.º 1, sobre se era, ou não, possível a associação criminosa destinar-se à prática de um (único) crime, respondendo-lhe afirmativamente. De notar que parece ser essa a orientação propugnada na Decisão-Quadro 2008/841/JAI do Conselho, de 24-10-2008 (relativa à criminalidade organizada); depois de, no art. 1.º se definir «organização criminosa» e «associação estruturada», no art. 2.º elencam-se duas tipologias de comportamentos (participação e acordo) que deverão ser classificadas como organização criminosa.

na Decisão-Quadro 2008/841/JAI do Conselho, de 24-10-2008 (relativa à luta contra a criminalidade organizada); depois de, no art. 1.º se definir «organização criminosa» e «associação estruturada», no art. 2.º elencam-se duas tipologias de comportamentos (participação e acordo) que deverão ser classificadas como organização criminosa e puníveis com molduras penais semelhantes (pena de prisão com a duração máxima de, pelo menos, dois a cinco anos).

O que passa, decisivamente, a caracterizar a natureza da criminalidade organizada é a sua *acrescida perigosidade*, enquanto motivo de preocupação político-criminal, no sentido de implicar o seu reconhecimento em «(...) *qualquer grupo, organização ou associação, cuja finalidade, exclusiva ou predominante, seja a prática de crimes, de quaisquer crimes*»[29].

O que sucede é que aquele tipo-de-ilícito de associação criminosa assume relevância, por ganhar forma o bem jurídico que lhe está associado, o qual se identifica na *paz pública*, enquanto manifestação das expectativas sociais de uma vida livre da especial perigosidade que lhe é inerente. Trata-se, todavia, de uma tutela antecipada, não subsequente nem reactiva[30].

A justificação político-criminal da sua incriminação encontrar-se-á nas transformações da personalidade individual no âmbito da organização; dentro das relações que se estabelecem no seu seio, os indivíduos vêem "amortecida" a sua sensibilidade para uma conduta lícita, vêem "reduzida" a sua responsabilidade individual e sentem um incentivo para a atividade criminosa, o que frustra o princípio da prevenção geral positiva ou de integração, e, logo, as expectativas de que tais indivíduos conduzam as suas vidas como se não estivessem nessas peculiares relações de atuação criminosa.

É isso que a doutrina entende legitimar a específica incriminação do tipo-de-ilícito de associação criminosa, enquanto aparelho de conceção e execução da prática de delitos, bem como de condicionamento e coerção dos indivíduos que o compõem[31].

Importa, neste passo, advertir para as cautelas a adotar quanto à conveniência em não confundir o tipo de crime de *associação criminosa* com a forma de "aparecimento do crime" *comparticipação criminosa*.

[29] FIGUEIREDO DIAS, *loc. cit.*, p. 16.

[30] Nessa medida, revestindo a natureza de crime de perigo abstrato.

[31] FIGUEIREDO DIAS, *loc. cit.*, p. 17.

Os conceitos de *criminalidade organizada* e de *criminalidade económico-financeira*, são, por outro lado, geográfica e historicamente mutáveis e não coincidentes. Conforme se disse já, não incorporam um significado eminentemente técnico-jurídico [criminal], antes se traduzem em conceitos classificatórios, relevando sob distintos ângulos de incidência.

Ambas as categorias não se confundem nem se excluem. Graficamente, poderiam representar-se como dois círculos sobrepostos que coincidem na maior parte da área de ambos, apenas com margens não sobrepostas (em forma de quarto minguante e de quarto crescente) pertinentes em exclusivo a cada um dos conceitos. O carácter polissémico das expressões não evita que possa considerar-se haver criminalidade organizada que não é económico-financeira, assim como haverá criminalidade económico-financeira que não é organizada. São, no entanto, mais expressivas as situações de confluência e interseção das duas categorias do que a sua autonomia ou exclusão recíprocas.

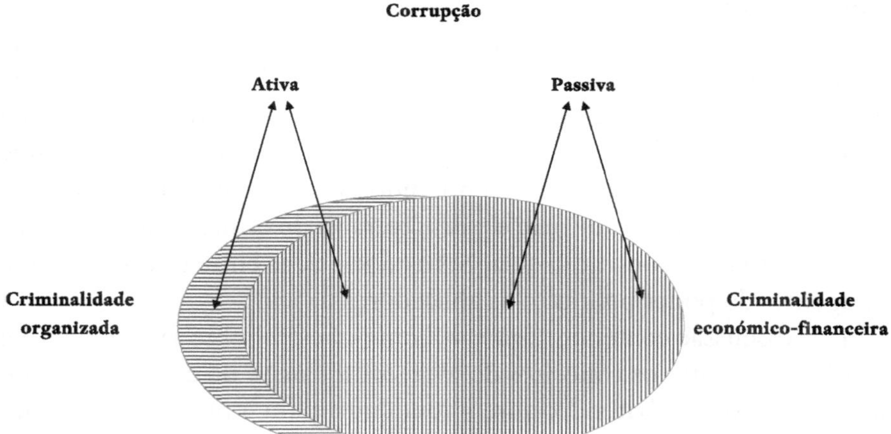

Fig. 1. A figura pretende ilustrar as relações de interseção entre criminalidade organizada e [a criminalidade] económico-financeira, coincidindo na sua maior extensão, deixando franjas marginais para a ocorrência de tipologias exclusivas. Ambas confluem nas aceções activa e passiva dos comportamentos corruptivos, em que a corrupção passiva aparece como emergência do *white collar crime*.

CLÁUDIA CRUZ SANTOS refere-se às tentativas de caracterização do crime organizado, divulgando a sugestão de MALTZ, que propõe a consideração de nove notas caracterizadoras do crime organizado: corrupção, violência, sofisticação, continuidade, estrutura, disciplina, actividades diversificadas, envolvimento em atividades empresariais legítimas e hierarquia[32]. Certo que alguns desses elementos poderão não se verificar, havendo autores que propendem, assim, a aceitar um conceito mais restrito, de acordo com o qual seriam características indispensáveis do crime organizado a permanência e racionalização e empresarialização das actividades delituosas, com vista a maximizar os lucros ilícitos, através de utilização da violência ou da sua iminência e a corrupção de agentes públicos. A mesma Autora adscreve outra nota característica desta realidade, e consequência da globalização, que é a facilidade de internacionalização. Adverte ainda – apesar de alguns já terem classificado a categoria do *organized crime* como uma "categoria frustrada"[33], posição que não subscreve – que é penosa a tarefa de delimitação de fronteiras entre o crime organizado relativamente a uma das manifestações do crime de colarinho branco: o *corporate crime*. No entanto, chega à conclusão de que não é critério distintivo entre crime organizado e o *corporate crime* a natureza incidental da prática da infracção, o que confirma a dificuldade daquela ambicionada distinção. A Autora enuncia, depois, outras linhas alternativas de delimitação entre o crime organizado e o *corporate crime*, acentuando as propostas de CALAVITA e PONTELL, de distinção entre o *modus operandi* do crime organizado e do *corporate crime*, no tocante às relações estabelecidas entre os criminosos e os agentes do poder político e os aplicadores da lei[34].

Esta discussão contende, também, com a questão sobre a validade atual da distinção entre os conceitos de *white collar crime* e do crime ocupacional, que se vem esbatendo, ante a tendência para a prática dos crimes

[32] *O Crime de Colarinho Branco (Da origem do conceito e sua relevância criminológica à questão da desigualdade na administração da justiça penal)*, Boletim da Faculdade de Direito, Studia Iuridica 56. Coimbra, Coimbra Ed., 2001, p. 84.

[33] P. ex. RAUL ZAFFARONI, «"Crime organizado": uma categorização frustrada», in *Discursos sediciosos, Ano I*, n.º 1, pp. 46, 47 e 57, FIANDACA, *Criminalità Organizzata e Controllo Penale. Saggi e Rassegne*, Padova, Cedam, 1991, p. 5, W. HASSEMER, *Três Temas de Direito Penal*, Porto Alegre, 1993, pp. 64-68 e HANS SCHNEIDER, «Recientes investigaciones criminologicas sobre la criminalidad organizada», in *Revista de Derecho Penal y Criminologia*, 3, 1993, p. 723, *apud* CLÁUDIA CRUZ SANTOS, *ob. cit.*, p. 84 (nota 187).

[34] *Ob. cit.*, pp. 89 e 90.

tradicionalmente privativos de uma e de outra dessas categorias, pelos agentes oriundos de ambas.

Não são idênticas as razões político-criminais e os fundamentos da punibilidade da criminalidade económico-financeira e da criminalidade organizada. Nem são semelhantes os princípios orientadores das especificidades dogmáticas, normativas e criminológicas de tais realidades. Isso não exclui que se constate uma interpenetração e interseção de tais modalidades delituosas, e as suas extensas faces de contiguidade justificam que se procure fazer uma abordagem integrada ou comum, sem embargo de se reconhecer a ambas as realidades certas matrizes de identidade própria e mesmo alguma autonomia de processos, de métodos e de objetivos, na concretização das finalidades [delituosas] que se propõem[35].

Tal não significa, a nosso ver, que isso seja suficiente – ou, até, desejável – para que possa surpreender-se a possibilidade de construção de um conceito comum a ambas as realidades criminais, o que redundaria num conceito demasiado amplo e sem densidade operativa, atendendo, sobretudo, à disparidade da natureza dos bens jurídicos supostos nessas áreas de incriminação.

No conceito (amplo) de criminalidade organizada estará implícita, de forma quase consensual, a tutela do bem jurídico «tranquilidade pública»[36]. Assim, enquanto conceito abrangente, podem nele integrar-se as tipologias penais respeitantes aos diversos "tráficos ilícitos" (de pessoas, de órgãos, de estupefacientes, de armas, de veículos) – o que compreensivelmente implica sempre o emprego de meios de maior ou menor estruturação e sofisticação – a áreas de incriminação no âmbito do terrorismo, da associação criminosa, da imigração irregular, da extorsão, do rapto e sequestro, da recetação, do branqueamento de vantagens, entre outros[37].

[35] Assim, p. ex., ao fenómeno do terrorismo, enquanto expressão superlativa da criminalidade organizada, é indiferente a obtenção de proventos ilícitos avultados, muito embora não afaste as possibilidades de recurso a esquemas de financiamento por métodos criminosos, designadamente através de burlas por meios informáticos e, sobretudo, de branqueamento, atuações próprias da criminalidade económico-financeira.

[36] Neste sentido, FIGUEIREDO DIAS, «A criminalidade organizada: do fenómeno ao conceito jurídico-penal», *Revista Brasileira de Ciências Criminais*, n.º 71, Março-Abril de 2008, pp. 14 e ss.

[37] O branqueamento, apesar de inserido no conteúdo do conceito legal de «criminalidade altamente organizada» (art. 1.º, al. *m)* do CPPen), é uma tipologia arquetipicamente atinente à criminalidade económico-financeira. Dir-se-á, pois, que, numa primeira linha, integrará

Já no que toca ao bem jurídico protegido pela incriminação da criminalidade económico-financeira, a sua identificação é algo mais problemática. Na verdade, podem verificar-se matizes mais ou menos amplos, do conceito de criminalidade económico-financeira.

Desde logo, havendo algumas tipologias da criminalidade contra o exercício de funções públicas (artigos 372.º e ss. do CPen) – em que o bem jurídico se identifica com os deveres de isenção e probidade do funcionário e a autonomia intencional do Estado – inscritas genericamente neste conceito, o certo é que não são essas as tipologias que preponderantemente o determinam.

Por outro lado, consoante se atribua maior prevalência ao conceito sob uma perspetiva sociológico-mediática (representação social pela imagem transmitida pelos *media*), criminalística (identificação da realidade em função das especificidades dos métodos de investigação utilizados pelas autoridades policiais e judiciárias) ou criminológica (caracterização da realidade em função das causas, condicionantes e consequências do crime), obter-se-ão, inexoravelmente, conclusões distintas.

Parece pacífico não se encontrar já associada a um tal conceito – de criminalidade económico-financeira –, a tutela das formas de intervenção e regulação do Estado na Economia (ordem económico-social), desde logo pelo sentido do processo atual de «privatização» das funções do Estado, da «desestatização» da Economia, da «desregulação» ou ausência de «regulação» e de «supervisão» de certos mercados, e pelo próprio "emagrecimento" ou "esvaziamento" do setor público empresarial, através de processos de (re)privatização.

Também por esta razão se afasta o conceito, definitivamente, daqueloutro de «criminalidade [anti-]económica», realidade tutelada pelo chamado *direito penal económico*, que, de acordo com FIGUEIREDO DIAS, seria toda aquela que coloca em crise os bens jurídicos que são protegidos em função da sua «relevância directa para o sistema económico cuja sobrevivência, funcionamento ou implementação se pretende assegurar».

a criminalidade económico-financeira – há atividades de branqueamento que não carecem de uma estrutura organizada para a sua realização –, e, só quando haja recurso a uma dada estrutura organizacional, se deveria dizer que a o conceito releva para o de criminalidade [altamente] organizada. Mas não parece ter sido essa a opção da lei, que equipara as modalidades de branqueamento (bem como de outras tipologias passíveis de formas de execução menos organizadas, como a corrupção ou o tráfico de influência).

Do mesmo modo, se distancia da chamada «criminalidade de empresa» (*Unternehmenskriminalität*), pois que, obviamente, muitas das atuações enquadráveis na criminalidade económico-financeira não pressupõem, nem sequer necessitam de recorrer, instrumentalmente, à utilização de entidades empresariais ou pseudo-empresariais.

Outros têm sido ensaiados, com conteúdo mais ou menos amplo, desde propostas que admitem ainda uma individualização dos interesses lesados pela criminalidade económico-financeira, a formulações que decididamente se distanciam desta possibilidade, assinalando como sua característica a insuscetibilidade de individualização dos interesses vulnerados por ela, postulando o seu carácter supra-individual.

Assim se chega a um conceito mais restritivo – com o qual propendemos a identificar-nos –, tributário do ensinamento de W. HASSEMER, de acordo com o qual, a criminalidade económico-financeira se traduziria no conjunto de comportamentos penalmente relevantes que, pretendendo obter avultados ganhos [ilícitos], violam, direta ou indiretamente, as normas que regulam a "ordem económica" e os bens ou interesses financeiros ou económicos do Estado (numa dimensão naturalmente supra-individual).

Nesta linha de pensamento, poderiam caber no conceito os elencos das infracções indicadas na lei, nos termos dos artigos 1.º, n.º 1 da Lei n.º 36/94, de 29-09 e 1.º da Lei n.º 5/2002, de 11-01, além dos crimes do mercado de valores mobiliários, o branqueamento e outras conexas, dele se excluindo áreas de incriminação limítrofes (*v.g.*, no âmbito tributário, falencial/insolvencial, societário, contra a propriedade intelectual, a cibercriminalidade em sentido próprio, o terrorismo, os crimes ambientais e urbanísticos, etc.).

Após a leitura das próximas considerações, resultará mais evidente que as ostensivas dificuldades de determinação legal de conceitos como criminalidade económico-financeira e organizada derivam, compreensivelmente, nalguma medida, da própria ambiguidade das categorizações criminológicas e sociológico-culturais, que não encontram, como se viu, uma caracterização unívoca e estável, muito menos ao nível legislativo, material e adjetivo.

Empreenderemos em seguida um itinerário dentro de territórios normativos, procurando surpreender o modo como se articulam e interpenetram os conceitos de criminalidade económico-financeira, de criminalidade organizada e de criminalidade altamente organizada, bem como as relações de combinação e de des/continuidade que entre eles se podem surpreender. Destes, como veremos, em rigor, só o conceito definitório de "criminalidade altamente organizada" encontra o conteúdo da sua definição precipitado em lei.

Aqueles conceitos são mencionados, como se sabe, entre os dispositivos da **Lei n.º 36/94,** de 29-09 (Medidas de combate à **corrupção** e **criminalidade económico-financeira**), da **Lei n.º 5/2002,** de 11-01 (Medidas de combate à **criminalidade organizada** e **económico-financeira**) e no **art. 1.º, al.** ***m)*** **do CPPen** (definição formal de **criminalidade altamente organizada**, para efeitos do Código de Processo Penal). Aliás, aqueles dois diplomas inicialmente citados foram elaborados tendo em vista a regulamentação de aspetos eminentemente processuais, essenciais, atinentes às referidas realidades, como as ações preventivas (restritas às incriminações relevantes para o aparente conceito legal de «criminalidade económico-financeira») e as medidas especiais de investigação e de perda ampliada de bens, quer quanto à criminalidade organizada, quer quanto à económico-financeira.

Quando se indaga sobre a plausibilidade de se extrair alguma luz do critério plasmado na lei acerca do conceito de criminalidade económico-financeira, desde logo se verifica que resulta insatisfatória a solução legal do art. 1.º, n.º 1 da Lei n.º 36/94, mesmo aceitando que tal diploma encerra uma pretensão (não conseguida) de elencar um *numerus clausus* de tipos penais[38].

[38] É o seguinte o texto da citada norma:

Artigo 1.º
Acções de prevenção

1 – Compete ao Ministério Público e à Polícia Judiciária, através da Direcção Central para o Combate à Corrupção, Fraudes e Infracções Económicas e Financeiras, realizar, sem prejuízo da competência de outras autoridades, acções de prevenção relativas aos seguintes crimes:
a) Corrupção, peculato e participação económica em negócio;
b) Administração danosa em unidade económica do sector público;
c) Fraude na obtenção ou desvio de subsídio, subvenção ou crédito;
d) Infracções económico-financeiras cometidas de forma organizada, com recurso à tecnologia informática;
e) Infracções económico-financeiras de dimensão internacional ou transnacional.
2 – (...).
3 – (...).

As alíneas *a)*, *b)* e *c)* daquele preceito, ao pretenderem enunciar tipologias penais suscetíveis de se integrar no conceito de criminalidade económico-financeira, encerram um critério que só aparentemente é "técnico-jurídico".

Apenas as alíneas a *b)* e *c)* do art. 1.º, n.º 1 da Lei n.º 36/94 consagram previsões técnico-juridicamente mais inequívocas; o crime de administração danosa em unidade económica do setor público corresponderá ao previsto no art. 235.º do CPen e os crimes de fraude na obtenção ou desvio de subsídio, subvenção ou crédito, aos tipificados nos artigos 36.º a 38.º do Dec.-Lei n.º 28/84, de 20-01.

Analisando, porém, a al. *a)*, que prevê os crimes de "corrupção", de "peculato" e de "participação económica em negócio", dir-se-ia ser clara a sua redação.

Contudo, relativamente aos crimes de "peculato"[39] e de "participação económica em negócio", parece-nos ser inquestionável que abrangerá – além dos tipos previstos no Código Penal (artigos 375.º e 377.º) – os tipos homólogos dos artigos 21.º e 23.º da Lei n.º 34/87, de 16-07. A essa conclusão se chegará porquanto, atenta a data da publicação da Lei n.º 36/94, posterior à da Lei n.º 34/87, não se poderia ignorar e deixar de ter tido em consideração a existência de tais tipos de ilícito, aqui consagrados.

Todavia, cremos que à mesma conclusão se não poderá chegar quando se trata de apreciar a aplicabilidade do meio de investigação em causa (ações de prevenção) ao crime de corrupção. Em primeiro lugar, não há "um" crime de corrupção; há, pelo menos, cinco áreas de incriminação em que o legislador entendeu justificada a punibilidade da corrupção: a corrupção comum ou estadual (prevista no Código Penal: artigos 372.º a 374.º-B), a corrupção dos titulares de cargos políticos e altos cargos públicos (artigos 17.º, 18.º e 19.º da Lei n.º 34/87), a corrupção desportiva (artigos 8.º e 9.º da Lei n.º 50/2007, de 31-08), a corrupção militar (artigos 36.º e 37.º do Código de Justiça Militar, aprovado pela Lei n.º 100/2003, de 15-09) e a corrupção no comércio internacional e na atividade privada (artigos 7.º a 9.º da Lei n.º 20/2008, de 21-04).

[39] Poderia ser questionável a inclusão nessa categoria do crime de peculato de uso, parecendo-nos, no entanto, dever ser negativa a resposta, dada a inequivocidade da expressão e pela distância conceitual das realidades que se pretendem abranger, a partir da moldura penal e da danosidade social da infração.

A circunstância de não existir uma incriminação monolítica dos comportamentos penalmente relevantes da corrupção, introduz alguma dificuldade hermenêutica do preceito em causa. É que, de acordo com a cronologia sucessiva dos diplomas, pode aceitar-se que relevem para o conteúdo do preceito em causa as figuras típicas da corrupção comum e da corrupção da Lei n.º 34/87, assim como a previsão típica da corrupção ativa com prejuízo do comércio internacional[40], plasmada no art. 7.º da Lei n.º 20/2008, o que resulta expressamente do art. 10.º deste diploma[41].

Ora, a ser assim, ocorre por esse meio uma expressa equiparação de um crime que não se achava sequer tipificado em qualquer outro diploma aquando da publicação da Lei n.º 36/94, ao elenco de crimes de "corrupção", passível de justificar o recurso a ações de prevenção. E também nos parece poder concluir-se que não será legítimo sujeitar a tais medidas de investigação criminal qualquer outra área de incriminação da corrupção que expressamente não remetam para o respetivo regime (à semelhança da remissão expressa operada por aquele art. 10.º da Lei n.º 20/2008).

As alíneas *d)* e *e)* do n.º 1 do art. 1.º da Lei n.º 36/94 são suscetíveis de gerar maior controvérsia.

Na al. *d)* prevêem-se as **infracções económico-financeiras** cometidas de forma **organizada**, com **recurso à tecnologia informática**[42] e na al. *e)* as **infracções económico-financeiras** de dimensão **internacional ou transnacional**.

[40] Cfr., a propósito da incoerência sistemática da não previsão da conduta de corrupção passiva em prejuízo do comércio internacional, CARLOS M. RODRIGUES ALMEIDA, in *Comentário das Leis Penais Extravagantes*, Vol. 2, Universidade Católica Editora, Lisboa, 2010, p. 200 (anotação 27.ª ao art. 7.º da Lei n.º 20/2008).

[41] É o seguinte o teor dessa norma:

Artigo 10.º

Branqueamento e combate à corrupção e criminalidade económico-financeira

O comportamento descrito no artigo 7.º considera-se crime de corrupção para efeitos do disposto no artigo 368.º-A do Código Penal e na alínea a) do n.º 1 do artigo 1.º da Lei n.º 36/94, de 29 de Setembro (medidas de combate à corrupção e criminalidade económica e financeira).

[42] De acordo com o art. 11.º, n.º 1, als. *b)* e *c)* da Lei n.º 109/2009, de 15-09 (Lei do Cibercrime), a esses crimes, que no texto se discute quais sejam, serão aplicáveis as disposições processuais previstas nesse diploma, pelo que, quanto a nós, assumirão feição de "crimes informáticos impróprios".

Estes dois conceitos repetem-se em disposições legais inseridas em diversos regimes jurídico-processuais e estatutários, como se verá em seguida. Contudo, são, quanto a nós, insatisfatórios, no tocante à densificação do seu conteúdo.

As normas em causa, ao remeterem para «infracções económico-financeiras» parecem pressupor uma prévia definição desse conceito, supostamente precipitado noutro lugar, ou de acordo com outro critério, adscrevendo apenas as características de "organização", de "recurso à tecnologia informática" e à "dimensão internacional ou transnacional do mesmo".

Persiste, porém, uma (prévia) indefinição relativamente ao conteúdo de tal conceito.

O art. 47.º, n.º 1 da Lei n.º 47/86, de 15-10 (alterada pela Lei n.º 60/98, de 27-08, que a redenomina como Estatuto do Ministério Público), ao estabelecer o elenco de crimes da competência do DCIAP[43], enumera diversas tipologias que se enquadram, igualmente, nos conceitos genéricos da criminalidade económico-financeira e organizada[44].

[43] É o seguinte o elenco dos crimes cuja direção da investigação e coordenação é cometida ao DCIAP:
«*a) Contra a paz e a humanidade;*
b) Organização terrorista e terrorismo;
c) Contra a segurança do Estado, com excepção dos crimes eleitorais;
d) Tráfico de estupefacientes, substâncias psicotrópicas e precursores, salvo tratando-se de situações de distribuição directa ao consumidor, e associação criminosa para o tráfico;
e) Branqueamento de capitais;
f) Corrupção, peculato e participação económica em negócio;
g) Insolvência dolosa;
h) Administração danosa em unidade económica do sector público;
i) Fraude na obtenção ou desvio de subsídio, subvenção ou crédito;
j) Infracções económico-financeiras cometidas de forma organizada, nomeadamente com recurso à tecnologia informática;
l) Infracções económico-financeiras de dimensão internacional ou transnacional».

[44] É de sublinhar, porém, que uma tal previsão compreende funções de direção da investigação e ação penal, por um lado, e competências de coordenação, por outro (cfr. n.º 3 do art. 47.º do EMP).
Já no tocante à competência para ações de prevenção, nos termos do n.º 4 do referido preceito, a mesma restringe-se aos crimes de branqueamento de capitais (al. *a)*), de corrupção, peculato e participação económica em negócio (al. *b)*), de administração danosa em unidade económica do setor público (al. *c)*), de fraude na obtenção ou desvio de subsídio, subvenção ou crédito (al. *d)*), de infrações económico-financeiras cometidas de forma organizada ou

Também a Lei n.º 5/2002 (que estabelece medidas especiais de investigação quanto à criminalidade organizada e económico-financeira) consagra no n.º 1 do seu art. 1.º um elenco de tipos penais que pretende densificar normativamente aqueles conceitos. A referida Lei consagrou uma disciplina especial de meios de obtenção de prova, de dispensa de sigilo profissional e de perda de bens, que o legislador entende justificar-se perante a especificidade dos métodos delituosos e das particulares dificuldades de recolha de elementos probatórios relativamente às condutas criminosas selecionadas.

Assim, no n.º 1 do art. 1.º[45], enumeram-se os seguintes tipos penais, que, quanto a nós, têm implícita uma presunção de *organização*:

a) Tráfico de estupefacientes, nos termos dos artigos 21.º a 23.º e 28.º do Decreto-Lei n.º 15/93, de 22 de Janeiro;

b) Terrorismo e organização terrorista;

c) Tráfico de armas;

d) Tráfico de influência;

e) Corrupção activa e passiva;

f) Peculato;

g) Participação económica em negócio;

h) Branqueamento de capitais;

i) Associação criminosa;

Como se pode ver, relativamente ao elenco do art. 1.º, n.º 1 da Lei n.º 36/94, são «acrescentados» os crimes de tráfico de influência e de branqueamento de capitais[46].

Podem renovar-se, a propósito dos crimes de corrupção [ativa e passiva][47], peculato e participação económica em negócio, as mesmas interrogações

com recurso à tecnologia informática (al. *e*)) e infrações económico-financeiras de dimensão internacional ou transnacional (al. *f*)).

[45] Na versão conferida pelo art. 2.º da Lei n.º 12/2008, de 21-04.

[46] O que se torna compreensível, porquanto o tipo de crime de branqueamento está previsto no art. 386.º-A do Código Penal, desde o seu aditamento – ou transposição alterada – a este diploma, pelo art. 53.º da Lei n.º 11/2004, de 27-03, sendo certo que, antes disso, a previsão típica genérica do branqueamento de vantagens fora estabelecida no art. 2.º do Dec.-Lei n.º 325/95, de 02-12.

[47] Para além de manifestarmos as nossas reservas acerca da presunção de *carácter altamente organizado* relativamente a todos os comportamentos que integrem crimes de corrupção, de tráfico de influência ou de branqueamento.

colocadas atrás, a respeito das previsões de idênticas infrações consignadas naquela Lei.

Relativamente aos crimes previstos nas alíneas *j)* a *n)* do n.º 1 do art. 1.º da Lei n.º 5/2002 – *j)* contrabando; *l)* tráfico e viciação de veículos furtados; *m)* lenocínio e lenocínio e tráfico de menores; *n)* contrafacção de moeda e de títulos equiparados a moeda – afigura-se-nos ser necessário, para que a disciplina do diploma se possa aplicar, a comprovação do *carácter organizado* da conduta, não vigorando já qualquer presunção em tal sentido (cfr. art. 1.º, n.º 2).

O n.º 3 consagra uma cláusula de remissão genérica para a aplicabilidade do regime probatório especial da Lei n.º 5/2002 "**aos demais crimes referidos no n.º 1 do artigo 1.º da Lei n.º 36/94, de 29 de Setembro**", que são, concretamente, os crimes de administração danosa em unidade económica do setor público, de fraude na obtenção ou desvio de subsídio, subvenção ou crédito, as infrações económico-financeiras cometidas de forma organizada, com recurso à tecnologia informática e as infrações económico-financeiras de dimensão internacional ou transnacional, e que não se encontram expressamente replicadas no art. 1.º, n.º 1 da Lei n.º 5/2002, julgando-se que a lei pressupõe, também nestes casos, o *carácter organizado* da infração.

Por seu turno, o regime legal que define a admissibilidade de Ações Encobertas estabelece, no elenco dos tipos de crime suscetíveis de justificar medidas de investigação encoberta – ou *meios ocultos de investigação* –, as tipologias que, por excelência, se podem arrumar nos conceitos de criminalidade económico-financeira e organizada (art. 2.º da Lei n.º 101/2001, de 25-08)[48]. Esse elenco não foi, algo estranhamente, transposto para o

[48] É o seguinte o elenco dessas tipologias:
«a) Homicídio voluntário, desde que o agente não seja conhecido;
b) Contra a liberdade e contra a autodeterminação sexual a que corresponda, em abstracto, pena superior a 5 anos de prisão, desde que o agente não seja conhecido, ou sempre que sejam expressamente referidos ofendidos menores de 16 anos ou outros incapazes;
c) Relativos ao tráfico e viciação de veículos furtados ou roubados;
d) Escravidão, sequestro e rapto ou tomada de reféns;
e) Organizações terroristas e terrorismo;
f) Captura ou atentado à segurança de transporte por ar, água, caminho-de-ferro ou rodovia a que corresponda, em abstracto, pena igual ou superior a 8 anos de prisão;

elenco da Lei n.º 5/2002 – que visa(va) justamente adotar medidas especiais de investigação nessas áreas de incriminação –, apesar de se tratar de uma Lei aprovada poucos meses depois.

A propósito do regime de Ações Encobertas, cabe recordar que o art. 19.º da Lei n.º 109/2009 (Lei da Cibercriminalidade) admite expressamente, nos termos do n.º 1, *o recurso às acções encobertas previstas na Lei n.º 101/2001, de 25 de Agosto, nos termos aí previstos, no decurso de inquérito relativo aos seguintes crimes:*

a) Os previstos na presente lei [os crimes informáticos em sentido próprio]; e *b)* Os cometidos **por meio de um sistema informático**, quando lhes corresponda, em abstracto, pena de prisão de máximo superior a 5 anos ou, **ainda que a pena seja inferior, e sendo dolosos,** os crimes contra a liberdade e autodeterminação sexual nos casos em que os ofendidos sejam menores ou incapazes, a burla qualificada, a burla informática e nas comunicações, a discriminação racial, religiosa ou sexual, **as infracções económico-financeiras,** bem como os crimes consagrados no título IV do Código do Direito de Autor e dos Direitos Conexos.

Uma vez mais se observa a referência a um conceito de "infrações económico-financeiras" cujo conteúdo não flui de outro regime jurídico, apesar de, através desta remissão, o legislador admitir a existência de infrações de tal natureza que sejam puníveis, desde que sejam dolosos[49], com pena de prisão inferior a cinco anos.

g) Executados com bombas, granadas, matérias ou engenhos explosivos, armas de fogo e objectos armadilhados, armas nucleares, químicas ou radioactivas;
h) Roubo em instituições de crédito, repartições da Fazenda Pública e correios;
i) Associações criminosas;
j) Relativos ao tráfico de estupefacientes e de substâncias psicotrópicas;
l) Branqueamento de capitais, outros bens ou produtos;
m) Corrupção, peculato e participação económica em negócio e tráfico de influências;
n) Fraude na obtenção ou desvio de subsídio ou subvenção;
o) Infracções económico-financeiras cometidas de forma organizada ou com recurso à tecnologia informática;
p) Infracções económico-financeiras de dimensão internacional ou transnacional;
q) Contrafacção de moeda, títulos de créditos, valores selados, selos e outros valores equiparados ou a respectiva passagem;
r) Relativos ao mercado de valores mobiliários».

[49] Causa alguma incompreensão como as tipologias ali mencionadas possam conhecer outra forma de imputação subjetiva que não seja a dolosa.

Também no âmbito da competência reservada de investigação da Polícia Judiciária, estabelecido no art. 7.º, n.º 2 da Lei n.º 49/2008, de 27-08 (que aprova a Organização da Investigação Criminal), se contemplam tipologias que se integram nos referidos conceitos de criminalidade económico-financeira e organizada, designadamente os seguintes: *a*) Crimes dolosos ou agravados pelo resultado, quando for elemento do tipo a morte de uma pessoa; *b*) Escravidão, sequestro, rapto e tomada de reféns; *c*) Contra a identidade cultural e integridade pessoal e os previstos na Lei Penal Relativa às Violações do Direito Internacional Humanitário; *d*) Contrafacção de moeda, títulos de crédito, valores selados, selos e outros valores equiparados ou a respectiva passagem; *e*) Captura ou atentado à segurança de transporte por ar, água, caminho-de-ferro ou de transporte rodoviário a que corresponda, em abstracto, pena igual ou superior a 8 anos de prisão; *f*) Participação em motim armado; *g*) Associação criminosa; *h*) Contra a segurança do Estado, com excepção dos que respeitem ao processo eleitoral; *i*) Branqueamento; *j*) Tráfico de influência, corrupção, peculato e participação económica em negócio; *l*) Organizações terroristas e terrorismo; *m*) Praticados contra o Presidente da República, o Presidente da Assembleia da República, o Primeiro-Ministro, os presidentes dos tribunais superiores e o Procurador-Geral da República, no exercício das suas funções ou por causa delas; *n*) Prevaricação e abuso de poderes praticados por titulares de cargos políticos; *o*) Fraude na obtenção ou desvio de subsídio ou subvenção e fraude na obtenção de crédito bonificado; *p*) Roubo em instituições de crédito, repartições da Fazenda Pública e correios; *q*) Conexos com os crimes referidos nas alíneas *d*), *j*) e *o*).

Ainda nos termos do n.º 3, é da competência reservada da PJ a investigação dos seguintes crimes: *c) Burla punível com pena de prisão superior a 5 anos; d)* ***Insolvência dolosa e administração danosa****; h*) Executados com bombas, granadas, matérias ou engenhos explosivos, armas de fogo e objectos armadilhados, armas nucleares, químicas ou radioactivas; *i*) Relativos ao tráfico de estupefacientes e de substâncias psicotrópicas, tipificados nos artigos 21.º, 22.º, 23.º, 27.º e 28.º do Decreto -Lei n.º 15/93, de 22 de Janeiro, e dos demais previstos neste diploma que lhe sejam participados ou de que colha notícia; *j)* ***Económico-financeiros;*** *l) Informáticos e praticados com recurso a tecnologia* informática; *m*) Tráfico e viciação de veículos e tráfico de armas; *n)* ***Conexos com os crimes referidos nas alíneas d), j)*** e ***l).***

Por fim, ao prever-se a hipótese de deferimento de competência para a investigação ou para a co-investigação, por parte do PGR, elencam-se os crimes *a) Tributários de valor superior a € 500 000; e) Relativos ao mercado de valores mobiliários.*

Trata-se de tipologias, todas elas tributárias dos conceitos de criminalidade económico-financeira – que na al. *j)* do n.º 3 é expressamente mencionada enquanto categorização tipológica, como se fosse presumida a sua caracterização – e organizada, conquanto, uma vez mais, não se infira qual o concreto conteúdo dos mesmos.

Também no n.º 3 do art. 1.º da Lei n.º 53/2008, de 29-08 (Lei de Segurança Interna, retificada pela Declaração de Rectificação n.º 66-A/2008, de 28-10) aflora o conceito de "criminalidade altamente organizada", enquanto pressupondo a aplicação de «medidas previstas na presente lei» que se destinam «(...) em especial, a proteger a vida e a integridade das pessoas, a paz pública e a ordem democrática (...)».

Como se pode concluir, não resultam da lei critérios substantivos ou materiais dos conceitos em apreço (de criminalidade económico-financeira e de criminalidade organizada). O único que a lei contempla expressamente é um elenco abstrato de tipologias penais que preenche o conceito formal de "criminalidade altamente organizada". Mas, relativamente aos dois outros, o preenchimento da sua definição permanece omisso ou, pelo menos, ambíguo.

O art. 207.º, n.º 1 da CRPort constitucionaliza o conceito de **«criminalidade altamente organizada»**, a propósito da inadmissibilidade do julgamento por tribunal de júri para os crimes que preencham tal conceito.

O concreto recorte de tal conceito ficou, todavia, a cargo da lei ordinária, sendo definido no **art. 1.º, al. *m)*,** do CPPen, e aflorando igualmente nos artigos 202.º, n.º 1, al. *c)* e 215.º, n.º 2 do CPPen (após alterações da Lei n.º 26/2010, de 30-08):

"Criminalidade altamente organizada" é legalmente definida como sendo as condutas que integrarem **crimes de associação criminosa, tráfico de pessoas, tráfico de armas, tráfico de estupefacientes ou de substâncias psicotrópicas, corrupção, tráfico de influência, participação económica em negócio ou branqueamento**.

A explicitação deste conceito definitório não é, por si só, isenta de problemas hermenêuticos. Desde logo, afigura-se pertinente indagar sobre se abrange as condutas que integram os tipos de crime elencados, independentemente da concreta moldura penal cominada aos mesmos. Na realidade, ao referir-se ao "crime de corrupção", será avisado indagar sobre se nele se acham ínsitos os âmbitos incriminatórios da corrupção dos titulares de cargos políticos e públicos, da corrupção desportiva, da atividade privada e do comércio internacional e da corrupção militar. Mesmo no restrito âmbito da corrupção estadual comum codificada (no Código Penal) seria oportuno discutir se nele terão cabimento tipos incriminatórios puníveis com molduras legais tão reduzidas, como p. ex., a do art. 374.º, n.º 2 do CPen.

Por outro lado, tal tipo de ambiguidade ocorre igualmente, com os termos abstratos de punibilidade do crime de branqueamento, sabido que existem [tipos de] *crimes precedentes* a que se subsumam factos ilícitos típicos respetivos que não são incluídos no conceito de criminalidade altamente organizada e, por outro lado, que a pena aplicada ao crime de branqueamento não pode ser superior ao limite máximo da pena mais elevada aplicável ao facto ilícito donde provêm as vantagens, e que, nalguns casos, são inferiores a cinco anos (cfr. art. 368.º-A, n.º 10 do CPen), como é o caso do tráfico de influência (art. 335.º do CPen), da fraude fiscal simples (art. 103.º do RGIT[50]) e de algumas das infrações do art. 1.º, n.º 1 da Lei n.º 36/94.

Afigura-se-nos, pois, que, a este propósito, se torna necessário um amplo exercício de discussão e debate.

Pensamos, pois, no fim deste excurso, ter demonstrado a existência de um mapa de incongruências e descontinuidades legais respeitantes ao concreto conteúdo dos conceitos de criminalidade económico-financeira e organizada, tanto mais surpreendentes quando resultam de diplomas cuja publicação ocorreu com poucos meses de distância entre si.

Um tal estado de coisas justificaria, a nosso ver, uma reflexão sobre a necessidade, a pertinência e oportunidade de reformulação de todo o

[50] No sentido de que a expressão «fraude fiscal» no elenco dos factos ilícitos típicos subjacentes ao crime de branqueamento abrange não só a fraude fiscal em sentido estrito, mas a generalidade dos crimes tributários, quer comuns, quer aduaneiros, quer contra a segurança social, cfr. GERMANO MARQUES DA SILVA, «O Crime de Branqueamento de Capitais e a Fraude Fiscal como Crime Pressuposto», in *Branqueamento de Capitais e Injusto Penal*, AA. VV. (Luciano Nascimento Silva e Gonçalo Sopas de Melo Bandeira, Coords.), Juruá Editorial, Lisboa, 2010, p. 242.

ordenamento jurídico-penal, material e adjetivo, porventura através da recompilação em diploma-quadro – eventualmente sobre os princípios dogmáticos e o próprio elenco das incriminações, os meios especiais e ocultos de investigação, o "direito premial", a proteção de intervenientes processuais, os mecanismos de recuperação de ativos, entre outros aspetos –, ou de um trabalho de harmonização dos diversos diplomas legais dispersos, de forma a dotar esse corpo normativo da necessária coerência e continuidade de princípios, de meios e de objetivos.

3. As assimetrias entre os desafios do crime económico-financeiro e a capacidade de resposta dos Estados: os «mercados da desigualdade»

A magnitude dos problemas colocados pela criminalidade económico-financeira à subsistência (e sobrevivência?) dos Estados e as disfunções por ela provocadas, levou já que alguns deles tenham posto em marcha modalidades de reação tendencialmente adequadas. Face à surpresa provocada por acontecimentos como os da falência de bancos nos EUA e dos contornos do paradigmático «caso Madoff», as instituições norte-americanas procuraram reagir a toda uma série de factos com tutela sancionatória penal e de outra natureza.

Há, em Portugal, o costume, algo provinciano, de nos compararmos – invariavelmente "em perda" –, com os "bons exemplos" de outros sistemas, como o americano, no que toca a uma propalada eficiência da justiça sobre o crime económico-financeiro. O exemplo mais carismático do "caso Madoff" vem à lembrança, não confirmando minimamente os méritos da pretendida comparação, quando se estudam os contornos mais exatos do seu desenvolvimento.

As atividades da sociedade de investimentos do sr. Madoff vinham, anteriormente à sua detenção, em Dezembro de 2008, a ser sistematicamente investigadas pela polícia, sem que, no entanto, resultasse algo de conclusivo. Harry Markopolos no seu livro *No One would listen* narra as tentativas por si empreendidas, entre 1999 e 2007, no sentido de tentar desmascarar a gigantesca fraude dos supostos investimentos Madoff (que chegara a ser presidente não executivo da NASDAQ). Quando o FBI decidiu novamente investigar as atividades suspeitas do fundo de investimentos do sr. Madoff, as suas manobras em "pirâmide" eram já insustentáveis, vindo a admitir a um filho e outras pessoas que tudo não passava de "uma grande mentira" e que "nunca tinha feito investimentos reais" com as entregas de fundos dos clientes, e que tudo era depositado numa conta pessoal.

Tratou-se de um caso de fraude com implicações colossais, em termos financeiros, mas que pouco diferiu, na sua estrutura essencial, de um esquema semelhante ao «caso D. Branca». De acordo com a imputação da SEC (Securities and Exchange Commission, instituição de regulação de mercado de valores), os seus colaboradores forjavam relatórios falsos com informação sobre o suposto rendimento das "aplicações" dos seus clientes. O sr. Madoff admitiria em Março de 2009, ao declarar o «guity plea», que a essência do seu esquema fraudulento era depositar o dinheiro dos clientes numa conta do Chase Manhattan Bank e seu sucessor JPMorgan Chase, de onde retirava os fundos, quando os mesmos pretendiam resgatá-los. Sendo quase impossível estabelecer o valor exato da fraude, pensou-se, no início da investigação, que o mesmo atingiria 65 biliões de US dólares, embora o ex-chairman da SEC, Harvey Pitt, tenha dito que se estimava, afinal, entre 10 e 17 biliões, em termos líquidos.

Quando o sr. Madoff se declarou exclusivo culpado, em 21 de Março de 2009, de todas as onze infrações federais imputadas – como fraude de seguros, fraude eletrónica, fraude postal, branqueamento, falso depoimentos, falsificação – dois dias antes, especulou-se que o mesmo se devia a uma opção de não colaboração com as autoridades, por pretender encobrir outros associados e beneficiários do seu esquema. Outros colaboradores foram indiciados por infrações semelhantes, tendo-se igualmente, declarado culpados. Madoff admitiria que durante 1991 nunca fizera quaisquer investimentos legítimos para os clientes durante todo esse período.

A pena aplicada foi de 150 anos de prisão, apesar de ter solicitado a aplicação de uma pena até um período de 7 anos, dada a sua idade avançada.

O «remédio forte» aplicado nessa patológica disfunção do sistema económico-financeiro em que se consubstanciou o esquema do sr. Madoff foi possível de aplicar num sistema como o norte-americano, dada a extraordinária eficácia dos seus institutos de *plea guilty*, o que pode, nem sempre, significar *justiça*[51].

[51] Cfr., com muito interesse, para além da caraterização de um «Ponzi Scheme», toda a documentação atinente às acusações e petições processuais contra o sr. Madoff e colaboradores: http://www.sec.gov/spotlight/enf-actions-ponzi.shtml.

Os contornos das fraudes bancárias ocorridas nos EUA tiveram origem na proliferação descontrolada de "ativos financeiros tóxicos", cujas entidades de regulação e de supervisão não conseguiram evitar. Todavia, apesar da magnitude do problema – colocado pelo gigantismo dos valores em causa, que daria causa ao aforismo de uma pretensa exoneração do sistema financeiro de quaisquer percalços «Too big to fail» – as autoridades judiciárias tentam lidar com o mesmo, questionando e perseguindo as entidades responsáveis, coletiva ou individualmente.

Os passos mais antigos foram dados através de acordos entre a SEC e vários Bancos, judicialmente homologados, por violação de leis anti-fraude[52], após ter estalado a «crise do Sub-prime» e a falência do Lehman Brothers, em 2008.

Como refere JOSEPH STIGLITZ, as agências de notação financeira tiveram responsabilidades inequívocas, ao classificar hipotecas de péssima qualidade como títulos de classe A: conseguiram que a Georgia revogasse uma disposição legal que dispensava de notação as hipotecas, temendo que tal lei fosse alastrando a outros Estados dos EUA e, dessa forma, o fluxo de «más hipotecas», com que ganhavam comissões formidáveis, se reduzisse drasticamente. Conclui-se, assim, pela necessidade de instâncias de regulação e de supervisão que possam, não só prevenir e evitar a fraude, mas impedir a existência de produtos abusivos, enganosos e inapropriados[53].

Outro momento de tensão foi vivido por ocasião da negociação, durante quase um ano, entre a Senhora Martha Coakley, Procuradora-Geral do Massachussets, acerca de comportamentos fraudulentos a clientes mutuários com hipotecas, e por despejar injustificadamente alguns deles e por recusar modificações de contratos de mútuo, após pré-anunciar essa intenção, para além de discriminar os clientes a despejar, de acordo com o montante do empréstimo, propondo-se despejar mais rapidamente os clientes que devessem menos 100.000 dólares. A Senhora Coakley defendia que ao Bancos «não só não são demasiado grandes para falir, como não

[52] Embora os acordos sejam quase todos homologados, um dos acordos propostos pela SEC, relativamente ao *Citigroup*, para que esta entidade pagasse 285 milhões de US dólares por uma fraude concreta, foi rejeitado pelo juiz Rakoff, do tribunal distrital de Manhattan, em Novembro de 2011, por se lhe afigurar que a conduta era continuada e exprimiam uma indiferença perante anteriores advertências por parte da SEC.

[53] *El Precio de la Desigualdad – El 1% de la Población tiene lo que el 99% necesita*, Taurus, Madrid, 2012, p. 252.

são demasiado grandes para prestar contas». Um dos bancos controlado pela Administração Central americana (Ally, antes GMAC, detido pelo Governo em 74%) ameaçou retirar-se daquele Estado, se a Procuradora avançasse com qualquer processo[54]. A todo este contexto não é estranha a circunstância de que os Bancos participam vultuosamente em qualquer campanha eleitoral, além de que as eleições para juízes são também do interesse dos Bancos.

De qualquer modo, tem havido esforços no sentido de uma responsabilização moderada, por parte das autoridades federais, concretamente pelo Gabinete do Procurador-Geral, Eric Holder, através de uma demanda civil intentada em 4 de fevereiro de 2013 pelo Departamento de Justiça contra a Standard & Poor's Financial Services, bem como a empresa McGraw-Hill, alegando a existência de um esquema de defraudar investidores em produtos designados por "Residential Mortgage-Backed Securities", ou RMBS, e "Collateralized Debt Obligations", ou CDO's. Através de uma sobrenotação dos CDO's – cujo crédito foi sobreavaliado e subestimados o riscos – a S&P induziu em erro muitos investidores, incluindo muitas instituições financeiramente seguradas a nível federal, causando-lhes cinco biliões de dólares de prejuízo. O Departamento de Estado da Justiça alega que as notações entre março e outubro de 2007 não foram independentes e que foram influenciadas por conflitos de interesses e que a S&P efetivamente lucrou, ao tomar partido pelos "emissores" das obrigações (issuers) sobre os investidores. Segundo Eric Holder, a conduta da S&P pode considerar-se que está «no coração da recente crise financeira»[55].

[54] *Idem*, *ob. cit.*, p. 261.

[55] Cfr. o texto do discurso de apresentação da *civil action* no link: http://www.justice.gov/iso/opa/ag/speeches/2013/ag-speech-130205.html, do qual se destaca o seguinte trecho: «Even in 2007 – when S&P's internal data showed a severe deterioration in the creditworthiness of the RMBS it had rated – S&P allegedly continued to rate hundreds of billions of dollars' worth of CDOs backed by RMBS collateral – ignoring their own analysts' performance projections showing that the ratings on that collateral would not hold.
The action we announce today marks an important step forward in the Administration's ongoing efforts to investigate – and punish – the conduct that is believed to have contributed to the worst economic crisis in recent history. And it's just the latest example of the critical work that the President's Financial Fraud Enforcement Task Force is making possible . The complaint we filed yesterday compliments the actions of the Task Force's Working Groups – including the Residential Mortgage-Backed Securities Fraud Working Group, the Mortgage

Daqui se conclui que o modo de reação das autoridades norte-americanas não tem sido uniforme, no que respeita à responsabilização dos responsáveis pelas fraudes financeiras. Funcionou adequadamente, segundo os seus critérios e princípios norteadores de um sistema de *common law*, no caso Madoff, em grande medida devido à sua «confissão integral». Não funcionou no caso do Massachussets, e prevê-se que possa funcionar no caso S&P, após batalha judicial que promete demorar.

De algum modo, a Crise financeira declarada com o rebentar da "bolha do Sub-prime", assume, ela própria, características que permitem concluir que os agentes de um crime económico-financeiro de novo recorte – e que conduziu às consequências a que se assistem e cujo epílogo ainda est(ar)á por conhecer em toda a sua extensão – se alojaram no núcleo do sistema, em instituições financeiras, em órgãos de direção de mercados (Madoff foi presidente não executivo da NASDAQ, o mercado de valores de empresas tecnológicas dos EUA). Isso pode querer significar que, ou os agentes preponderantes do crime económico-financeiro já não são obscuros «homens de honra» na clandestinidade, ou que a tentação do lucro rápido e a todo o custo já seduziu esse extrato de executivos fabulosamente remunerados, que tem provocado a derrocada do mercados financeiros. Mas, por outro lado, coloca também desafios mais exigentes às estratégias e conceitos de luta contra essas fenomenologias, uma vez que se trata de *white collars*, com ampla influência no sistema sócio-político, institucional, educativo,

Fraud Working Group, and the Securities and Commodities Fraud Working Group – members of which played key roles in the cases announced today. I've been honored to chair the Task Force since its inception in 2009 – and I'd like to take a moment to acknowledge the Task Force members; Justice Department leaders; and talented investigators, prosecutors, law enforcement officers, and other partners – particularly the attorneys general from six states and the District of Columbia who are with us today, and a number of others who will also be advancing parallel actions – who contributed to this investigation, and who continue to advance a wide range of important matters – both civil and criminal – across the country. Thanks to their tremendous efforts – over the last three fiscal years alone – the Justice Department has filed nearly 10,000 financial fraud cases against nearly 15,000 defendants – including more than 2,900 mortgage fraud defendants. I believe we can all be proud of these results, and encouraged by the significant action we've gathered to announce. But it's clear that we cannot yet be satisfied. And that's why, here in Washington and across the country, this critical work continues. Our determination to build on the progress that's been made – and to strengthen the partnerships we've established across all levels of government and law enforcement – has never been stronger. And – as this action proves – our approach has never been more strategic, more comprehensive, or more effective».

de prestação de cuidados de saúde, pessoas que, para além da respeitabilidade e da integração social, gozam de estatuto pessoal de privilégio, sendo dotados de recursos financeiros para conseguir manipular a comunicação social e para enfrentar processos judiciais, por melhor preparados e fundamentados que sejam.

As distorções provocadas por este estado de coisas, que ameaça tornar-se sistémico – caso não se adotem medidas tendentes e adequadas à sua inversão – amplifica a noção das "injustiças", num cenário para que STIGLITZ já caracterizou em *The Price of Inequality: How Today's Divided Society Endangers our Future*, como «mercados da desigualdade. Impõe-se indagar, pois, se o sistema judiciário lhe pode ficar indiferente.

4. Aproximação a um modelo de direção do inquérito no âmbito da criminalidade económico-financeira

4.1. Os métodos, os propósitos e as pré-compreensões

O sistema de justiça penal português – abrangendo quer o sistema de investigação criminal (inquérito), quer as fases de instrução e de julgamento das causas criminais –, tal como está concebido, é, na prática, incompatível com uma forma de gestão por objetivos, ou de acordo com a obtenção de resultados pré-determinados.

Pode dizer-se que, apesar dos imponderáveis que sempre surgem, será possível programar e agendar todo um conjunto de investigações "pendentes" durante um determinado período, sendo que os acontecimentos entretanto "surgidos" e carecidos de investigação poderão ser apreciados e investigados por quadros a libertar de outras valências. Contudo, o sistema de gestão de magistrados e de agentes da polícia de investigação desta área de criminalidade (essencialmente, inspetores da PJ), em combinação com funcionários e inspetores tributários e peritos especialistas nas áreas económico-financeira, contabilística, urbanística, de mercado de valores, etc, não reveste suficiente flexibilidade para permitir uma tal forma de afetação de recursos.

Esse é um ponto muito crítico da gestão dos recursos humanos (e técnicos), o qual, associado a um défice de antecipação dos fenómenos criminais, pelos departamentos encarregados do estudo de tendências da criminalidade económico-financeira e de coordenação da direção da respetiva investigação criminal e da sua implementação (o DCIAP e a UNCC da PJ), vem tendo como efeito a obtenção de resultados pouco satisfatórios, no que concerne à concretização do esclarecimento e sancionamento dos comportamentos na áreas do crime económico-financeiro, essencialmente no tocante ao fenómeno corruptivo.

Estas dificuldades estão, ainda, estreitamente associadas a um cenário de défice de formação de magistrados, quanto às áreas contabilística, económico-financeira e urbanística, aspetos sistematicamente associados a um balanço francamente dececionante no que respeita aos resultados no âmbito da investigação da criminalidade económico-financeira. O reforço de qualificação e formação nessas áreas poderia, desde logo, potenciar, por parte dos magistrados – designadamente do Ministério Público, na fase de investigação –, uma leitura mais focada dos processos criminosos e uma identificação mais assertiva dos meios e objetivos nas respetivas investigações, para permitir a sua melhore gestão. Mas, por outro lado, é também verdade que este défice de formação dos magistrados e polícias se poderia esbater com a admissibilidade de magistrados e investigadores policiais recrutados preferencialmente entre juristas, ou diplomados não juristas – designadamente nas áreas de economia e finanças, da gestão, da contabilidade, do urbanismo –, com especializações na prevenção ao crime económico-financeiro, que poderiam integrar os departamentos policiais e do Ministério Público e tribunais especializados[56] na investigação e no julgamento desses fenómenos.

Um outro fator que implica elevados custos e tem funcionado como verdadeiro bloqueador de resultados contende com a escassez de quadros de peritos nos departamentos oficiais da PJ e de outras entidades públicas que devem primordialmente prestar colaboração nas investigações em áreas específicas (da atividade financeira, bancária e de seguros, tributária e fiscal, de mercado de valores mobiliários, ambiental urbanística e de ordenamento do território, etc). E, se é certo que o Ministério Público pode nomear peritos *ad hoc*, também é verdade que, dada a preferência legal na

[56] Solução que é recorrentemente apontada como sendo inconstitucional e violadora do princípio do juiz natural, face ao disposto no art. 209.º, n.º 4 da CRPort. Conquanto a primeira objeção nos pareça procedente – impondo-se, nesse particular, uma alteração da Lei Fundamental, para acolher a nossa proposta –, cremos que a segunda nos parece ser inconsistente.

nomeação de peritos de serviços oficiais, a prática tem sido a de aguardar a oportunidade de designação de peritos por parte de tais serviços, não se procedendo sistematicamente às nomeações admitidas de outros peritos, devido à «(...) impossibilidade de resposta [daqueles] em tempo útil (...)», por «(...) pessoa de honorabilidade e de reconhecida competência na matéria em causa» (art. 152.º, n.º 1 do CPPen). Situação que se vem traduzindo em demoras prolongadas, gerando, por vezes, situações de inoportunidade ou completa intempestividade na produção dos pretendidos meios de prova, levando ao frequente insucesso de muitas investigações e a resultados processuais finais (em sede de julgamento) muito pouco satisfatórios.

Estes métodos derivam, também, de pré-compreensões profissionais e institucionais dos atores envolvidos, que estão, no fundo, alicerçados em metodologias de investigação provenientes da criminalidade clássica (patrimonial, contra as pessoas, contra o Estado), e que não permitem uma abordagem mais consentânea e adequada à ductilidade e à «novidade» de uma realidade como a criminalidade económico-financeira.

A título de mero exemplo, se dirá que os pré-conceitos e pré-compreensões no tocante à valoração de elementos indiciários e de prova (essencialmente por parte de magistrados judiciais, mas não só) no âmbito da criminalidade económico-financeira não revestem especiais particularidades, assumindo-se uma metodologia e atitude idênticas às que são exercidas no quadro dos processos por crimes mais clássicos. É sabido que o nosso sistema processual penal exige que toda a prova necessária – para a condenação ou para a absolvição – se produza em julgamento, sem prejuízo de prova pré-constituída, como a prova pericial e documental, sendo certo que, relativamente à prova pessoal, a mesma deve ser reproduzida (ou produzida *ex-novo* em audiência, nos termos do art. 340.º, n.º 1 do CPPen).

Parecem-nos, a esse propósito, suficientemente eloquentes os casos em que as representações dos aplicadores no tocante à perspetiva de todo o julgamento esbarram na dificuldade – ou melhor, na "indisponibilidade cognitiva" – para a apreciação da prova indiciária no âmbito da criminalidade económico-financeira: procura-se ainda, com uma exigência por vezes impraticável, a prova direta dos fluxos financeiros e de valores mobiliários ou bens imobiliários ou móveis – porventura através de meios de prova pessoal –, apesar de se saber que, na grande maioria das vezes, os mesmos não transitam por contas ou não são registados na titularidade dos envolvidos, mas de terceiros; continua a não se dar relevo à extrapolação de aspetos indiciários, como a inexistência de quadro de pessoal de empresas (fictícias), a ausência de contratos de prestação de serviços, ou de subcontratação (p. ex., para a cabal interpretação a análise de um relatório dos serviços de inspeção tributária ou de perícia financeira ou contabilística); continua-se a esbarrar – e a desistir – perante a "escuridão" dos «Paraísos Fiscais» ou mediante a opacidade da constituição de sociedades *Offshore*, e das suas múltiplas interconexões, que dificultam a identificação e perseguição de determinados fluxos financeiros. Enfim, continuam a subsistir, de forma predominante, conceções que partem de uma abordagem metodológica de investigação e apreciação tradicionais, relativamente à criminalidade económico-financeira, a qual pressupõe e demanda todo um conjunto de novos métodos de valoração e avaliação probatória[57].

Como é sabido a reconstituição integral do facto naturalístico no âmbito da criminalidade económico-financeira, só residualmente pode ser alcançada, demonstrado que a sua prova se produz, na maioria dos casos, com recurso a prova documental ou pericial, e, raras vezes, através de prova pessoal. Mas nunca se descurando – pelo contrário, privilegiando – a prova indiciária ou indireta.

Para além disso, pesa ainda, de forma muito penalizadora para a eficiência do sistema de controlo da criminalidade económico-financeira, o condicionamento do princípio da legalidade criminal, com consagração constitucional e legal (art. 219.º, n.º 1 da CRPort e artigos 1.º e 3.º, n.º 1, al. *c)* do EMP). Este princípio, sendo uma louvável emanação do princípio da igualdade criminal dos cidadãos perante a lei e o propósito de não consentir preferências subjetivas – ostensivas ou ocultas –, por parte dos magistrados, na tarefa de esclarecimento dos crimes, esbarra com as condições reais de escassez de meios e de recursos humanos e materiais.

De acordo com tal princípio, o Ministério Público está obrigado a proceder e deduzir acusação por todas as infrações de que tenha notícia, e de cujos pressupostos – factuais e jurídicos, substantivos e processuais

[57] Cfr, neste sentido, EUCLIDES DÂMASO SIMÕES; «Prova indiciária (Contributos para o seu estudo e desenvolvimento em dez sumários e um apelo premente)», *Julgar*, N.º 2 – 2007, pp. 203-215; no mesmo sentido, CARLOS RODRIGUES ALMEIDA, «Criminalidade organizada e corrupção», 2.º Congresso de Investigação Criminal, Almedina, Coimbra, 2010, pp. 49-57.

– haja recolhido indícios suficientes[58]. A premissa do princípio da legalidade é a de reduzir a impunidade dos crimes, esbatendo, dessa forma, a desigualdade relativamente aos seus autores. É certo, por outro lado, que o princípio vem sendo crescentemente combinado com aflorações de uma oportunidade vinculada ou mitigada, como as soluções de consenso e diversão, legalmente previstas, como a suspensão provisória do processo, o arquivamento em caso de dispensa de pena, o processo sumaríssimo, o recurso à faculdade do art. 16.º, n.º 3 do CPPen, entre outros. Mas isso não desfigura substancialmente o sistema, em termos tais que o Ministério Público pudesse "ignorar" determinada factualidade denunciada e perseguir, apenas, a que reputa mais grave ou socialmente mais danosa. O princípio da legalidade assume-se, portanto, não como um bloqueio, mas como uma condicionante de maior eficiência do sistema de investigação e de acusação criminal, mormente em sede de criminalidade económico-financeira; se se pensar que num dado processo se torna necessário esclarecer no mesmo plano, e de forma tão exaustiva a prática de centenas de condutas de baixa densidade penal, ao lado das condutas penais mais gravemente censuradas, teremos uma noção do dispêndio de esforços, e até de investimento em recursos financeiros, para obter, por vezes, resultados altamente insatisfatórios e, quantas vezes, deficitários, face às consequências finais do processo.

Um juízo de seleção das condutas penalmente mais densas e mais severamente puníveis deveria poder interceder em tais situações, para mais tendo em conta a reduzidíssima consequência, em termos de condenação – quando é o caso –, resultante da operação de aplicação de cúmulo jurídico entre as diminutas penas parcelares aplicadas a crimes de baixa densidade penal[59].

[58] FIGUEIREDO DIAS, *Direito Processual Penal*, I. vol., Coimbra Ed., Coimbra, 1981, p. 126. Aqui não caberá tomar posição sobre se o Ministério Público, em sede de despacho de arquivamento, pode, ou não, apreciar o mérito da questão, em termos de fazer relevar uma causa de exclusão da ilicitude ou de desculpa no juízo a formular no encerramento do inquérito. No sentido em que tal operação é vedada ao Ministério Público, por entender que a valoração material da ilicitude dos factos ou da culpa do agente é ato materialmente jurisdicional, FREDERICO LACERDA COSTA PINTO, *Direito Processual penal – Curso semestral*, 1998, Lisboa, pp. 139-140. Contra, HELENA MORÃO, «Dever de Acusar ou não Acusar do Ministério Público em casos de Justificação e Desculpa», *RPCC*, Ano 22 – N.º 1, Janeiro-março 2012, pp. 76-77.

[59] Pena única aplicada por vários crimes em relação de concurso efectivo – punível diversamente do cúmulo material – em que a moldura penal abstrata tem como limite máximo a soma das penas parcelares e como limite mínimo a pena parcelar mais elevada (arts. 77.º e 78.º do CPen).

Uma ideia de oportunidade vinculada não é, como inadvertidamente se pode supor, incompatível com o princípio da legalidade criminal, desde que fossem garantidos – p. ex., através de orientações genéricas do Procurador-Geral da República, no âmbito da definição das prioridades de política criminal – critérios uniformes, gerais e abstratos que vinculassem, de forma substancialmente idêntica, a intervenção de todos os magistrados do Ministério Público.

De resto, parece ser esse o programa político-criminal cuja preferência o legislador vem manifestando, desde a aprovação do Código de Processo Penal em 1987, com o alargamento sucessivo das soluções de consenso e oportunidade, apesar da interrupção da vigência do sistema de *política criminal*, com a não edição de Lei de definição dos objetivos, prioridades e orientações de política criminal[60].

4.2. Os meios, os objetivos e os resultados

A realidade que se tem identificado como «Economia não Registada» pode reconhecer-se essencialmente, em cinco dimensões, assinaladas pela OCDE e mencionadas nos estudos de CARLOS PIMENTA[61] e de ÓSCAR AFONSO e NUNO GONÇALVES[62], estruturando-se hierarquicamente em: «Economia subterrânea», principalmente caracterizada por atividades de fraude e evasão fiscal, através da produção de bens ou serviços legais, intencionalmente não declaradas, para evitar, total ou parcialmente, o pagamento de taxas ou impostos e o cumprimento de normas legais (como, por exemplo, tabelas salariais, de regras ambientes, de segurança e saúde no trabalho); «Economia ilegal», preenchendo o conceito qualquer atividade que não caiba na anterior categoria e seja ilegal porque os bens ou produtos sejam ilegais (drogas, armas, doping) ou porque os seus produtores

[60] Reportando-nos ao mês de fevereiro de 2013. Cumpre reconhecer, após a caducidade da Lei n.º 38/2009, de 20-07, que produziu efeitos entre 1 de setembro de 2009 e 31 de agosto de 2011, e face à ausência de uma nova definição legislativa das opções gerais de política criminal, que o enquadramento legal da política criminal é, neste momento, inexistente, apesar de, porventura, se justificar.

[61] *Esboço de quantificação da fraude em Portugal*, Edições Húmus e OBEGEF, Fevereiro, 2009 (e-book: www.gestaodefraude.eu/images/gf_upload/wp003.pdf).

[62] *Economia não registada em Portugal*, Edições Húmus e OBEGEF, Fevereiro, 2009 (e-book: http://www.gestaodefraude.eu/images/gf_upload/wp004.pdf).

não tenham autorização legal para os produzir e comercializar (produtos contrafeitos, atividades exercidas por indivíduos ou empresas não autorizados ou licenciados); «Economia informal», se se tratar de atividade que não preencha nenhuma das anteriores categorias e a sua justificação seja a existência de estratégias profissionais que garantam a sobrevivência de quem as pratica (sem uma deliberada intenção de se subtrair aos deveres fiscais); «Economia de auto-consumo» é caracterizada, desde que não se enquadre nas anteriores, pela produção de bens ou serviços com o objetivo de serem consumidos por quem os produz; e a «produção não considerada ou subcoberta», que se traduz nas falhas estatísticas, ou seja, as atividades produtivas que em condições normais seriam consideradas na contabilidade nacional, mas, na prática, não o são, devido a défices ou lapsos estatísticos que se devem à não cobertura total das empresas existentes (falhas na fiscalização) ou à não cobertura total de monitorização da atividade das empresas.

Foi já possível concluir que o incremento da «Economia não registada» tem como fundamento principal o nível excessivo dos impostos, diretos e indiretos, e de contribuições e taxas devidas à Segurança Social e outros organismos empresariais públicos e da Administração Central, Regional ou Local. Ou, dito de outra forma, será porventura uma representação comunitária (realista) de não correspondência entre o nível de sacrifício fiscal-tributário da população e os benefícios auferidos com a prestação dos serviços públicos básicos universais (de prestação de cuidados de saúde, educação, de segurança social, de rede viária e de ordenamento do território, e de administração da Justiça), recentemente degradados a um ritmo acelerado, que potencia os elevados (e alarmantes) índices de «ENR»[63].

Por outro lado, a corrupção tem como ingredientes essenciais, a existência de sobre-burocracia e de níveis pouco justos de remuneração de

[63] A situação não é nova, sendo frequentemente recenseada na literatura nacional, de que nos limitamos a recordar um trecho da novela de Camilo Castelo Branco, *A Queda dum Anjo*, «– E, portanto, os tributos (...) são necessários ao Estado como a água aos milhos. Ora agora, que há muito quem bebe o suor do povo, isso há; e aqueles que deveriam ser bem pagos são os que menos comem da fazenda nacional. Aqui estou eu, que sou um funcionário indispensável à Pátria, e receberia cento e noventa réis por dia, se não trouxesse rebatidos seis recibos a trinta e seis por cento, de modo que venho a receber seis e cinco. Que país!...».

funcionários que ocupam posições suscetíveis da ocorrência de práticas corruptivas.

O diagnóstico da «Fraude e Corrupção» no nosso País pode não estar ainda definitivamente desenhado, mas estamos em crer que este quadro de tentativa de explicação pode auxiliar-nos na procura de um mais rigoroso perfil dos problemas.

A quantificação da Economia não Registada no nosso País tem sido uma tarefa insistentemente prosseguida pelo OBEGEF, que tem efetuado inestimáveis estudos de contabilização dessa realidade, chegando a conclusões que situam em 24,8% a sua incidência no PIB nacional, relativamente a 2010[64]: 32.183 milhões de Euros/129 772 milhões de Euros[65].

Por seu lado, apesar de não existirem estudos conhecidos de quantificação do impacto da corrupção no PIB nacional, há um indicador europeu dos custos de corrupção no PIB europeu, de acordo com o qual se estima a sua incidência na EU em 120 mil milhões de Euros/ano, cifra que se aproxima de 1% do PIB europeu.

No que toca ao sistema judiciário de controlo e sancionamento da criminalidade económico-financeira, cremos que o quadro é muito dececionante: processos e "mega-processos" arrastando-se em ritmos lentíssimos, de acordo com expedientes processuais legalmente consentidos – recursos, arguições de nulidades e aclarações, reclamações, recursos para o Tribunal Constitucional –, que fazem retardar o momento definitivo da decisão, muitas vezes tão distanciado da data dos factos que perde qualquer eficácia dissuasora (quando a pretenda ter), e virtualmente desajustada às realidades atuais dos próprios envolvidos; procedimentos ruinosos, do ponto de vista do cálculo financeiro, pelo extraordinário dispêndio de meios na própria investigação, nos atos de logística, apoio e de secretaria, na realização de diligências e seu adiamento ou desdobramento, culminando em resultados surpreendentes.

Pensa-se que um tal estado de coisas poderá ser modificado, com a introdução de alguns aspetos metodológicos, que eventualmente, poderiam

[64] Cfr., Nuno Gonçalves e Óscar Afonso (OBEGEF / FEP), «A Economia não Registada. Actualização do Índice para Portugal» (2011), e-document, p. 13: (http://www.gestaodefraude.eu/images/gf_upload/ENR_AI%202010.pdf).

[65] A preços constantes de 2000.

incrementar alguma eficiência e potenciar o melhor funcionamento do sistema.

A adoção de «boas práticas» na abordagem investigatória da criminalidade económico-financeira, poderia passar por exercícios de "*Benchmarking*", em que – sob o enquadramento, formal ou informal, da hierarquia do Ministério Público – magistrados, agentes de polícia criminal, especialistas do NAT[66], peritos, elementos de entidades coadjuvantes, fornecessem os seus contributos de experiências bem sucedidas, a fim de serem divulgadas, melhoradas e replicadas.

Há um aspeto particular em que se pode investir seguramente mais, no que toca à análise da relevância da denúncia da criminalidade económico-financeira. Parece-nos ser desejável o estabelecimento de um sistema de **notação qualitativa (informativa)** da notícia de crime – a assumir pela(s) hierarquia(s) do Ministério Público, em termos a definir[67] –, por níveis, em função da natureza da fonte de informação, da gravidade do conteúdo e do grau de probabilidade de confirmação do mesmo.

Um tal sistema de notação, funcionaria na dependência do Ministério Público, e classificaria a informação recebida, em função da entidade (p.ex.,

[66] Sigla de «Núcleo de Assessoria Técnica», organismo que se encontra previsto no art. 49.º do EMP, tendo sido criado pela Lei n.º 1/97, de 16-01, na qualidade de serviço, na dependência orgânica da Procuradoria-Geral da República. Goza de autonomia técnico-científica, e tem como missão exercer funções de assessoria e consultadoria técnica em matérias de natureza económica, financeira, bancária, contabilística e de mercado de valores mobiliários. No âmbito da sua missão, em termos práticos, o NAT desenvolve essencialmente três funções. Em primeiro lugar, a de assessoria: apoiar os magistrados do Ministério Público, no cumprimento de determinadas tarefas ou na tomada de determinadas decisões; em segundo lugar, a de consultadoria: contribuir para a implementação de novos procedimentos e boas práticas investigatórias, através da formulação de diagnósticos e de proposta de soluções para resolver necessidades especificas; por último, a função de "consultor técnico", nos termos da lei do processo.

[67] Conquanto as respetivas competências e atribuições, no âmbito da coordenação e coordenação da investigação do fenómeno do crime económico-financeiro e organizado, estejam implicitamente cometidas ao DCIAP, poderá, porventura, a este respeito, colocar-se a questão da necessidade da própria revisão da orgânica estatutária do Ministério Público, em que possa ponderar-se a institucionalização de uma estrutura que funcionasse como *Vice-Procuradoria Geral* destinada à direção e coordenação das estratégias de combate à criminalidade económico-financeira, articulando as iniciativas processuais e acompanhando e apoiando as investigações.

Tribunal de Contas, Banco de Portugal, CMVM, Tribunais Administrativos e Fiscais, Tribunais de recurso, Tribunais comuns, entidades de serviço de Inspeção da Administração, entidades de supervisão e regulação, associações profissionais, outras entidades públicas ou privadas, cidadãos), da gravidade objetiva da factualidade denunciada e do grau de probabilidade de confirmação da mesma (face a antecedentes e aos meios disponíveis) em resultado do que se graduaria a prioridade a atribuir à investigação a iniciar.

Reconhecemos que o rigor da mensurabilidade desta notação será questionável, já que comportaria sempre uma margem de subjetividade, para mais intervindo na sua atribuição diversos elementos com tais competências. Pensamos, no entanto, poder constituir instrumento de algum interesse, de forma a permitir a imediata planificação da investigação, a sua monitorização e acompanhamento e avaliar o seu resultado, assim possibilitando um sistema de "auditoria instantânea e permanente".

Outra das hipóteses admissíveis para uma qualificação técnica e estratégica de muitas das investigações, seria a constituição de uma «Pole» ou Grupo Integrado de Análise, Planificação e Monitorização dos processos, a nível regional – desde a fase de investigação à fase de julgamento –, congregando magistrados, elementos da PJ, especialistas do NAT e, eventualmente, de outros departamentos estaduais, que possibilitassem acompanhamento, consultadoria e avaliação, aos magistrados titulares diretamente envolvidos e em funções nos processos concretos.

No que concerne à concreta metodologia de intervenção investigatória no âmbito da criminalidade económico-financeira, trata-se de uma questão que vem sendo debatida, sendo propostas diversas abordagens, de acordo com os sistemas jurídicos e institucionais de cada país. O problema vem sendo tratado em diversos *fora* e manuais, de modo diferenciado. Não pretendemos, pela manifesta impossibilidade de aprofundar o tema, tecer grandes considerações a propósito do mesmo. Apenas gostaríamos de fornecer um modesto contributo para uma hipótese de proposição mais completa e abrangente que possa vir a ser equacionada.

Uma hipótese de qualificação da intervenção judiciária, mormente do Ministério Público – com possíveis reflexos positivos a jusante – poderia assentar em alguns aspetos elementares, mas com alcance prático significativo que, contudo, só marginalmente são observados. Seria, assim, a nosso ver, importantíssimo considerar quatro vertentes essenciais:

– «Conhecimento da Lei»: o que parece ser uma banalidade redundante, não o será tanto, porventura, se considerarmos que a reduzida estabilidade legislativa (face às sucessivas e sistemáticas alterações legislativas), por si só, dificulta a análise jurídica das situações; a dispersão, temporal e temática, de diplomas legislativos é outro fator a aumentar essa dificuldade; por outro lado, não se tratará, tão-só, de equacionar aspetos substantivos e adjetivos penais, como de convocar toda uma série de diplomas legislativos de origem comunitária e internacional, que disponham sobre matérias de natureza específica (*v.g.*, contabilística, financeira, bancária e de seguros, urbanística e de ordenamento do território e ambiente, de mercado de valores mobiliários, etc.) relativamente às quais deva incidir a abordagem.

Naturalmente que não se pretende que os operadores sejam omniscientes, no tocante ao conhecimento compreensivo dos diplomas legais nacionais – muitas vezes precipitados em regulamentos setoriais, apenas dominados por peritos –, e dos instrumentos normativos internacionais e da União Europeia. Mas permitimo-nos aludir a esta preocupação, no sentido de os sensibilizar para procurarem soluções, algumas vezes previstas normativamente, mas porventura não recordadas, já pela escassa necessidade de aplicação, já pela novidade da disciplina jurídica em causa. Será, pois, o momento de solicitar os contributos dos diversos regimes jurídicos cuja aplicação seja reclamada pelo caso.

– «Diagnóstico do caso»: trata-se de estabelecer a identificação dos contornos do caso (da notícia de facto punível criminalmente), a sua potencial relevância jurídico-penal e a plausibilidade/probabilidade da respetiva comprovação judicial – cumprindo qualificar as realidades tipológicas que possam estar em causa – e delimitar as propostas de abordagem investigatória; em rigor, neste momento, pode equacionar-se, em vez da instauração de inquérito, a plausibilidade da abertura de uma ação de prevenção, nos termos legalmente contemplados.

Intercederá, aqui, naturalmente, uma avaliação do investimento necessário a fazer, em função dos meios materiais e dos recursos técnicos e humanos disponíveis, com vista à atribuição da prioridade de intervenção a conferir ao caso. Impor-se-á, assim, uma tarefa de identificação do perfil criminal do caso e das necessidades de meios adequados a afetar à respetiva investigação.

É, também, esse, o momento, caso se haja optado pela abertura de inquérito, de se determinar a sujeição do mesmo ao regime de segredo de justiça, se tal se justificar e se antes o não houver sido[68].

– «Planificação da intervenção processual» (de acordo com o diagnostico): esta fase visa o estabelecimento do plano de investigação propriamente dito, em que se torna necessária uma articulação entre Ministério Público, Polícia Judiciária ou outras entidades coadjuvantes na investigação (sejam ou não Órgãos de Polícia Criminal), no sentido de se planear a necessidade, a conveniência e a oportunidade das diligências de investigação a empreender, bem como assentar na distribuição das correspondentes tarefas, de acordo com a competência legal dos intervenientes.

Impõe-se nesta fase a estipulação tendencial dos prazos para a investigação, sem embargo de vir a tornar-se necessária a sua prorrogação, se possível dentro dos limites legais.

É uma tarefa de eminente gestão, a empreender em articulação entre todos os intervenientes, mas cuja direção deve ser claramente assumida pelo Ministério Público.

– «Execução das ações planificadas»: consiste no desenvolvimento e na realização prática das diligências que foram previamente definidas, a avaliação dos seus resultados e a ponderação da necessidade de corrigir, complementar ou reorientar a própria investigação.

[68] Após as alterações de paradigma do segredo de justiça, introduzida pela Lei n.º 48/2007, de 29-08, que passou de regra a exceção, a hierarquia do Ministério Público – concretamente o Procurador-Geral da República –, sentindo o problema como melindroso e sensível, viu-se no dever de recomendar aos magistrados o que se contém na Diretiva do PGR de 09-01-2008 (veiculada como Circular n.º 1/2008 da PGD de Coimbra, de 10-01-2008 e com o Of. Circular n.º 5/2008 da PGD do Porto, de 15-01-2008), determinando o seguinte: «Sujeição a segredo de justiça dos inquéritos relativos a criminalidade grave: Sempre que a investigação tenha por objecto os crimes previstos no art.º 1º, alíneas *i)* a *m)*, do Código de Processo Penal, na Lei n.º 36/94, de 29 de Setembro, e na Lei n.º 5/2002, de 11 de Janeiro, o Ministério Público determinará, no início do inquérito, a sujeição do mesmo a segredo de justiça, nos termos do art.º 86º, n.º 3, do Código de Processo Penal». Os tipos de infração ali elencados incluem, privilegiadamente, os crimes de natureza económico-financeira e organizada. De acordo com tal posição, foram emitidas outras orientações hierárquicas, como o Despacho n.º 2/2008, de 09-01-2008, da PGD do Porto.

Ponto seguramente sensível em todos estes parâmetros de intervenção sugeridos, será a equação entre a dominialidade do inquérito do MP e a autonomia tática e técnica dos OPC's. A questão já foi objeto de tentativa de dilucidação, através das leis de organização da investigação criminal, que salvaguardam tais prerrogativas (artigos 1.º e 2.º da Lei n.º 49/2008, de 27-08): o MP dirige a investigação, o OPC competente é encarregado – de acordo com as regras de atribuição de competências – de executar a investigação.

Em caso de discordância sobre opções de oportunidade ou adequação na execução de determinada(s) diligência(s) de investigação, entre MP e OPC, a posição do MP vincula o OPC, podendo o processo ser avocado, a todo o tempo e em qualquer circunstância, passando a ser desenvolvida diretamente pelo MP com apoio dos oficiais de justiça afetos ou, eventualmente, com a coadjuvação de elementos de quaisquer outros OPC. Nestes termos, cremos ser inadmissível a figura de "conflito" instalado entre MP e OPC.

Ainda no âmbito do concreto exercício da direção do inquérito, e tendo em conta as por vezes excecionais dimensões dos (mega-)processos, bem como das questões e materiais probatórios a considerar, convirá ponderar a necessidade de uma intervenção colegial nas referidas tarefas. Na verdade, a dispersão e assimetria de matérias a investigar e a respetiva dimensão, aconselham a que se pondere a necessidade de uma distribuição de tarefas por mais de um magistrado; tal repartição de tarefas pode, por outro lado, ser, também, conveniente para prevenir impossibilidades (temporárias ou definitivas) de acompanhamento do processo pelo titular "único", mitigando eventuais transtornos e perturbações resultantes de tal impossibilidade, em termos de investimento e de conhecimento do processo por outro colega sem qualquer contacto prévio com o mesmo.

Na investigação deste tipo de criminalidade complexa – onde poucos podem ter certezas sobre o destino e alcance do processo – nunca é demais explorar as linhas de investigação à charge e à décharge, de modo a reduzir surpresas de estratégias processuais de defesa, bem como suscitar a troca de ideias e opiniões com outros colegas sobre as soluções projetadas, e convocando nesse "debate colegial" os escalões da hierarquia do MP, que não deve fechar-se em instância de mero controlo burocrático, antes assumir solidariamente a sua vocação tendencialmente orientadora, sem prejuízo da necessária autonomia funcional dos magistrados de escalões subordinados. Este modelo de incipiente «colegialidade» contraria a tendência ao isolamento do magistrado e para decidir mediante o primeiro impulso ou mediante as propostas do OPC, bem como corresponsabiliza os escalões hierárquicos superiores.

As dificuldades de gestão de tais mega-processos, decorrentes do seu volume e dimensão, bem como do número de envolvidos, aconselham a adoção de metodologias de simplificação e sistematização, que podem passar por práticas elementares – mas ainda não suficientemente generalizadas – como, p. ex.:

- a elaboração de índices;
- a separação de expediente processual e de elementos de prova do objeto da investigação;
- a constituição de apensos autónomos da investigação patrimonial e financeira, com vista à recuperação de ativos, a cargo do GRA.

Também a qualidade do despacho deve merecer uma preocupação especial por parte do magistrado, tornando-se claro, simples e justificando as opções que vão sendo tomadas. Sobretudo no tocante ao despacho de encerramento do inquérito, as exigências mostram-se acrescidas, no sentido de se demonstrar a razão das opções, designadamente no tocante ao segmento da abstenção de acusar[69].

Importa sublinhar, igualmente, a relevância que pode assumir, no desenrolar do processo, a cooperação judiciária europeia e internacional, para o que, além do recurso aos mecanismos de cooperação direta (em princípio, a nível comunitário-europeu), não deve esquecer-se o prestimoso e indispensável auxílio de entidades como o Gabinete de Documentação e Direito Comparado, o departamento de coordenação de pedidos de cooperação judiciária internacional da PGR, bem como o EUROJUST, a nível comunitário.

[69] Cfr., sobre a questão, VÍTOR PAIVA, «Apontamentos sobre a elaboração de algumas decisões judiciárias do Ministério Publico em processo penal», *Linguagem, Argumentação e Decisão Judiciária* (RUI DO CARMO coord.), Justiça XXI, Coimbra Editora, Coimbra, 2012, pp. 149-180.

Por último, cumpre realçar um aspeto que nos parece nuclear na organização do Ministério Público, e que contende com a organização do *interface* investigação-julgamento. A excessiva especialização pode induzir efeitos perversos, ao afastar os magistrados encarregados da investigação das exigências da fase de julgamento, e vice-versa. Outro ponto a considerar prende-se com a exagerada duração dos mega-processos por criminalidade económico-financeira na fase de julgamento, implicando a "retenção", em exclusivo, dos magistrados, por períodos prolongados.

É conveniente ponderar-se os (novos) termos em que deva articular-se a sequência de intervenção do Ministério Público nessas duas fases processuais. Pode pensar-se, desde logo, na intervenção em julgamento do – ou de um dos – magistrado(s) que dirigiu a investigação; esta solução pode confrontar-se com dificuldades pontuais de gestão do quadro de magistrados, que torna inviável a afetação do referido magistrado durante todo o julgamento, mas será em princípio, desejável que o magistrado que dirigiu a investigação possa acompanhar proximamente a evolução da audiência de julgamento.

4.3. A corrupção como fenómeno particular: padrões de segurança e qualidade do controlo das práticas corruptivas

O nível de ameaça à estabilidade, segurança e autonomia dos Estados democráticos imposto pela criminalidade económico-financeira e organizada representa um desafio de magnitude inédita e de desenvolvimentos imprevisíveis. As formas criminosas de atentar contra o Estado de Direito passaram a situar-se, consciente ou inadvertidamente, no coração do sistema político e legislativo, alojando-se nos mecanismos de contratação pública, das parcerias público-privadas, do *lobbying* dissimulado, do tráfico de influência, assim impregnando a textura das instâncias decisórias, sequestrando a autonomia democrática dos povos.

As próprias opções normativas sobre o enquadramento do fenómeno da corrupção, vêm sendo adotadas de forma pouco coerente e integrada, através da aprovação de sucessivas respostas para satisfação de circunstanciais clamores sócio-mediáticos, como, p. ex., os "pacotes anti-corrupção"[70],

[70] De referir, a este respeito, a título exemplificativo, a necessidade sentida pelo legislador de vir "rectificar" o «pacote anti-corrupção» de 2010 (pelas Leis n.os 32/2010, de 02-09,

o que é indutor da falta de estabilidade de reflexão sobre os princípios retores neste domínio, por parte do legislador, deixando a suspeita de se tratar de medidas aprovadas sob a pressão dos factos, numa emergência de autêntica "política criminal à flor da pele", como COSTA ANDRADE já lembrou a outro propósito.

Pensamos, por isso, ser pertinente, neste passo, convocar a reflexão sobre a necessidade (ou oportunidade) da adoção de um conceito estratégico de prevenção e combate à criminalidade económico-financeira e organizada, enquadrada na tentativa europeia que emergiu do Conselho da União Europeia de 4 e 5 de Novembro de 2004 – que acolheu as conclusões do Seminário sobre o Crime Organizado de Haia de 10 e 11 de Junho de 2004 –, e sobre o qual a Comissão forneceu já o seu contributo através da Comunicação Com(2005) 232, de 02-06-2005 (e seus três anexos). Como se reconhece nesta Comunicação da Comissão, «A elaboração de um conceito estratégico para combater a criminalidade organizada é uma tarefa difícil, pois a própria noção de criminalidade organizada continua a ser complexa, apesar das anteriores tentativas para definir "organização criminosa"», e, mais adiante, «As medidas propostas no presente contexto podem, portanto, abranger infracções não relacionadas ou não exclusivamente relacionadas com a criminalidade organizada».

O que pensamos é que, a nível interno, seria oportuno proceder a uma reflexão sobre a necessidade de reformular e reconfigurar o suporte legal dos instrumentos de prevenção e combate ao crime económico-financeiro e organizado, considerando as exigências de atualização das disciplinas setoriais de algumas atividades que os potenciam, bem como o regime processual atinente a essas realidades, além de se procurar adequá-los às directivas de âmbito institucional europeu.

Em finais de Maio de 2006, o GRECO (Grupos de Estados Contra a Corrupção) no âmbito do Conselho da Europa, tornou público o seu segundo relatório de avaliação da situação de Portugal em matéria de corrupção e de combate ao crime económico em geral. Este relatório é bastante crítico para com a ausência de medidas eficazes de prevenção e combate ao crime económico-financeiro em Portugal, formulando um diagnóstico

40/2010 e 41/2010, de 03-09), através da Lei n.º 4/2011, de 16-02 e, mais recentemente, da Lei n.º 4/2013, de 14-01.

muito pouco favorável. Refere-se nesse relatório que desde 2002, as autoridades policiais desencadearam 1521 investigações de casos de corrupção, tendo completado 407. No entanto, o número de apreensões e de somas envolvidas foi mínimo. No ano de 2005 não se verificou um único caso de confisco de bens ilicitamente obtidos pela prática de crimes de natureza económica ou financeira.

Procurando explicar este facto, os relatores concluíram que as investigações relativas a esses tipos de crimes foram muitas vezes abandonadas por falta de recursos ou atrasadas devido a falta de coordenação e de adequada comunicação entre entidades públicas e privadas. Apesar dos poderes legalmente estabelecidos quanto ao acesso a elementos de natureza bancária e fiscal, estes chegaram muitas vezes demasiado tarde. Por outro lado, a investigação sobre os bens suspeitos de terem proveniência ilícita, não foi levada a cabo de forma sistemática, por falta de recursos e por não ser considerada uma prioridade.

Os casos recentemente conhecidos de condutas indevidas em diversas instituições financeiras nacionais, vieram revelar, não sem algum espanto, que alguns dos procedimentos e expedientes utilizados para defraudar o património dos próprios bancos e dos seus clientes, não tinham tutela penal – p. ex., não se encontram tipificadas como crime condutas como a de falsificação de balanços –, e, nalguns casos, nem sequer contra-ordenacional. Tal situação poderá ter emergido de uma (errada) suposição de suficiência das entidades de Regulação e Supervisão do sector financeiro e bancário, que, como se constatou, não se mostrou nada infalível.

Na consideração do que possa constituir um (eventual) contributo do sistema judiciário relativamente ao modelo de prevenção e combate da corrupção, convém lembrar que, ao lado da intervenção penal, propriamente dita, outros campos há em que a mesma se pode traduzir. Referimo-nos, p. ex., ao que ocorre no âmbito da intervenção insolvencial(/falencial), nos litígios societários, nas causas comuns de responsabilidade civil ou comercial, em que podem surpreender-se refrações de alguns fenómenos de fraude e de corrupção. Não será sobre eles que iremos, no entanto, fazer incidir a nossa preocupação.

Também no âmbito da jurisdição das Contas Públicas, na jurisdição administrativa e tributária podem surpreender-se diversas aflorações de fenómenos de fraude e corrupção, a que importaria dar adequada sequência. Essa não tem sido a prática usual, já pela compartimentação das áreas de jurisdição especializada, já pela tradicional clivagem e segregação das mesmas, sem se lograr encontrar uma instância eficiente de articulação entre todas, sendo certo que propendemos a considerar o Ministério Público como a entidade melhor posicionada, estatutária e pragmaticamente, para assumir e desenvolver tal atividade.

A nossa atenção dirige-se, aqui, para o âmbito da intervenção penal do aparelho judiciário, numa dimensão especialmente vocacionada para a repressão da criminalidade económico-financeira.

Esta preocupação, no entanto, não pode deixar de exigir a complementaridade de atuação entre as instituições de Supervisão e de Regulação nos setores financeiro e bancário, no setor de seguros, do mercado de valores mobiliários e, no que concerne às incidências dos fenómenos corruptivos propriamente ditos, as entidades e departamentos inspetivos e de auditoria e avaliação da Administração (os serviços de Inspeção-Geral) – enquanto intervenientes em momentos de prevenção dos fenómenos da criminalidade económico-financeira – com o Ministério Público e a Polícia, enquanto intervenientes num momento, a jusante, de investigação criminal, procurando o esclarecimento e sancionamento das condutas.

Sobre estas questões, gostaríamos de salientar que, pese embora toda a bondade de intenções, por banda do Conselho de Prevenção da Corrupção, na obrigatoriedade de implementação de "planos de prevenção de riscos de corrupção", nos departamentos e serviços públicos, da Administração Central, Regional e Local, no setor empresarial do Estado e noutros departamentos equiparados, receamos que os mesmos não passem de obrigação meramente burocrática, sem sequência de aplicabilidade e monitorização, pelo que seria curial empreender um exercício de avaliação dos seus resultados, a fim de se concluir pela sua adequação ou pela necessidade da sua reformulação.

Face à ausência de atividades credíveis de fiscalização e de controlo (por banda das instituições originariamente vocacionadas para tal), os níveis de corrupção – apesar de toda a temeridade da afirmação, por se tratar de «cifras negras» e de dados não conhecidos em toda a sua dimensão – não têm diminuído sensivelmente[71]. O défice de atividade fiscalizadora e

[71] Portugal mantinha, em Novembro de 2011, o 32.º lugar no *ranking* da perceção da corrupção da organização *Transparency and Integrity*, desde 2009. Contudo, em 2012, baixou uma posição, situando-se agora em 33.º lugar no referido *ranking*.

inspetiva por parte do Estado ou de agências encarregadas de tais finalidades, é um dado que nos parece evidente, o que igualmente contribui para um incremento (ou até incentivo) de atividades delituosas no âmbito económico-financeiro.

No plano da prevenção[72], muitas das abordagens passariam pela intensificação dos mecanismos de fiscalização do sistema bancários e financeiro e do mercado de valores, a possibilidade de "congelamento" administrativo de valores cujo fluxo pudesse concitar a suspeita fundada de proveniência ilícita, sem prejuízo da sua imediata comunicação aos órgãos de regulação e investigação criminal.

O reforço das competências (de meios e de quadros) da Unidade de Informação Financeira da PJ e a intensificação da sua atividade poderá ser, igualmente, uma forma de potenciar o papel preventivo, demandando o regime legal das ações de prevenção, consagrado na Lei n.º 36/94, de 29-09, de adequada revisão e atualização, devendo estender-se, porventura de forma sistemática, às negociações preparatórias de contratos públicos de determinada natureza e a partir de certo valor[73].

[72] Relativamente ao domínio da corrupção, há que reconhecer o esforço empreendido na apresentação de Planos de prevenção de riscos inerentes ao fenómeno, por parte dos organismos da Administração Pública e do setor empresarial do Estado, no âmbito das funções do Conselho de Prevenção da Corrupção (art. 2.º, n.º 1, al. *b)* da Lei n.º 54/2008, de 04-09). Em contrapartida, porém, alguns mecanismos de pretensa simplificação e desburocratização – apresentados como instrumentos emblemáticos no combate à corrupção –, como o programa *Simplex*, a «Empresa na hora», desnecessidade de autorizações e licenciamentos de certas atividades, a desburocratização registral e notarial, e outros, podem volver-se em mecanismos utilizados pela criminalidade económico-financeira e organizada. Sem prejuízo do seu mérito – até salientado por instâncias internacionais – cremos que o impacto da sua eficácia no tecido económico e empresarial propriamente dito, é marginal. Pode servir para algumas finalidades de setores de pouco valor acrescentado, de cariz meramente especulativo, ou para operações de favorecimento e de "planeamento" fiscal, mas não, essencialmente, para finalidades de empreendedorismo sério, com planos de investimento a médio ou longo prazo.

[73] P. ex., no âmbito da celebração de contratos de «Parcerias Público-Privadas». Estas são definidas no art. 2.º, n.º 1 do Dec.-Lei n.º 86/2003, de 26-04, como «(...) o contrato ou a união de contratos, por via dos quais entidades privadas, designadas por parceiros privados, se obrigam, de forma duradoura, perante um parceiro público, a assegurar o desenvolvimento de uma actividade tendente à satisfação de uma necessidade colectiva, e em que o financiamento e a responsabilidade pelo investimento e pela exploração incumbem, no todo ou em parte, ao parceiro privado».

Uma maior coordenação das respetivas atividades e do trabalho combinado das diversas entidades públicas com funções inspetivas e de regulação em diversas áreas – Inspeção Tributária e de Finanças, de Seguros, Supervisão bancária (Banco de Portugal), Inspeção da Segurança Social – poderá contribuir também, de forma relevante, para a prevenção de algumas fenomenologias da criminalidade económico-financeira[74].

Mas, também no lado da repressão e do combate a estes fenómenos, algo pode ser melhorado, no plano do quadro legislativo aplicável.

À imagem de alguns diplomas de idêntico cariz noutros sistemas jurídicos[75], é igualmente concebível que, no plano substantivo, condutas

Em rigor, mecanismos como as parcerias público-privadas deveriam ter implícito um juízo de a sua virtualmente maior eficiência financeira justificar o abandono de alternativas de financiamento público convencional. Não só não estamos certos da validade científica desta asserção nos múltiplos casos conhecidos, como exprimimos as maiores dúvidas acerca da qualidade técnica e financeira dos projetos, e da sua monitorização e avaliação, bem como sobre a exigência do escrupuloso cumprimento dos cadernos de encargos correspondentes. Sublinhe-se que, entre nós, o cálculo dos encargos financeiros das parcerias público-privadas – que, supostamente, deveriam demonstrar-se como alternativas preferíveis aos mecanismos de financiamento público tradicional – é suscetível de ultrapassar os 55 mil milhões de Euros nos próximos 40 anos. No seu livro *Como o Estado gasta o nosso dinheiro* (Editora Caderno, Lisboa, 2010), o juiz Conselheiro jubilado do Tribunal de Contas, CARLOS MORENO, revela que «Desde 1992, o difícil em Portugal é identificar um contrato de PPP que não tenha sido objecto de renegociação e de um subsequente processo de reequilíbrio financeiro, sempre com acréscimo de encargos para o erário público. (...) por que razão no nosso país, ao contrério do que em regra sucede nos demais, todos os contratos de PPP têm sido condenados desde o início da sua execução, a processos quase automáticos de renegociação, com gravosas consequências para os contribuintes?» (p. 103).
Cfr. também, para uma abordagem ampla sobre a temática, *A Escolha do Parceiro Privado nas Parcerias Público-Privadas*, DIOGO DUARTE DE CAMPOS, Almedina, Coimbra, 2010.

[74] Estamos cientes de que todas estas tarefas comportam uma magnitude considerável, estando, por aliás, persuadidos de que só uma atitude combinada de vários Estados a nível regional (ou pluricontinental) poderia surtir efeitos mais significativos. Enquanto se não operar uma real unificação e convergência de regimes fiscais, aduaneiros e de sensível limitação ou supressão de "zonas francas", *off-shores* ou outros tipos de "Paraísos Fiscais" (apenas justificáveis enquanto fatores de compensação de assimetrias económicas ou comerciais, e não como instrumentos de evasão ou fraude fiscal), será muito difícil conduzir uma política bem sucedida no combate ao crime económico-financeiro e organizado.

[75] Entre nós, pode recordar-se, a este respeito, o Projecto de Lei n.º 361/X – Prevenção da criminalidade económica e financeira (que instituía o Programa Nacional de prevenção da criminalidade económica e financeira), apresentado pelo PCP em Fevereiro de 2007, o qual,

atualmente não puníveis, ou que apenas o são acessoriamente, ou a título contra-ordenacional – como a falsificação de balanços e outros comportamentos instrumentais do crime económico-financeiro –, pudessem passar a ser (neo)criminalizadas, assim se projetando algum efeito dissuasor. Relativamente a outras – já atualmente criminalizadas –, poderia ponderar-se a conveniência da agravação da sua punibilidade. O certo é que, no âmbito da criminalidade económico-financeira, estamos confrontados, hoje, com a hipótese mais frequente de as condutas que integram fraude, não conhecerem outra qualificação jurídica que não a de burla (eventualmente qualificada), inexistindo, porém, um vasto campo de condutas que, a montante, poderiam merecer tutela penal, eventualmente a configurar como crimes de perigo abstrato, de modo prevenir a ocorrência dos resultados desvaliosos nesse domínio.

Por outro lado, no âmbito adjetivo, seria, quanto a nós, pertinente refundir e dotar de maior coerência e continuidade os regimes jurídicos que contemplam as ações de prevenção, os meios de investigação especial (como a recolha de som e imagem e outros meios de investigação encoberta), a derrogação de regimes de segredo profissional, o regime de perda ampliada de bens, de direito premial[76], de proteção de intervenientes processuais, entre outras matérias, enfim, todo um regime jurídico integrado e coerente, preordenado a disciplinar especificamente a repressão da criminalidade económico-financeira.

apesar do seu louvável propósito, nos parece(ia) pouco ambicioso. Cfr., a este propósito, a Lei da Criminalidade Organizada de Macau (Lei n.º 6/97/M, de 30 de Julho, acessível em http://images.io.gov.mo/bo/i/97/30/lei-6-97.pdf).

[76] É, por isso, natural, que as hipóteses de direito premial vigentes se circunscrevam, no fundo, às realidades criminais que se integram na criminalidade organizada e económico-financeira: art. 299.º, n.º 4 do CPen (associação criminosa), art. 2.º, n.º 5 da Lei n.º 52/2003, de 22-08 (organizações terroristas), art. 87.º, n.º 3 da Lei n.º 5/2006, de 23-03 (Lei das Armas), art. 31.º do Dec.-Lei n.º 15/93, de 22-01 (Lei da Droga), artigos 374.º-B (corrupção), 345.º (cláusula de atenuação especial relativamente a diversos crimes contra a segurança do Estado), 368.º-A, n.º 9 (branqueamento) do CPen, art. 19.º-A da Lei n.º 34/87, de 16-07 (Lei de responsabilidade de titulares de cargos políticos e públicos), art. 13.º da Lei n.º 50/2007, de 31-08 (corrupção desportiva), art. 5.º da Lei n.º 20/2008, de 21-04 (corrupção no comércio internacional e na actividade privada). Também aqui se detetam diversas incongruências na seleção dos tipos que merecem tratamento premial – e a correspondente exclusão de outros que, porventura de forma idêntica, o justificariam – além das discrepâncias no tocante à sua concreta conformação.

Assumirão especial relevo, neste contexto, os mecanismos do *confisco* ou da *perda* de vantagens e de bens derivados da prática do crime ou de «actividade criminosa». Torna-se, pois, crucial a (re)definição das *estratégias patrimoniais ou financeiras* de combate à criminalidade económico-financeira e organizada. De um ponto de vista comparatístico, são concebíveis diversas estratégias neste âmbito[77]. Entre nós, acham-se previstos de acordo com as configurações seguintes: o mecanismo de perda de instrumentos e de produtos ou de perda de vantagens do crime (artigos 109.º-110.º e 111.º-112.º do CPen, respetivamente), o confisco ou perda ampliada de [valor de] bens, regulado nos artigos 7.º a 12.º da Lei n.º 5/2002, a criminalização do branqueamento de vantagens ilícitas e a (anunciada) criminalização do enriquecimento injustificado[78].

O instituto tem uma natureza jurídica discutível[79], defendendo-se que o Ministério Público não atua aí como titular da ação penal mas antes como representante de interesses fiscais ou de natureza similar. A verdade é que, materializando-se o pedido de liquidação num "enxerto", em que se visa, não *tributar* um rendimento ou património subtraído à competente liquidação tributária – podendo até dar-se o caso de se encontrar regularmente declarado e tributado –, a sua natureza será, quanto a nós, mais a de uma

[77] No direito da *common law*, são conhecidos os procedimentos *in rem*, da *civil recovery* britânica – instituto paralelo ou sucedâneo do confisco penal (perda ampliada) – e do *civil forfeiture* – de origem norte-americana –, ambas admitindo padrões probatórios mais atenuados do que os exigidos para o estabelecimento da responsabilidade criminal, no âmbito de um processo penal, e distintos do critério da *beyond any reasonable doubt* (dúvida razoável).

[78] Que pode vir a ser incriminado como crime de «mera suspeita» – em proposta próxima do projeto do PSD, cuja formulação pode encontrar óbices de inconstitucionalidade, por violação do princípio da ofensividade, e, ainda, por contender com o princípio da presunção de inocência – enquanto «crime de estado» – cuja anormal incongruência do património faz gerar a presunção de ilicitude do mesmo – ou como «crime de falsidade» – em que a infração consistiria em não se declarar perante o Estado (todo) o património pessoal, podendo, no entanto, suprir-se a presunção de ilicitude com a demonstração da licitude da sua aquisição. Cfr., a propósito, o juízo de inconstitucionalidade do projeto de incriminação do "enriquecimento injustificado", no Ac. TC n.º 1179/2012, de 04-04-2012, pub. *DR*, 1.ª série – N.º 78 – 19-04-2012, pp. 2206-2219.

[79] Têm sido ensaiadas tentativas diversas sobre a natureza jurídica do instituto, havendo quem sustente que o mesmo reveste natureza de reação penal, reação análoga a medida de segurança (ou *misura di sicureza atípica*), sanção *sui generis*, efeito da pena e medida de natureza administrativa a aplicar em processo penal. Todas elas concitam objeções e vantagens, não sendo objeto central do presente trabalho uma dissecação dos seus contornos.

providência sancionatória para-penal, e não apenas administrativa-fiscal[80], considerando que se assume como um efetivo confisco ou perda definitiva da parte do património incongruente com os rendimentos lícitos do agente, que não segue trâmites nem formal nem materialmente administrativos.

São, no entanto, de ponderar as incisivas objeções formuladas por DAMIÃO DA CUNHA, no que respeita a determinados aspetos do instituto, *v.g.*, no que contende com a delimitação do património a considerar, com a definição do "valor" e não dos "bens" a declarar perdidos – o que só ocorrerá numa fase executiva – com a veste de parte interessada (e não de magistrado) em que o Ministério Público intervém e com a conveniência de autonomização do processo conducente à perda, o qual, sendo feito em conjunto com o processo penal e ficando dependente da condenação, pode afetar o princípio de presunção de inocência do arguido[81]. E, mais recentemente, o aprofundamento da discussão com os contributos de PEDRO CAEIRO[82] e de JOÃO CONDE CORREIA[83].

[80] No sentido de se tratar de uma medida de natureza materialmente administrativa, DAMIÂO DA CUNHA, «Perda de Bens a favor do Estado – Artigos 7.º-12.º da Lei n.º 5/2002, de 11 de Janeiro – (Medidas de Combate à Criminalidade Organizada e Económico-Financeira)», *Medidas de Combate à Criminalidade Organizada e Económico-Financeira*, CEJ-Coimbra Editora, 2004, p. 127 e PEDRO CAEIRO, «Sentido e Função do Instituto de Perda de Vantagens relacionadas com o Crime no confronto com outros Meios de Prevenção da Criminalidade Reditícia (em Especial, os Procedimentos de Confisco *In Rem* e a Criminalização do Enriquecimento "Ilícito")», *RPCC*, Ano 21, Fasc. 2.º - Abril-Junho 2011, p. 311. Cfr., sobre o alcance e a natureza da intervenção do Ministério Público no âmbito do incidente de requerimento de perda de bens, DOMINGOS SÁ, «Objectos, perdimento e confisco», in *Maia Jurídica*, Ano III, N.º 2 – Julho-Dezembro, pp. 27-50.

[81] «Perda de Bens a favor do Estado – Artigos 7.º-12.º da Lei n.º 5/2002, de 11 de Janeiro – (Medidas de Combate à Criminalidade Organizada e Económico-Financeira)», in *Medidas de Combate à Criminalidade Organizada e Económico-Financeira*, CEJ-Coimbra Editora, 2004, pp. 121-164.

[82] «Sentido e Função do Instituto de Perda de Vantagens relacionadas com o Crime no confronto com outros Meios de Prevenção da Criminalidade Reditícia (em Especial, os Procedimentos de Confisco *In Rem* e a Criminalização do Enriquecimento "Ilícito")», *RPCC*, Ano 21, Fasc. 2.º - Abril-Junho 2011, pp. 267-321.

[83] *Da proibição do Confisco à Perda Alargada*, INCM-PGR, Lisboa, 2012. Segundo o Autor, o confisco, que tradicionalmente era visto como uma ilegítima forma de agressão ao património (à «fazenda») dos súbditos, passou a ser encarado como instrumento essencial para a afirmação do primado da Lei, da própria sustentabilidade do Estado de Direito, e para o aprofundamento da igualdade de oportunidades dos cidadãos.

Em todo o caso, parece-nos que, embora se trate de questão não central para a nossa abordagem, o instituto não deixará de assumir uma natureza predominantemente de consequência da condenação [por crime de catálogo] penal.

Se ao nível dos instrumentos legais, a sua existência pode suscitar algumas reservas de aperfeiçoamento ou harmonização, já ao nível das práticas, o seu ostensivo défice pode encontrar justificação na inexistência de instrumentos operacionais. Espera-se que a recente aprovação do diploma que criou o Gabinete de Recuperação de Activos e o Gabinete de Administração de Bens (a Lei n.º 45/2011, de 24-06), após a sua entrada em funções[84], possa constituir um estímulo à efetividade das suas atribuições, sem esquecer, aqui, a imperiosa necessidade de uma atitude metodológica de recurso aos mecanismos de recuperação de ativos, em que a investigação financeira e patrimonial – com vista à liquidação de perda de património ilicitamente adquirido (perda ampliada de bens) – se torne numa realidade padronizada em rotinas processuais.

Uma referência breve cumpre agora fazer, à situação ocasionada com o hiato do sistema normativo de Definição de Prioridades de Política Criminal – que se encontra presentemente como que *suspenso*, face à não aprovação oportuna de diploma que sucedesse à Lei n.º 38/2009, de 20-07 (que vigorou no biénio 2009-2011) –, cujos anteriores diplomas consagravam o crime de corrupção como de prevenção e investigação prioritários (arts. 3.º, n.º 1, al. *e)* e 4.º, n.º 1, al. *e)*). Esta situação, que nos parece algo insólita, pode fazer relativizar a importância atribuída aos esforços conjugados das políticas e das iniciativas públicas tendentes à prevenção e combate a tais realidades.

É um dado consensual apontar-se o crime de corrupção como o lugar de encontro entre os «senhores das nossas instituições que cometem crimes» (*white-collars*) e os «senhores do crime organizado», os quais podem encontrar-se em processo gradual de metamorfose de "delinquentes" para senhores da economia, da finança e da política, enfim, das estruturas de

[84] Cuja prioridade, para o reforço dos instrumentos de combate ao crime organizado e à corrupção, foi, de resto, reconhecida através da Resolução da A. R. n.º 163/2011, pub. in DR I Série, de 29-11-2011.

poder efetivo nas sociedades contemporâneas. Assim, é comum apontar-se para a corrupção, na sua aceção ativa, como expressão da criminalidade organizada, e, na sua vertente passiva, como emanação do crime de colarinho branco, enquanto afloramento da criminalidade económico-financeira[85].

O chamado «pacote anti-corrupção» de 2010 ou a «reforma legislativa em matéria de Corrupção, de 2010», empreendida pelas Leis n.os 32/2010, de 02-09 e 41/2010, de 03-09 (e "rectificada" através da Lei n.º 4/2011, de 16-02 e, mais recentemente, pela Lei n.º 4/2013, de 14-01) não importou modificações de princípio ou de ordem estrutural no sistema punitivo da Corrupção.

O crime de corrupção comum codificado, ou de agentes-"funcionários", permanece um tipo de ilícito com fisionomia bifronte (corrupção ativa e passiva), prescindindo, por outro lado, de uma estrutura de «participação necessária».

A propósito da qualidade do agente-"funcionário", convirá salientar que a expansão do conceito de *funcionário para efeitos da lei penal*, e especialmente no que concerne aos crimes dos artigos 372.º a 374.º do CPen – concretamente os tipos penais que prevêem a corrupção – é um processo correlato da "privatização da Administração Pública", da concessão de serviços públicos e da privatização dos vínculos laborais de emprego público(?) dos trabalhadores que exercem funções públicas, sobretudo após a eliminação dos conceitos de «funcionário civil» e de «agente administrativo», pelos Regimes de vinculação, de carreiras e de remunerações dos trabalhadores que exercem funções públicas, aprovados pela Lei n.º 12-A/2008, de 27-02, e pelo Regime do Contrato de Trabalho em Funções Públicas, aprovado pela Lei n.º 59/2008, de 11-09 (Anexo I)[86].

A corrupção ativa continua a ser perspetivada como crime comum e a corrupção passiva como crime específico.

[85] Cfr., neste sentido, por todos, CLÁUDIA CRUZ SANTOS, «Considerações introdutórias (ou algumas reflexões suscitadas pela "expansão" das normas penais sobre corrupção)», in *A Corrupção – Reflexões (a Partir da Lei, da Doutrina e da Jurisprudência) Sobre o Seu Regime Jurídico-Criminal em Expansão no Brasil e em Portugal*, Coimbra Editora, Coimbra, 2009, p. 26.

[86] Cfr. JOSÉ DAMIÃO DA CUNHA, «Funcionário/Função Pública e Direito Penal – Equívocos jurisprudenciais, legislativos e doutrinais», *RPCC*, Ano 19.º, N.º 1 – Janeiro-Março 2009, p. 93.

Sucede que, com alguma surpresa, o legislador que interveio em 2010, converteu em crime transversal da punição da corrupção, um tipo de ilícito que não tem, sequer, tal designação, antes tendo preferido chamar ao crime agora elencado no art. 372.º do CPen, «recebimento/oferta/promessa indevidos de vantagens». Trata-se da também chamada «corrupção sem (demonstração do) ato pretendido», tipificando-se no n.º 1 (do art. 372.º) a forma passiva, e no n.º 2 a forma ativa. Com efeito, entendemos que, após a «Reforma legislativa da corrupção de 2010, o crime matricial passa a ser o do art. 372.º do CPen, encerrando um perfil fenomenológico que nos parece traduzir um comportamento de perigo abstrato[87]. E exprime a pretensão de esconjurar todas as hipóteses de envolvimento do funcionário na criação de um ambiente relacional deontológica ou estatutariamente indesejável – e só devido a essa especial qualidade, e não por se demonstrar outra qualquer espécie de relacionamento existente entre ofertante e funcionário – enquanto modalidade de atuação imediatamente desvaliosa do funcionário.

Como é sabido, já perante a versão originária do Código Penal, ALMEIDA COSTA[88] entendia que, mesmo não se podendo fazer prova do concreto ato ou omissão que seria objecto da «transação» ou do «pacto de corrupção», se, da análise de todos os elementos que acompanhavam a promessa, oferta ou solicitação resultasse que as mesmas eram unicamente devidas ao exercício do cargo do funcionário, e à relação estabelecida com o ofertante/promitente/solicitante, deveria considerar-se a conduta punível de acordo com a previsão de corrupção para ato lícito.

Após a alteração introduzida ao arts. 373.º, n.º 2 do CPen pela Lei n.º 108/2001, de 28-11, o legislador pretendeu clarificar essa mesma possibilidade de interpretação[89], plasmando um tipo de crime com o recorte

[87] Nesse mesmo sentido, preconizava já CARLOS RODRIGUES ALMEIDA, «Criminalidade organizada e corrupção», 2.º Congresso de Investigação Criminal, Almedina, Coimbra, 2010, p. 55.

[88] *Sobre o Crime de Corrupção*, Separata do Número Especial do BFDUC – Estudos em Homenagem ao Prof. Doutor Eduardo Correia, Coimbra, 1987, pp. 124 e 125.

[89] Cfr. sobre os termos da evolução legislativa, CLÁUDIA CRUZ SANTOS, «A Corrupção (da luta contra o crime na intersecção de alguns (distintos) entendimentos da doutrina, da jurisprudência e do legislador», *Liber discipulorum para Jorge de Figueiredo Dias*, Coimbra Ed. Coimbra, 2003, p. 963 e ss.

semelhante ao do actual art. 372.º, sem que tal alteração implicasse modificações significativas.

Pensamos, por isso, ter-se reforçado a sugestão já avançada por CLÁUDIA CRUZ SANTOS, perante a redação do art. 373.º, n.º 2 do CPen operada pela Lei n.º 108/2001, no sentido de que seria esse o tipo legal básico, a «norma-base» ou norma-fundamental de todos os tipos de corrupção de agentes públicos, assumindo-se a corrupção própria (e imprópria) como tipos qualificados[90]. Pronunciando-se sobre a questão, mas num outro ângulo de incidência, mais preocupado com uma refração de índole probatória das soluções substantivas, PAULO SOUSA MENDES defende poder concluir-se que «(...) a perseguição penal do recebimento e da oferta/promessa indevidos de vantagem não deve, na prática, substituir a aplicação dos clássicos tipos de crimes de corrupção, como se fosse um atalho para se chegar à condenação dos culpados», defendendo a escrupulosa opção entre uns e outros, de acordo com a concreta prova produzida e segundo as relações de especialidade ou alternatividade[91].

Ao lado deste tipo – que, como vimos, não é rigorosamente «novo» – subsistem os crimes de corrupção própria e imprópria, apesar de arrumados sistematicamente no quadro da vertente de atuação passiva e ativa, que pressupõem a demonstração do ato (concreto) pretendido/prometido/oferecido contra a promessa/oferta de vantagem.

Assim, a corrupção passiva própria (ou para ato ilícito) encontra-se prevista no art. 373.º, n.º 1 do CPen, enquanto a corrupção passiva imprópria (ou para ato lícito) está contemplada no n.º 2 desse preceito. Por seu turno, a corrupção ativa própria está consagrada no art. 374.º, n.º 1 do CPen, ao passo que a corrupção ativa imprópria vem prevista no n.º 2 dessa norma.

Esta é, sumariamente, a configuração atual do regime punitivo da corrupção comum ou «de agentes estaduais» (que, como se viu, pode abranger

[90] Sobre a questão, e também registando as deficiências e incoerências entre o regime punitivo da corrupção de agentes funcionários (do Código Penal) e de titulares de cargos políticos e públicos (Lei n.º 34/87) impressas pelo «pacote sobre corrupção de 2010», cfr., JOSÉ DAMIÃO DA CUNHA, *A Reforma Legislativa em Matéria de Corrupção – Uma análise crítica das Leis n.os 32/2010, de 2 de Setembro, e 41/2010, de 3 de Setembro*, Coimbra Ed., Coimbra, 2011, pp. 38 e ss e 86.

[91] «Os novos crimes de recebimento e de oferta indevidos de vantagem», *As Alterações de 2010 ao Código Penal e ao Código de Processo Penal* (Rui do Carmo e Helena Leitão orgs.), CEJ-Coimbra Ed., Coimbra, 2011, pp. 40 e 41.

um leque expressivo de pessoas, mercê da cláusula de equiparação a "funcionário", para efeitos da lei penal).

Subsistem, como se referiu *supra*, as áreas da corrupção dos titulares de cargos políticos e altos cargos públicos, a corrupção desportiva, militar e do setor privado e no comércio internacional, não suscitando essas áreas o mesmo tipo de questões, pelo que não lhes dedicaremos atenção.

5. Considerações conclusivas

Pensamos ter recenseado alguns problemas jurídico-conceituais respeitantes aos desafios contemporâneos (e imediatos) colocados pelas realidades do crime económico-financeiro, com os quais o legislador deverá (pre) ocupar-se, a fim de dotar o ordenamento jurídico substantivo e adjetivo de um conjunto de princípios e de normas, visando a sua reconfiguração normativa, dentro de uma lógica de maior coerência, continuidade e flexibilidade.

A extrema dificuldade, se não mesmo impossibilidade, de investigar determinadas realidades criminosas (*v.g.*, delitos cometidos através de meios ou plataformas informáticas que, ou pela complexidade do seu *iter* ou do seu *modus*, ou, alternativamente, pelo desinteresse que o seu reduzido valor parcelar provoca nas vítimas e nos órgãos de investigação, numa lógica de mera eficiência económica, ou, ainda, relativamente a certas operações, como transações financeiras cuja ausência de obrigatoriedade de registo de identificação dos reais operadores, torna inviável a ulterior reconstituição e comprovação do facto), deve suscitar o interesse e a necessidade do reforço dos meios de investigação. Mas, por outro lado, um tal desiderato será ineficaz ou inconsequente, se não se atuar a montante, no sentido de os fluxos monetários serem convenientemente regulados e registados (por forma a poderem ser consultados ou monitorizados em *real time* pelas autoridades de regulação e de investigação)[92], ou, posteriormente, sempre que seja necessário reconstituir o *iter* do processo delituoso.

[92] Naturalmente que soluções virtualmente mais eficientes poderiam ser concebidas e ensaiadas – desde logo, a nível regional e multilateral –, como a supressão de zonas francas, de *off-shores*, de uma maior uniformização de regimes fiscais, de limitações ou proibições de utilização de instrumentos como a "Empresa na hora" para certas finalidades, entre outras. Estamos, porém, cientes das dificuldades e custos de índole política – sustentadas em argumentação de cariz económico e financeiro (ou pseudo-económico e financeiro), que

A centralidade do alcance da danosidade que os fenómenos da criminalidade económico-financeira e organizada infligem à ética, à integridade e ao equilíbrio do sistema económico-financeiro dos Estados e ao próprio ambiente empresarial e de negócios será, em nosso entender, motivo mais do que suficiente para concitar a atenção e preocupação do poder político para procurar novas soluções, de âmbito normativo, nos planos preventivo e repressivo, em tais domínios.

Uma proposta de reconfiguração sistémico-normativa do ordenamento respeitante à criminalidade económico-financeira poderia, assim, passar pela opção de elaboração de um *diploma-quadro* que consagrasse a previsão de soluções específicas e comuns àquela realidade e à criminalidade organizada. Nele se estabeleceriam soluções de âmbito substantivo e de cariz adjetivo, nomeadamente quanto a regras especiais de imputação, de atuação em nome de outrem, de previsão da responsabilidade penal de entes coletivos, de neo-criminalização de condutas cuja necessidade de cobertura a título preventivo[93] se viesse a justificar, de regimes de "direito premial", dos termos da admissibilidade dos meios de investigação encoberta[94], de ações preventivas, de medidas especiais de investigação no tocante a setores de atividade específicos (*v.g.*, atividade bancária, financeira, de mercado de valores, urbanística, fiscal, para-fiscal, notarial), de medidas especiais de proteção de intervenientes processuais, de consequências penais de natureza preventiva e repressiva (ao nível das penas acessórias), do regime de perda ampliada de bens, dos mecanismos de recuperação de ativos.

Claro que todas estas propostas de textura normativa, a acontecerem, carecem das correspondentes estruturas departamentais de investigação,

justificará a necessidade de existência desses instrumentos para o "dinamismo" empresarial, a compensação de défice de investimentos ou a liberdade de iniciativa económica – que tais soluções implicariam no contexto atual.

[93] Nomeadamente através da inclusão de alguns tipos de crimes de perigo abstrato (relativamente a condutas atualmente não puníveis, como a falsificação de balanços, a utilização de pessoas fictícias em sede de transações e fluxos de bens e valores), ou agravando a punição de outras condutas já criminalizadas.

[94] Que se entende poderem abranger, além das acções encobertas *stricto sensu*, as intercepções de comunicações, a localização geográfica e a recolha de som e imagem (fotográfica e filmada) entre presentes.

perícia e julgamento, a conceber e dimensionar de forma adequada – no tocante a recursos humanos e materiais – à escala dos problemas, cujo exato grau de incidência caberia, também, estudar e avaliar adequadamente. A anunciada configuração de departamentos de investigação e ação penal, que a nova orgânica judiciária viabilizará, ao lado dos departamentos já existentes DCIAP e DIAP's distritais, parece compatibilizar-se perfeitamente com um modelo de direção da investigação que acima deixámos esboçado, pela sua divulgada permanente capacidade de ajustamento e flexibilidade de gestão.

A este respeito, não deixará de se dizer que o modelo vigente, que avisada e premonitoriamente o legislador preconizou e adotou, de repartição de funções de direção da investigação pelo MP, e de execução da investigação pelos OPC, nos parece um modelo adequado à contemporaneidade, e que tem, de resto, suscitado a adesão de outros sistemas jurídicos.

O modelo poderá funcionar cabalmente, quando o Executivo não invoque falta de recursos financeiros para dotar os OPC dos meios necessários e indispensáveis à sua missão. Parece-nos, pois, que um debate sobre a localização da dependência orgânica da polícia de investigação criminal – no MP ou no Executivo –, só fará algum sentido num cenário de perversão de tal modelo.

Enfim, estou seguro que as modestas sugestões que se enunciaram, contam com inúmeras objeções, sendo, porventura, utópicas nuns casos, voluntaristas noutros.

De qualquer forma, os desafios do crime económico-financeiro e organizado já há muito que parecem não ter adequada resposta.

Bibliografia

ALBRECHT, HANS-JÖRG, «Criminalidade organizada na Europa: perspectivas teoréticas e empíricas», *2.º Congresso de Investigação Criminal*, Almedina, Coimbra, 2010, pp. 73-99.

ALMEIDA, CARLOS RODRIGUES, «Criminalidade organizada e corrupção», *2.º Congresso de Investigação Criminal*, Almedina, Coimbra, 2010, pp. 49-57.

ANDRADE, MANUEL DA COSTA, «"Bruscamente no verão passado", a reforma do Código de Processo Penal – Observações críticas sobre uma lei que podia e devia ter sido diferente», *RLJ*, N.os 3948 a 3951 – Janeiro a Agosto de 2008, pp. 134-151, 220-238, 262-284, 318-354, respetivamente, *ed. ut* Coimbra Editora, Coimbra, 2009.

ANDRADE, MANUEL DA COSTA – COSTA, JOSÉ DE FARIA, «Sobre a concepção e os princípios do Direito Penal económico», Revista de Direito e Economia, 8 (1982), pp. 277-298 (*ed. ut.*: *Direito Penal Económico e Europeu: Textos Doutrinários*. Vol. I, Problemas Gerais, IDPEE - Coimbra Editora, Coimbra, 1998, pp. 347-373).

ASCENSÃO, JOSÉ DE OLIVEIRA, «Branqueamento de capitais: reacção criminal», *in:* AA. VV., *Estudos de Direito Bancário*. Coimbra Editora, Coimbra, 1999.

ASSUNÇÃO, MARIA LEONOR, «Do lugar onde o sol se levanta, um olhar sobre a criminalidade organizada», In *Liber Discipulorum para Jorge de Figueiredo Dias*, Coimbra Editora, Coimbra, 2003.

AA. VV., *Organizações Criminais. Uma introdução ao crime organizado*, JOSÉ MANUEL ANES (coord.), Universidade Lusíada Editora, 2011.

AA. VV., *Medidas de Combate à Criminalidade Organizada e Económico-Financeira*, CEJ-Coimbra Editora, 2004.

AA. VV., *Polícia e Justiça*, III Série, 2004, Número Especial Temático – Branqueamento de Capitais, Coimbra Editora, Coimbra.

AA. VV., *As alterações de 2010 ao Código Penal e ao Código de Processo Penal* (RUI DO CARMO – HELENA LEITÃO coords.), CEJ – Coimbra Editora, Coimbra, 2011.

AA. VV., *A Corrupção – Reflexões (a Partir da Lei, da Doutrina e da Jurisprudência) Sobre o Seu Regime Jurídico-Criminal em Expansão no Brasil e em Portugal* (de DÉBORA THAÍS DE MELO, CLÁUDIO BIDINO e CLÁUDIA CRUZ SANTOS), Coimbra Editora, Coimbra, 2009.

———, *A Corrupção participada em Portugal – 2004-2008. Resultados globais de uma pesquisa em curso*, [Relatório final]: PGR/DCIAP – CIES-ISCTE (LUÍS DE SOUSA, org.), Lisboa, 2010.

ANTUNES, MANUEL FERREIRA, "*Corrupção: Sobre o Sentido Estratégico da Investigação Criminal*", Escola de Polícia Judiciária, Barro – Loures, 1989.

BANDEIRA, GONÇALO N. C. SOPAS DE MELO, «O crime de "branqueamento" e a criminalidade organizada no ordenamento jurídico português», *Ciências Jurídicas – Civilísticas; Comparatísticas; Comunitárias; Criminais; Económicas; Empresariais; Filosóficas; Históricas; Políticas; Processuais*, AA.VV.; apresentação do Professor Catedrático da Faculdade de Direito da Universidade de Coimbra Doutor A. CASTANHEIRA NEVES (GONÇALO SOPAS DE MELO BANDEIRA, ROGÉRIO MAGNUS VARELA GONÇALVES, FREDERICO VIANA RODRIGUES, Orgs.), Almedina, 2005, pp. 271-376.

BECK, ULRICH, *A Europa Alemã – De Maquiavel a «Merkievel». Estratégias de Poder na Crise do Euro*, Edições 70, Lisboa, 2013.

BRANDÃO, NUNO, *Branqueamento de Capitais: o Sistema Comunitário de Prevenção*, Col. Argumentum 11, Coimbra Ed., Coimbra, 2002.

BRANCO, JOSÉ ANTÓNIO, «Criminalidade organizada, Instrumentos e Mecanismos legais de Investigação e Recuperação de Activos. "Uma breve incursão"», *Terra de Lei* (Revista da Associação de Juristas de Pampilhosa da Serra), Ano 1, N.º 2, 2.º Semestre 2012, pp. 52-60.

BRAVO, JORGE DOS REIS, «Criminalidade contemporânea e Discurso de Legalidade. Breve itinerário crítico sobre o quadro normativo de prevenção e combate à criminalidade organizada», *Polícia e Justiça* (Revista do ISPJCC), III Série, N.º 8, Julho-Dezembro 2006, pp. 73-148.

BORGES, ANSELMO, «O crime económico na perspectiva teológico-filosófica», *RPCC*, Ano 10, Fasc. 1.º - Janeiro – Março 2000, pp. 7-35.

BUJÁN PÉREZ, CARLOS MARTINEZ-, *Derecho Penal Económico y de la Empresa*, Tirant Lo Blanch, Valencia, 2007.

CABRAL, JORGE, «*A Administração Pública e a Corrupção*», *Fraude y Corrupción en la Administración Pública* (JUAN OLIVÉ, org.), Universidad de Salamanca, Salamanca, 105 - 120, 2003.

CAEIRO, PEDRO, «A Decisão-Quadro do Conselho, de 26 de Junho de 2001, e a relação entre a punição do branqueamento e o facto precedente: necessidade e oportunidade de uma reforma legislativa», *Liber Discipulorum para Jorge de Figueiredo Dias*, AA. VV., Coimbra Editora, Coimbra, 2003.

________, «Comentário do crime de tráfico de influência», *Comentário Conimbricense do Código Penal*, T III, Coimbra Editora, 2001.

________, «Sentido e Função do Instituto de Perda de Vantagens relacionadas com o Crime no confronto com outros Meios de Prevenção da Criminalidade Reditícia (em Especial, os Procedimentos de Confisco *In Rem* e a Criminalização do Enriquecimento "Ilícito")», *RPCC*, Ano 21, Fasc. 2.º - Abril-Junho 2011, pp. 267-321.

CAMPOS, ANTÓNIO, "*Reforma da Administração Pública: dos Estereótipos à Viabilidade*", in Luís Valadares Tavares, Abel Mateus, Francisco Sarsfield Cabral, (org.), "*Reformar Portugal – 17, Estratégias de Mudança*", Oficina do Livro, Lisboa, pp. 169 – 194, 2002.

CALADO, ANTÓNIO, «O Sigilo Fiscal – Especificidades processuais penais», *Polícia e Justiça* (Revista do ISPJCC), III Série, N.º 8, Julho – Dezembro 2006, pp. 215-247.

CARDOSO, EGÍDIO, «Empresas *offshore*. Curiosidades, casos e tipologias», *Polícia e Justiça* (Revista do ISPJCC), III Série, N.º 4, Julho – Dezembro 2004, pp. 129-162.

CANAS, VITALINO, *O Crime de Branqueamento: Regime de Prevenção e de Repressão*, Almedina, Coimbra, 2004.

________, «Branqueamento de Capitais». Noções elementares do Regime Jurídico de prevenção e repressão e evolução previsível, Separata de *Problemas Jurídicos da Droga e da Toxicodependência*, pp. 201 a 232, Coimbra Editora, Lisboa, 2004.

CLUNY, ANTÓNIO, «O Ministério Público, O Estado de Direito Social e a nova criminalidade organizada – Novo modelo e estatuto», *RMP*, Ano 18.º - Out-Dez, 1997, n.º 72, pp. 72-94.

COSTA, ANTÓNIO M. DE ALMEIDA, *Sobre o Crime de Corrupção*, Almedina, Coimbra, 1987.

________, «Anotação ao art. 372.º e segs.», *Comentário Conimbricense do Código Penal*, T. III, Coimbra Editora, 1999.

COSTA, JORGE, «O Branqueamento de Capitais e o financiamento do Terrorismo. Algumas notas sobre a experiência portuguesa», *Polícia e Justiça*, (Revista do ISPJCC), III Série, N.º 6, Julho - Dezembro, 2005, pp. 189-205, Coimbra Editora, Coimbra.

COSTA, JOSÉ DE FARIA, «Branqueamento de capitais (algumas reflexões à luz do direito penal e da política criminal)», Boletim da Faculdade de Direito, vol. LXVIII, Faculdade de Direito da Universidade de Coimbra (1992), pp. 59-86 (*ed. ut.*: *Direito Penal Económico e Europeu: Textos Doutrinários*. Vol. II – Problemas Especiais, IDPEE - Coimbra Editora, Coimbra, 1999, pp. 301-320).

________, «O Fenómeno da Globalização e o Direito Penal Económico», *Revista Brasileira de Ciências Criminais*. Ano 9, n.º 34, Abril-Junho. São Paulo: Revista dos Tribunais, 2001.

________, *Direito Penal Económico*, Quarteto, Coimbra, 2003.

CUNHA, JOSÉ MANUEL DAMIÃO DA, *O Ministério público e os órgãos de Polícia Criminal no Novo Código de Processo Penal*, Ed. Universidade Católica, Porto, 1993.

________, *Perda de Bens a favor do Estado – Artigos 7.º-12-º da Lei n.º 5/2002, de 11 de Janeiro – (Medidas de Combate à Criminalidade Organizada e Económico-Financeira)*, Centro de Estudos Judiciários, 2002, *ed. ut. in* Medidas de Combate à Criminalidade Organizada e Económico-Financeira, Centro de Estudos Judiciários, CEJ – Coimbra Editora, Editora, 2004, pp. 121-164.

________, *O Conceito de Funcionário para Efeitos de Lei Penal e a "Privatização" da Administração Pública*, Coimbra Editora, Coimbra, 2008.

________, *A Reforma Legislativa em Matéria de Corrupção: uma análise crítica às Leis n.os 32/2010, de 2 de Setembro, e 41/2010, de 3 de Setembro*, Coimbra Editora, Coimbra, 2011.

DIAS, AUGUSTO SILVA, «Criminalidade organizada e combate ao lucro ilícito», 2.º Congresso de Investigação Criminal, Almedina, Coimbra, 2010, pp. 23-48.

DIAS, JORGE DE FIGUEIREDO, «Para uma dogmática do direito penal secundário – um contributo para a reforma do direito penal económico e social português», Revista de Legislação e Jurisprudência, ano 116.º (1983-1984), pp. 263 ss., e ano 117.º 1984 -1985), pp. 7 e ss. (*ed. ut.*: *Direito Penal Económico e Europeu: Textos Doutrinários*. Vol. I, Problemas Gerais, IDPEE - Coimbra Editora, Coimbra, 1998, pp. 35-74).

________, «Crime de Corrupção – Tentativa», Parecer a pedido da Alta Autoridade contra a Corrupção, Colectânea de Jurisprudência, Ano XIII, T I, 1988, pp. 29-34.

________, «O Direito Penal na "Sociedade do Risco"», *Temas Básicos da Doutrina Penal – Sobre os Fundamentos da Doutrina Penal. Sobre a Doutrina geral do Crime*. Coimbra Editora, Coimbra, 2001, pp. 155-185.

________, «O papel do Direito Penal na Protecção das Gerações Futuras», in Cahiers de Defense Sociale, *Defense Sociale et Droit Penal pour La Protection Des Generations Futures, en Presence des Risques Nouveaux. Actes du XIVème Congrès International De Defense Sociale.* Lisboa, Portugal, 17-19 Mai 2002 – Centro Cultural de Belém, pp. 53-54 (também disponível em http://www.defensesociale.org/revista2002/8.1.htm).

________, «Criminalidade organizada: do fenómeno ao conceito jurídico-penal», *Revista Brasileira de Ciências Criminais*, n.º 71, Ano 16, Março-Abril de 2008, pp. 11-30.

DIAS, JORGE DE FIGUEIREDO – CAEIRO, PEDRO, «A Lei de Combate ao Terrorismo (Lei n.º 52/2003, de 22 de Agosto», *Revista de Legislação e de Jurisprudência*, n.º 3935 – Ano 135.º (Novembro -Dezembro 2005), Coimbra Editora, pp. 70-89.

DIAS, MARIA DO CARMO SILVA, *Comentário das Leis Penais Extravagantes* – 1.º vol. (PAULO P. ALBUQUERQUE e JOSÉ BRANCO, coords.), Universidade Católica Editora, 2010 (Comentário à Lei n.º 34/87, de 16 de Julho), pp. 709 e ss.

DOGGART, CAROLINE, *Paraísos Fiscais* (3.ª Edição), Vida Económica, Porto, 2003.

DUARTE, JORGE DIAS, «Branqueamento de Capitais e Favorecimento Pessoal», *RMP*, Ano 23 – n.º 90, Abril – Junho 2002, pp. 167-177.

________, «Lei n.º 5/2002, de 11 de Janeiro – Breve comentário aos novos regimes de segredo profissional e de perda de bens a favor do Estado», *RMP*, Ano 23 – n.º 89, Janeiro-Março 2002, pp. 141-154.

________, *Branqueamento de Capitais. O Regime do D.L. 15/93, de 22 de Janeiro, e a Normativa Internacional.* Estudos e Monografias, Publicações Universidade Católica, Porto, 2002.

________, «A Lei n.º 11/2004, de 27 de Março. O Novo Crime de Branqueamento de Capitais consagrado no artigo 368º-A do Código Penal», *RMP*, Ano 25 – nº 98, Abril--Junho 2004, pp. 129-144.

FERRAJOLI, LUIGI, «Criminalidade e globalização», *Revista do Ministério Público,* Ano 24 – n.º 96, Out.-Dez. 2003, pp. 7-20.

________, «Garantismo e Direito Penal», *Julgar* – Número Especial 2008, pp. 51-64.

FERREIRA, EDUARDO VIEGAS – BAPTISTA, MARIA DE LURDES, «Práticas de corrupção na sociedade portuguesa contemporânea», *Polícia e Justiça* (Revista do ISPJCC), II Série, N.os 3 e 4.

FERREIRA, EDUARDO PAZ, «O branqueamento de capitais», *in:* AA. VV., *Estudos de Direito Bancário.* Coimbra Editora, Coimbra, 1999, pp. 303 e ss.

FERNANDES, ANTÓNIO SCARANCE, «O equilíbrio entre a eficiência e o garantismo e o crime organizado», *Revista Brasileira de Ciências Criminais,* n.º 70, Ano 16, Janeiro – Fevereiro de 2008, pp. 229-268.

FLORE, DANIEL, «L'incrimination de la corruption», *Les Dossiers de la Revue de Droit Penal et de Criminologie*, 4, La Charte.

FONSECA, JORGE CARLOS, «Direitos, Liberdades e garantias individuais e os desafios impostos pelo combate à "criminalidade organizada" – Um périplo pelas reformas penais em curso em Cabo Verde, com curtas paragens em Almagro e Budapeste», in *Liber Discipulorum* para Jorge de Figueiredo Dias, Coimbra Editora, Coimbra, 2003.

FOLGADO, ANTÓNIO, «Cooperação internacional no combate ao Branqueamento de Capitais e ao financiamento do Terrorismo – Perspectivas», *Polícia e* Justiça, III Série, 2004, *Número Especial Temático – Branqueamento de Capitais*, pp. 69-82, Coimbra, Coimbra Editora.

FRANCO, ALBERTO SILVA, «Globalização e criminalidade dos poderosos», *RPCC*, Ano 10 – Fasc. 2.º, Abril – Junho de 2000, pp. 183-228.

GODINHO, JORGE A. FERNANDES, *Do Crime de Branqueamento de Capitais. Introdução e Tipicidade*, Almedina, Coimbra, 2001.

———, «Brandos costumes? O confisco penal com base na inversão do ónus da prova (Lei n.º 5/2002, de 11 de Janeiro, Artigos 1.º e 7.º a 12.º)», *in Liber Discipulorum para Jorge de Figueiredo Dias*, Coimbra Editora, Coimbra, 2003, pp. 1315-1363.

GONÇALVES, NUNO – AFONSO, ÓSCAR (OBEGEF / FEP), «A Economia não Registada Actualização do Índice para Portugal» (2011), e-document, p. 13: (http://www.gestaodefraude.eu/images/gf_upload/ENR_AI%202010.pdf).

GONÇALVES, PEDRO CORREIA, «Combatendo o branqueamento de capitais», www.verbojuridico.pt, Fevereiro de 2008.

GREENWALD, GLENN, *With Liberty and Justice for Some: How the Law is Used to Destroy Equality and protect the Powerful*, Metropolitan Books/Henry Holt, New York, 2011.

HASSEMER, WINFRIED, «Limites del Estado de Derecho para el combate contra la criminalidad organizada», Ciências Criminais, 6, N.º 23.

HERZOG, FÉLIX, «Alguns riesgos del Derecho Penal del riesgo», *Revista Penal*, Vol. 4, Huelva-Salamanca-Castilla la Mancha, Ed. Praxis, Julho 1999.

HORSTKOTTE, HARTHMUTH, «Os Limites da Prevenção Criminal à luz dos Direitos do Homem», *RPCC*, Ano 8 – Fasc. 3.º, Julho – Setembro de 1998, pp. 373-387.

JAKOBS, GÜNTER/MELIÁ, CANCIO, *Derecho penal del enemigo*, Civitas, Madrid, 2003.

KAUFMANN, DANIEL – KRAAY, AART – MASTRUZZI, MASSIMO, «Measuring corruption: myths and realities», *Global Corruption report 2007 – Transparency International*, Cambridge University Press.

KOS, DRAGO, «How do countries supress corruption – the experience of GRECO», Conferência proferida a 27-3-2007 na Assembleia da República Portuguesa, Colóquio Internacional "Combate à Corrupção, Prioridade da Democracia", Lisboa, 2007.

LIVIANU, ROBERTO, *Corrupção e Direito Penal – Um diagnóstico da Corrupção no Brasil*, Coimbra Editora, Coimbra, 2007.

LOPES, JOSÉ MOURAZ, *O espectro da Corrupção*, Almedina, Coimbra, 2011.

LOURENÇO, JANUÁRIO, *Branqueamento de Capitais*, Verbo Jurídico.net. 2002.

MALAN, DIOGO RUDGE, «Processo Penal do Inimigo», *Revista Brasileira de Ciências Criminais*, n.º 59, Ano 14, Março – Abril de 2006, pp. 223-259.

MAIA, ANTÓNIO JOÃO MARQUES, "*Os Números da Corrupção em Portugal*", in "*Polícia e Justiça – Branqueamento de Capitais*", Coimbra Editora, Coimbra, pp. 83 – 129, 2004.

———, *Representações Sociais da Corrupção – Um contributo para o seu conhecimento*, Universidade Técnica de Lisboa/Instituto Superior de Ciências Sociais e Políticas, Lisboa, 2006.

———, (2010), *Corrupção: Realidade e Percepções – O papel da Imprensa*, texto da dissertação de Mestrado no ISCSP da UTL, Lisboa (http://www.cpc.tcontas.pt/documentos/corrupcao-realidade_e_percepcoes.pdf).

———, (2011), *O Discurso Social sobre o problema da Corrupção em Portugal*, Edições Húmus – OBEGEF.

MARTINS, LOURENÇO, «Branqueamento de Capitais: Contra-Medidas a Nível Internacional e Nacional», *RPCC*, Ano 9, Fasc. 3º, Julho-Setembro 1999, pp. 449-487.

———, «Centros *Offshore* e Paraísos Fiscais: Reflexos no Branqueamento de Capitais», Separata de *Problemas Jurídicos da Droga e da Toxicodependência*, pp. 233-249, Coimbra, Coimbra Editora, 2004.

MATA-MOUROS, MARIA DE FÁTIMA, «A luta contra a fraude e a corrupção na perspectiva do juiz», *Polícia e Justiça* (Revista do ISPJCC), III Série, N.º 8, Julho – Dezembro 2006, pp. 19-42.

MEIREIS, MANUEL AUGUSTO ALVES, *O Regime das Provas Obtidas pelo Agente Provocador em Processo Penal*, Almedina, Coimbra, 1999.

MELIÁ, MANUEL CANCIO, «Sentido y limites de los delitos de terrorismo», *Revista Brasileira de Ciências Criminais*, n.º 71, Ano 16, Março-Abril de 2008, pp. 147-180.

MENDES, PAULO DE SOUSA, «Os novos crimes de recebimento e de oferta indevidos de vantagem», *As alterações de 2010 ao Código Penal e ao Código de Processo Penal*, Rui do Carmo e Helena Leitão (coord.), Coimbra, CEJ – Coimbra Editora, 2011, pp. 29-42.

________, «A orientação da investigação para a descoberta dos beneficiários económicos e o sigilo bancário», 2.º Congresso de Investigação Criminal, Almedina, Coimbra, 2010, pp. 201-213.

MESQUITA, PAULO DÁ, *Direcção do Inquérito Penal e Garantia Judiciária*, Coimbra Editora, Coimbra, 2003.

________, «Criminalidade organizada: algumas questões processuais», AA.VV. *Criminalidade Organizada nos domínios económico e financeiro*, Lisboa, INA, 2007, pp. 71-134.

________, «Polícia Judiciária e Ministério Público – Notas para o enquadramento das suas relações e funções no sistema português», *RMP*, N.º 112 (2007), pp. 79-100 (também publicado em AAVV, *Modelos de polícia e investigação criminal, a relação entre o ministério público e a polícia judiciária – 1.º Congresso de Investigação Criminal*, Porto, ASFIC, 2008, pp. 159-172).

MOCCIA, SÉRGIO, *Criminalità organizzata e risposte ordimentale*, Edizione Scientifique Italiane, Nápoles, 1999.

MORGADO, MARIA JOSÉ, «Corrupção e Desporto», *I Congresso de Direito do Desporto*, Almedina, 2004, pp. 87-96.

MORGADO, MARIA JOSÉ - VEGAR, JOSÉ, *O inimigo sem rosto. Fraude e corrupção em Portugal*, Dom Quixote, 2003.

MORGADO, PAULO, *Contos do Colarinho Branco, Dom Quixote, 2005.*

________, *O corrupto e o Diabo. Diálogo às portas do 5.º fosso do 8.º Círculo do inferno. Sobre as causas da corrupção*, Dom Quixote, 2007.

MOURA, JOSÉ SOUTO DE, «A protecção dos direitos fundamentais no processo penal», *in I Congresso de Processo Penal, Memórias* (Coord. de MANUEL M. GUEDES VALENTE), Almedina, Coimbra, 2005, pp. 33-51.

MOTA, JOSÉ LUÍS LOPES DA, «A Constituição Europeia e a questão do Procurador Europeu: a Eurojust, embrião de um futuro Procurador Europeu», *RMP*, Ano 25 – n.º 98, Abril-Junho 2004, pp. 111-128.

NEVES, JOÃO CARVALHO DAS - FERNANDES, MANUEL MEIRA, *BPN – Estado a mais, Supervisão a menos*, Actual Editora, Lisboa, 2011.

NILKEN, DAVID, «Globalizzazione del crimine e giustizia penale: ambiti e problemi», *in Dei delitti e delle pene*, n.º 2, VV., Ed. Scientifiche Italiane, Napoles, 1998. AA. VV.

NUSSBAUM, DAVID, *Global Corruption Report 2006 – Transparency International*, Cambridge University Press.

ONETO, ISABEL, *O Agente Infiltrado. Contributo para a Compreensão do Regime Jurídico das Acções Encobertas*. Coimbra Editora, Coimbra, 2005.

OLIVEIRA, CALADO DE, «Prevenção – Um instrumento essencial no combate à corrupção», *Polícia e Justiça* (Revista do ISPJCC), III Série, N.º 7, Janeiro – Junho 2006, pp. 49-64.

PANZERI, ANDRÉ DE ALMEIDA, «A sanção de perda de bens no direito penal económico – Análise comparativa dos modelos português e brasileiro», *Revista Brasileira de Ciências Criminais*, n.º 52, Ano 13, Janeiro – Fevereiro de 2005, pp. 9-51.

PECORELLA, GAETANO, «Circolazione del denaro e reciclaggio», *Rivista Italiana do Direitto e Procedura Penale*, 34 (1991).

PEREIRA, RUI, «Terrorismo e insegurança. A resposta portuguesa», *Revista do Ministério Público*, n.º 98, Ano 25, Abril – Junho 2004, pp. 77-110.

PEREIRA, JÚLIO, «O crime de riqueza injustificada a as garantias do processo penal», *Polícia e Justiça* (Revista do ISPJCC), III Série, N.º 8, Julho-Dezembro 2006, pp. 43-72.

PINHEIRO, LUÍS GOES, «O branqueamento de capitais e a globalização (Facilidades na reciclagem, obstáculos à repressão e algumas propostas de política criminal)», *RPCC*, Ano 12, Fasc. 4.º, Out./Dez. 2002, pp. 603-648.

PIMENTA, CARLOS, *Esboço de quantificação da fraude em Portugal*, Edições Húmus e OBEGEF, 2009.

PINTO, FREDERICO DE LACERDA DA COSTA, «O ilícito de mera ordenação social e a erosão do princípio da subsidariedade da intervenção penal», *RPCC*, Ano 7 – Fasc. 1.º, Janeiro – Março de 1997, pp. 7-100 (*ed. ut.*: *Direito Penal Económico e Europeu: Textos Doutrinários*, vol. I, IDPEE - Coimbra Editora, Coimbra, 1998, pp. 209-273).

RAMOS, MARIA CÉLIA, «Desenvolvimentos recentes em matéria de prevenção do Branqueamento de Capitais – GAFI e União Europeia», *Polícia e Justiça*, III Série – 2004, Número Especial Temático – Branqueamento de Capitais, pp. 55 a 68, Coimbra, Coimbra Editora.

REIS, JOSÉ - BARROSO, RENATO, "*Corrupção e Fraude na Administração Pública (Análise Prática)*", in Juan Olivé, "*Fraude y Corrupción en la Administración Pública*", Universidad de Salamanca, Salamanca, 2003, pp. 385-404.

RIAÑO, JUANITA, *Global Corruption Report 2008* – Transparency International, Cambridge University Press, 2008.

RODRIGUES, ANABELA MIRANDA, «Criminalidade organizada – que política criminal?», *Revista Brasileira de Direito Comparado*, N.º 24 – 1.º Semestre 2003, pp. 103-126.

RODRIGUES, CUNHA, «Os senhores do crime», *RPCC*, Ano 9, Fasc. 1.º, Janeiro – Março 1999, pp. 7-30.

ROSE-ACKERMAN, SUSAN, *Corrupção e Governo*, Prefácio, Lisboa, 2002.

ROSE-ACKERMAN, SUSAN, *Corruption and Government – Causes, Consequences and Reform*, Cambridge University Press (reimp.), 1999, *ed: ut Corrupção e Governo*, Préfacio, Lisboa, 2002.

ROXIN, CLAUS, «El desarrollo del Derecho Penal en el siguiente siglo», *in Dogmática Penal y Política Criminal*, Idemsa, Lima, 1998.

SÁ, DOMINGOS SILVA CARVALHO DE, «Objectos: Perdimento e Confisco», *Maia Jurídica*, Ano III, N.º 2, Julho – Dezembro 2005, pp. 27-50.

________, «El Derecho Penal ante la globalización y la integración supranacional», *Revista Brasileira de Ciências Criminais*, n.º 24, São Paulo.

SANTOS, ANDRÉ TEIXEIRA DOS, *O Crime de Fraude Fiscal*, Coimbra Editora, Coimbra, 2009.

SANTOS, ANTÓNIO ALMEIDA, «Novo Mundo, novo crime, nova política criminal», *RPCC*, Ano 10, Fasc. 3.º, Julho – Setembro 2000.

SANTOS, CLÁUDIA CRUZ, *O Crime de Colarinho Branco (Da origem do conceito e sua relevância criminológica à questão da desigualdade na Administração da Justiça Penal)*, Stvdia Ivridica, 56, FDUC, Coimbra Editora, Coimbra, 2001.

________, «A corrupção [da luta contra o crime a intersecção de alguns (distintos) entendimentos da doutrina, da jurisprudencia e do legislador]», Liber Discipulorum *para Jorge de Figueiredo Dias*, Coimbra, Editora, Coimbra, 2003.

________, THAÍS DE MELO, DÉBORA E BIDINO, CLÁUDIO, *A Corrupção – Reflexões (a Partir da Lei, da Doutrina e da Jurisprudência) Sobre o Seu Regime Jurídico-Criminal em Expansão no Brasil e em Portugal*, Coimbra Editora, Coimbra, 2009.

SANTOS, MANUEL SIMAS, «Nótulas sobre o novo regime de responsabilidade penal por crimes de corrupção no comércio internacional e na actividade privada», *RMP*, n.º 114, Abril- Junho, 2008.

SANTOS, RUI TEIXEIRA DOS, *Direito Português da Corrupção*, Bnomics, Lisboa, 2009.

SCHILLING, FLÁVIA, «Corrupção, crime organizado e democracia», *Revista Brasileira de Ciências Criminais*, Ano 9, Out.º-Dez.º 2001, N.º 36.

SCHNEIDER, FRIEDRICH, *The Institutional Economics of Corruption and Reform: Theory, Evidence and Policy. Public Choice, 138,* (2009).

SCHNEIDER, FRIEDRICH – D. ENSTE, «Shadow Economies: Size, Causes and Consequences», *Journal of Economic Literature* 38, (2000), pp. 73-110.

SCHÜNEMANN, BERND, «Cuestiones básicas de dogmática jurídico-penal y de política criminal acerca de la criminalidad de empresa», *in Anuario de Derecho Penal y Ciencias Penales*, 41 (1988).

SILVA, GERMANO MARQUES DA, «A criminalidade organizada e a investigação criminal», *in I Congresso de Processo Penal, Memórias* (Coord. de MANUEL M. GUEDES VALENTE), Almedina, Coimbra, 2005, pp. 397-414.

SILVA SÁNCHEZ, JESUS MARIA, *La Expansion del Derecho Penal. Aspectos de la política criminal en las sociedades postindustriales*, Cuadernos Civitas, Madrid, 1999.

SIMÕES, EUCLIDES DÂMASO, «Combate à corrupção – A decisiva importância da prevenção e da especialização. O sistema português face à Convenção de Mérida», *Polícia e Justiça* (Revista do ISPJCC), III Série, N.º 7, Janeiro – Junho 2006, pp. 23-48.

________, «Combate à Corrupção – Contributos para o seu Aperfeiçoamento nos Planos da Repressão e da Prevenção», Comunicação efectuada no Colóquio Internacional "Combate à Corrupção, Prioridade da Democracia", Assembleia da República, Lisboa, 2007.

________, Prova indiciária (Contributos para o seu estudo e desenvolvimento em dez sumários e um apelo premente)», *Julgar*, N.º 2 – 2007, pp. 203-215.

________, «Direcção e execução da investigação criminal no quadro do Estado de Direito (Contributo para uma melhor sintonia)», *2.º Congresso de Investigação Criminal*, Almedina, Coimbra, 2010, pp. 319-330.

SOUSA, LUÍS DE, «*Corruption: Assessing Ethical Standars in Political Life Through Control Policies*», European University Institute, Florença, 2002.

________, «*A Internacionalização do Combate à Corrupção: Actores, Processos e Impactos*», Comunicação efectuada em Março 2007 no Colóquio Internacional "*Combate à Corrupção, Prioridade da Democracia*", Assembleia da República, Lisboa, 2007.

________, *A Corrupção participada em Portugal – 2004-2008. Resultados globais de uma pesquisa em curso*, [Relatório final]: PGR/DCIAP – CIES-ISCTE (SOUSA, LUÍS de, org.), Lisboa, 2010.

________, *Corrupção*, Fundação Francisco Manuel dos Santos, Lisboa, 2011.

SOUSA, LUÍS DE – TRIÃES, JOÃO, «Corrupção e Ética em Democracia: O Caso de Portugal», Centro de Investigação e Estudos de Sociologia – Instituto Superior de Ciências do Trabalho e da Empresa, Lisboa, 2007.

________, *A Corrupção e os Portugueses – Atitudes e Valores*, RCP Edições, 2008.

________, *I Don't Bribe, I Just Pull Strings, Perspectives on European Politics and Society*. In Michael Johnston (Eds.), *Public Sector Corruption*. Thousand Oaks (CA): Sage Publications, 2010.

________, «A sociedade civil contra a corrupção». In Sousa, L. de; Soares, D. (Eds.), *Transparência, justiça e liberdade: em memória de Saldanha Sanches* (pp. 147-162). Lisboa: Rui Costa Pinto Edições, 2011.

________, «Justiça, transparência e liberdade». In Otero, P. ; da Gama, J. T. ; Araújo, F. (Eds.), *Evocações do Prof. Doutor J. L. Saldanha Sanches* (pp. 57-58). Coimbra: Coimbra Editora, 2011.

STIGLITZ, JOSEPH E., *El Precio de la Desigualdad – El 1% de la Población tiene lo que el 99% necesita*, Taurus, Madrid, 2012 (versão castelhana do original *The Price of Inequality: How Today's Divided Society Endangers our Future*, de Norton Company, Inc., 2012).

STRATENWERTH, GÜNTER, «A luta contra o Branqueamento de Capitais por meio do Direito Penal: o exemplo da Suíça», *Lusíada*, Série II, n.º 3, pp. 85 a 93, Lisboa, Universidade Lusíada Editora, 2005.

TIEDEMANN, KLAUS, *Lecciones de Derecho Penal Económico (comunitario, español, alemán)*, PPU, Barcelona, 1993.

TRIÃES, JOÃO, «*Aspectos Sociológicos da Corrupção em Portugal: Actores, Recursos e Mecanismos do Crime de Corrupção entre 1999 e 2001*», Dissertação de Licenciatura em Sociologia, Instituto Superior de Ciências do Trabalho e da Empresa, Lisboa, 2004.

VALENTE, MANUEL MONTEIRO GUEDES, *Criminalidade Organizada e Criminalidade de Massa – Interferências e Ingerências Mútuas*, Almedina, Coimbra, 2009.

Princípio da oportunidade no quadro da criminalidade organizada e económico-financeira[1]

Em especial, a figura do "arrependido-colaborador"

Fernando Torrão
Professor da Faculdade de Direito da
Universidade Lusíada do Porto

Sumário: 1. Carácter tendencialmente transnacional e organizado da criminalidade económico-financeira. O caso paradigmático do branqueamento de capitais; 2. Dificuldades do sistema processual penal português face à criminalidade económico-financeira, nomeadamente no âmbito dos "megaprocessos"; 3. Vantagens (de eficácia e eficiência político-criminais) das soluções de oportunidade e consenso. O caso da suspensão provisória do processo (em especial nos crimes fiscais); 4. Abertura, de direito a constituir, a uma mais ampla oportunidade no exercício da ação penal? A questão do "arrependido" na vertente de "arrependido-colaborador".

[1] Texto revisto da comunicação proferida no IV Congresso de Processo Penal, «Congresso Luso-Brasileiro sobre Criminalidade Económico-Financeira» (Grupo Almedina), realizado no Hotel Altis em Lisboa, nos dias 11 e 12 de abril de 2013.

1. Carácter tendencialmente transnacional e organizado da criminalidade económico-financeira. O caso paradigmático do "branqueamento de capitais"

Vivemos, como se sabe, num contexto de globalização nas mais diversas áreas do relacionamento humano, sendo de destacar o plano económico-financeiro. Com efeito, quer os atos praticados no contexto das relações económicas (nomeadamente a transação de bens ou de matérias-primas), quer as transferências de fundos (usualmente em consequência dos atos económicos) envolvem, com frequência, locais e operadores de diferentes nações, continentes ou blocos económicos. E este é um fenómeno que tem vindo a aumentar de intensidade, levando a que também a criminalidade económico-financeira, enquanto parte integrante do mundo económico-financeiro, tenha vindo a expandir-se e a internacionalizar-se. Aumentam, por conseguinte, as dificuldades dos sistemas de justiça no domínio da investigação com meios tantas vezes incipientes na luta nacional e internacional contra este género de criminalidade.

Acresce que os mecanismos económico-financeiros se vão tornando cada vez mais complexos e sofisticados, abrangendo, logicamente, a respetiva criminalidade. Basta pensarmos, por exemplo, em crimes como manipulação de mercado, especulação de preços (que deriva, não raras vezes, do fenómeno de *dumping* ou de "cartelização de preços"[2]), fraude e abuso de confiança fiscal em grande escala, corrupção, etc. em que normalmente se envolvem agentes e empresas de vários países, grandes grupos económicos e multinacionais que, frequentemente, atuam de forma concertada e organizada, para se perceber a vocação internacional da criminalidade económico-financeira, bem como o seu caráter organizado e respetiva complexidade.

Destaca-se, neste domínio, até pela sua umbilical ligação à criminalidade organizada, o paradigmático crime de *branqueamento de capitais*

[2] *Dumping* e cartelização de preços, entre nós, nem constituem, por si, crime (cartelização de preços é matéria contraordenacional – artigo 9.º da Lei 19/2012 – e *dumping* nem isso). Mas não deixam por isso de ser comportamentos suscetíveis de alterar preços que do regular funcionamento do mercado resultariam para bens ou serviços, podendo, enquanto tal, vir a materializar-se na prática do crime de "especulação de preços" (artigo 35.º, alínea *b)* do DL 28/84, de 20 de janeiro).

Na verdade, fatores como o desenvolvimento económico, a globalização dos mercados e a formação de grandes blocos económicos potenciaram, como se sabe, a criação de "paraísos fiscais" para atrair investidores. Nesses "paraísos fiscais" foram sendo criadas empresas *offshore*, isto é, empresas (sociedades) cujos lucros beneficiam de isenção de impostos, apenas tendo de pagar taxas fixas de licenciamento e de instalação que são cobradas em períodos regulares (anualmente, na maior parte dos casos), independentemente dos proventos económicos ou financeiros gerados.

Com legislação simplificada para constituição de sociedades (potenciando a criação de empresas fictícias), com regras de proteção de sigilo bancário muito rígidas, com liberdade cambial absoluta, etc., acabam estes paraísos fiscais por facilitar a "lavagem de dinheiro".

Sabe-se, é verdade, que o combate à criminalidade económico-financeira se fundamenta, antes de mais, na questão económica, isto é, sobretudo na proteção do bem jurídico supra-individual "estabilidade da Economia". Uma Economia instável tende, com efeito, a afastar investidores, a criar desemprego, a prejudicar consumidores e, enfim, os cidadãos em geral. Trata-se, por isso, de um bem jurídico abstrato, sem dúvida, mas com referente personalista e, enquanto tal, supra-individual no sentido realçado por Faria Costa, isto é, um bem jurídico que pretendendo «ser uma superação ao individual [...] deixa bem nítido a matriz donde arranca», qual seja, a do «império do indivíduo»[3].

Não é, todavia, menos verdade que esse combate encontra igualmente justificação na possibilidade de descoberta de outros crimes que com os crimes económicos se relacionam. Basta ter em conta o crime de branqueamento de capitais e os inevitáveis crimes precedentes que do artigo 368.º-A do nosso Código Penal constam para se perceber que estamos no domínio da criminalidade organizada. Não é assim de espantar que o branqueamento de capitais surja no catálogo de crimes previsto no artigo 1.º (n.º 1, alínea *d*)) da Lei n.º 5/2002, de 11 de janeiro, destinada ao combate da criminalidade organizada e económico-financeira.

Se a isto acrescentarmos o facto de os proventos dos crimes económico-financeiros se destinarem, não raramente, a custear atividade criminosa organizada, nomeadamente o terrorismo, apercebemo-nos então de uma forte e incontornável ligação entre criminalidade económico-financeira e

[3] Cf. FARIA COSTA, *Direito Penal Económico*, Quarteto Editora, Coimbra, 2003, p. 39.

criminalidade organizada, tornando ainda mais complicada a investigação destes crimes. Em termos processuais, a criminalidade organizada conduz, com efeito e inevitavelmente, a processos de grande complexidade, os chamados "megaprocessos". E são sabidas as dificuldades que o sistema jurídico nacional tem em lidar com os "megaprocessos".

2. Dificuldades do sistema processual penal português face à criminalidade organizada e económico-financeira, nomeadamente no âmbito dos "megaprocessos"

Com o objetivo de contornar as dificuldades de investigação no âmbito da criminalidade organizada e económico-financeira, têm vindo a ser adotadas específicas medidas processuais de combate a este género de criminalidade, de onde se destacam as sufragadas pela mencionada Lei n.º 5/2002, de 11 de janeiro.

Estas medidas tendem, como seria de esperar, a restringir com maior intensidade direitos fundamentais e garantias dos cidadãos, o que, naturalmente, torna alguns dos seus preceitos controversos e mesmo questionáveis.

Não olvidemos, porém, que nos situamos no domínio material do direito penal secundário (formalmente, nem sempre. Basta considerar precisamente o tipo legal de crime de branqueamento de capitais enquadrado no Código Penal, artigo 368.º-A). Considerando, com efeito, o catálogo de crimes elencado no artigo 1.º da Lei, facilmente nos apercebemos de que se trata, no essencial, de crimes que atentam contra bens jurídicos de carácter social e de organização económica cuja refração constitucional se não funda no suporte axiológico-normativo dos valores constitucionais vinculados aos direitos, liberdades e garantias – aos chamados direitos fundamentais de *primeira geração* –, antes se escorando nos direitos fundamentais de *segunda geração*. E este enquadramento do direito penal secundário alusivo aos valores constitucionais que tutela acaba, já se sabe, por lhe aumentar a flexibilidade dogmática e, consequentemente, a relativização das garantias (face ao direito penal clássico).

Neste conspecto, e num breve olhar sobre esta Lei n.º 5/2002, ressaltam, desde logo, dois tópicos essenciais.

Destaca-se, por um lado, a consagração de meios de obtenção prova mais amplos (e, nessa medida, mais limitadores de direitos do arguido) se comparados aos do Código de Processo Penal (vejam-se, por exemplo, os artigos 3.º e 6.º); e, por outro lado (nos termos dos artigos 7.º a 12.º), a possibilidade de *confisco* de rendimentos ilícitos (no domínio da perda de bens e, portanto, das "providencias sancionatórias de natureza análoga à das medidas de segurança"[4]) sem prova clara da ilicitude, mas sendo esta presumida em caso de condenação por um dos "crimes do catálogo" (os que estão expressos no artigo 1.º).

Compreende-se que no domínio do combate à criminalidade organizada e económico-financeira se destaquem estes dois tópicos, posto que neste campo se pretende, acima de tudo, contornar duas grandes dificuldades do sistema formal de justiça, a saber, a *descoberta da verdade material* e a *recuperação de rendimentos ilícitos*. A finalidade última do sistema penal reside, como se sabe, na obtenção da paz social e esta pressupõe a descoberta da prática de crimes e punição dos respetivos autores (e participantes), bem como (e em especial na criminalidade económico-financeira) a recuperação de rendimentos ilícitos, até para que se não generalize na comunidade qualquer ideia (desastrosa do ponto de vista da prevenção geral e da credibilidade do sistema) próxima do rifão de que o "crime compensa"[5].

A Lei n.º 5/2002 (e outros instrumentos legislativos de combate à criminalidade organizada e económico-financeira) tem tido algum sucesso prático, mas persistem, no nosso sistema, grandes dificuldades em lidar com este género de criminalidade e com os megaprocessos em geral.

A reflexão que aqui se pretende suscitar consiste em saber se no combate a esta criminalidade organizada e económico-financeira se não deveria abordar uma terceira temática (para além da busca da verdade material e da recuperação de rendimentos ilícitos), a saber, a do princípio da oportunidade no exercício da ação penal. Ampliar os espaços de oportunidade existentes no nosso processo penal e, sobretudo, conceder maior margem de liberdade ao Ministério Público no exercício dessa oportunidade, poderia, na verdade, revelar-se de grande utilidade.

4 Na terminologia de FIGUEIREDO DIAS, *Direito Penal Português – Parte Geral II – As consequências jurídicas do crime*, Coimbra Editora, Coimbra, 2.ª Reimpressão, 2009, §§ 999 e 1014

5 Ideia forte do instituto da "perda de bens a favor do Estado" (cf. FIGUEIREDO DIAS, *Direito Penal Português*, cit., §1007).

3. Vantagens (de eficácia e eficiência político-criminais) das soluções de oportunidade e consenso. O caso da suspensão provisória do processo (em especial nos crimes fiscais)

Em geral, o princípio da oportunidade no contexto processual penal tende a revelar-se vantajoso na superação das duas grandes dificuldades enunciadas.

No tocante à prossecução da *verdade material*, o princípio da oportunidade, alternativamente, abre as portas a modelos de justiça consensual e, por conseguinte, à respetiva *verdade consensuada*. Esta verdade consensuada acaba por se revelar efetivo sucedâneo da verdade material e, nessa medida, uma outra forma de verdade processual[6].

No que à recuperação de rendimentos ilícitos concerne, as soluções de diversão que do princípio da oportunidade resultam tendem igualmente a revelar-se útil sucedâneo, dado que, grande parte das vezes, implicam pagamentos pecuniários a favor do Estado e/ou das vítimas. Se tomarmos como exemplo o caso da nossa *suspensão provisória do processo* (nomeadamente as alíneas *b)* e *c)* do n.º 2 do artigo 281.º do CPP) que, num passado recente, tem tido grande frequência de aplicação, em especial nos crimes fiscais – particularmente nos crimes de *abuso de confiança fiscal* (artigo 105.º do RGIT) por não pagamento de IVA liquidado (ou de IRS retido) –, verificamos que (a aplicação da suspensão provisória do processo) tem permitido ao Estado recuperar muito do que é devido pelos cidadãos em matéria de impostos (as mais das vezes através de pagamentos faseados durante o período de suspensão) sem necessidade de ocupar o tribunal com o respetivo julgamento criminal.

As vantagens que o princípio da oportunidade proporciona ao combate e reparação da criminalidade económica não devem, destarte, ser secundarizadas ou desconsideradas. Bem ao contrário; deverão ser adaptadas[7] a

[6] No âmbito das democracias liberais o princípio da oportunidade terá a sua expressão máxima no *plea-bargaining system* norte-americano, conferindo grande eficácia ao respetivo sistema processual penal. Segundo as estatísticas, 80 a 95% dos casos penais são solucionados através deste modelo de justiça (mais negociada do que meramente) consensual (cf. FIGUEIREDO DIAS/COSTA ANDRADE, *Criminologia. O homem delinquente e a sociedade criminógena*, Coimbra Editora, Coimbra, reimpressão, p. 484).

[7] No que se refere aos crimes fiscais, pensamos que uma adaptação a considerar seria a de prolongar o período de suspensão para prazos superiores a dois anos (limite estabelecido

este género de criminalidade no sentido de potenciar o respetivo âmbito de aplicação.

4. Abertura, de direito a constituir, a uma mais ampla oportunidade no exercício da ação penal? A questão do "arrependido" na vertente de "arrependido-colaborador"

É, pois, meu entendimento que no domínio da criminalidade organizada e económico-financeira se deveriam ampliar os espaços de oportunidade do nosso direito processual penal, nomeadamente no que respeita à suspensão provisória do processo, através de normas específicas que admitissem maior espaço de incidência (posto que a punibilidade de muitos dos crimes em causa ultrapassa o limite superior de 5 anos de prisão) e um mais adequado regime jurídico. Seria, decerto, um relevante contributo para o combate a este género de criminalidade. Afigura-se-me, ainda assim, porém, que mesmo que se alargassem os respetivos âmbitos de incidência, os institutos que conformam o princípio da oportunidade no direito processual penal nacional se revelam insuficientes.

De *iure constituendo*, o espaço de reflexão, que se pretende aqui suscitar, refere-se à possibilidade de o legislador conceder maior margem de liberdade ao Ministério Público (e, consequentemente, aos Órgãos de Polícia Criminal) de modo a permitir-lhe definir estratégias de combate ao crime organizado e económico-financeiro[8] suscetíveis de atingir elevados graus de eficácia (e mesmo de eficiência[9]) político-criminal. Esta ampliação da margem de liberdade concedida ao Ministério Público, a existir, não deveria mesmo excluir (em nome de tal eficácia) uma ponderação acerca do beneplácito de relevantes vantagens aos chamados "arrependidos-colaboradores", isto é, àqueles que oriundos do contexto da criminalidade orga-

no n.º 2 do artigo 282.º do CPP), de modo a permitir que os acordos de pagamento faseado pudessem ultrapassar esse período temporal.

[8] Dentro do espírito, aliás, da Lei-Quadro de Política Criminal (Lei n.º 17/2006, de 23 de maio) que estabelece prioridade aos crimes de branqueamento de capitais e de fraude fiscal.

[9] Sobre a eficiência enquanto critério (essencialmente económico e, portanto, transcendente à sistemática penal) a admitir – residualmente, isto é, nos limites (do critério) da eficácia político-criminal (imanente ao sistema) – na conformação do princípio da oportunidade, veja-se PEDRO CAEIRO, Legalidade e oportunidade: a perseguição penal entre o mito da 'justiça absoluta' e o fetiche da 'gestão eficiente' do sistema, *RMP*, n.º 84 (2000), p. 31 ss.

nizada, uma vez *arrependidos*, se prestassem a *colaborar* com a investigação criminal através da outorga de informações aptas a facilitar a respetiva produção de prova.

Trata-se, é sabido, de prerrogativa melhor contextualizada nos sistemas jurídicos de países culturalmente orientados pelo princípio da oportunidade – essencialmente países anglo-saxónicos –, nos quais o exercício da ação penal se encontra na disponibilidade do Ministério Público. Mas não deixa de ser verdade que em alguns países da nossa família jurídica (romano-germânica) tem vindo a ser dado relevo ao (assim) chamado (no sistema penal brasileiro) "direito premial" (ou "delação premiada"). Destacam-se, neste particular, Espanha, Itália e Brasil.

Colocada a questão da admissibilidade da "delação premiada" em países de cultura jurídica romano-germânica – e, nessa medida, em sistemas jurídico-processuais penais orientados pelo princípio da legalidade (obrigatoriedade) no exercício da ação penal –, três grandes tópicos devem, então, ser considerados nesta matéria: *primo*, saber qual o *momento processual* adequado para a delação do arrependido; *secundo*, determinação do *valor probatório* da delação; *tertio*, definição da *situação jurídica do "delator"* ("arrependido").

Nos mencionados países (Espanha, Itália e Brasil), o *momento processual* encontrado para a *delação* é o da fase do Julgamento. Compreende-se. A delação não reflete um espaço de oportunidade do Ministério Público (na fase investigatória) – dado tratar-se de sistemas orientados pelo princípio da obrigatoriedade –, donde só o tribunal, em sede própria (Julgamento) e legitimado pelo princípio da investigação e da verdade material, tem poderes para suscitá-la (até porque, além do mais, só do tribunal depende o "prémio").

Quanto ao *valor probatório das declarações do "arrependido"*, esta é uma matéria (doutrinal e jurisprudencialmente) controversa. Porém, a tendência (e bem, em nossa perspetiva) é a de que as declarações (a delação) *não* são, *só por si*, suficientes para fundamentar a condenação. As declarações motivadas por um "prémio" (uma vantagem) podem, naturalmente, suscitar a mentira, o que lhes retira credibilidade. Ademais, trata-se de declarações de um coarguido (estamos em sede de Julgamento, pelo que o delator foi já acusado), alguém cujo estatuto lhe confere maior proteção no que toca às consequências de falsas declarações. Surge, então, o problema de diligenciar obtenção de nova prova a partir da "delação", estando já o processo em fase de Julgamento; esta situação vai tornar, naturalmente, mais demorada esta fase processual que se vê agora confrontada com novas investigações (no Brasil existem fortes críticas dos magistrados do Ministério Público em razão dessa morosidade nem sempre compensada com efetivas novas provas).

Finalmente, no que respeita à *situação jurídica do delator*, depara-se-nos, conforme ficou já implicado, um coarguido que está ser julgado, o que se não estranha, pois trata-se, como se referiu, de sistemas jurídicos de países orientados pelo princípio da obrigatoriedade. Se, na verdade, existe um suspeito da prática de crimes (ainda que enredado nas malhas da criminalidade organizada), contra ele, obrigatoriamente, deve o Ministério Público promover a ação penal e respetiva constituição de arguido. Só no Julgamento pode, então, o tribunal suscitar a promessa de "prémio" para a "delação" e, nessa medida, só alguém com o estatuto de (co)arguido pode ser delator neste contexto. Quanto ao prémio propriamente dito, este tende a nem ser grandemente motivador. Trata-se de uma redução da pena, normalmente em um terço (havendo situações em que pode ir aos dois terços), e, a final, o Tribunal de Julgamento decide se haverá redução. Atendendo, ainda, à possibilidade de a confissão do "arrependido" não conduzir a novas provas aptas a incriminar, para além da dúvida razoável, os restantes coarguidos, sendo essa confissão normalmente suficiente para a sua própria condenação, existem sérios riscos de, não raramente, acabar por ser o "arrependido" o único condenado (quiçá sem prémio, isto é, sem redução da pena). Acresce que sendo depoimento de coarguido em Julgamento há que considerar que este será, por princípio, público e sem programa de proteção de testemunhas, tornando ainda menos motivador o arrependimento (e consequente delação) e, portanto, contingente a eficácia deste instituto.

Em Portugal não existe um instituto definido e cabalmente regulamentado da figura do "arrependido-colaborador", mas não deixam de se encontrar normas esparsas, no direito substantivo, que a promovem. Não por acaso no tipo legal de crime de "branqueamento de capitais" (artigo 368.º-A, n.º 9 do CP) – dado ser este o crime económico-financeiro mais fortemente ligado à criminalidade organizada[10] – e, também, em normas oriundas da Lei de Combate ao Terrorismo (artigos 2.º, n.º 5, 3.º, n.º 2,

[10] *Ut supra*, ponto 1.

4.º, n.º 6 e 5.º, n.º 2 da Lei n.º 52/2003, de 22 de Agosto) – tantas vezes financiado pelos rendimentos da criminalidade económico-financeira[11] –.

Apesar de efetivamente não existir regulamentação cabal da figura do "arrependido-colaborador" no nosso sistema processual penal, com a legislação existente a sua aplicação (muito rara, diga-se) move-se, inevitavelmente, nas mesmas águas de outros países orientados pelo princípio da obrigatoriedade no exercício da ação penal.

Senão vejamos.

Momento processual: será a fase de Julgamento. Só o Tribunal de Julgamento tem poderes para atenuar (ou mesmo, no caso dos preceitos relativos à Lei de Combate ao Terrorismo, excluir) a pena, conforme se permite nos artigos 368.º-A, n.º 9 do CP e nos artigos 2.º, n.º 5, 3.º, n.º 2, 4.º, n.º 6 e 5.º, n.º 2 da Lei n.º 52/2003. Talqualmente sucede em Espanha, Itália e Brasil, a figura não é, entre nós, produto do princípio da oportunidade, não sendo, por conseguinte, o Ministério Público titular de poderes que lhe permitam (direta ou indiretamente) vincular o Tribunal de Julgamento a uma eventual atenuação (ou exclusão) da pena. Não é, pois, legítima qualquer promessa do Ministério Público cujo cumprimento se não encontra ao seu alcance por extravasar o devido âmbito de competências. Se o fizer para suscitar o *arrependimento* de um suspeito ou arguido e respetiva *colaboração* em matéria probatória, incorrerá, como realça Inês Ferreira Leite, em *meio enganoso de obtenção de prova* (nos termos do artigo 126.º, n.º 2, *a)* do CPP)[12], gerando, consequentemente, uma nulidade especial insanável, isto é, arguível a qualquer tempo por qualquer interessado. O recurso a tais métodos pode, na verdade, revelar-se altamente contraproducente, uma vez que, arguida e declarada a nulidade, as respetivas consequências não se esgotam, como se sabe, no próprio ato, podendo, ao contrário, implicar a nulidade de todas as provas sequentes em razão do chamado "efeito-à-distância" (regime jurídico também conhecido por "teoria da árvore envenenada"), conforme preceitua

[11] *Ut supra*, ponto 1.

[12] Cf. INÊS FERREIRA LEITE, "Arrependido": a colaboração processual do co-arguido na investigação criminal, *ASFIC-PJ e IDPCC-FDUL, 2.º Congresso de Investigação Criminal (Coordenação científica: Maria Fernanda Palma et al.)*, Almedina, Coimbra, 2010, p. 394 (já assim, GERMANO MARQUES DA SILVA, Bufos, infiltrados, provocadores e arrependidos: os princípios democráticos e da lealdade em processo penal, *Direito e Justiça*, Lisboa, 8, t. 2, 1994, p. 32 ss).

o artigo 122.º do CPP, e portanto, implicar a nulidade de outros meios de prova que forem conseguidos a partir das declarações viciadas[13].

Nos processos em que os crimes nem sequer admitam a atenuação ou exclusão da pena por colaboração de arrependido, a prova obtida através de promessa de vantagem a esse nível envolve ainda a proibição decorrente da alínea *e)* do n.º 2 do artigo 126.º do CPP (trata-se, com efeito, de "promessa de vantagem legalmente inadmissível") com as mesmas consequências de nulidade de prova enunciadas[14].

Valor probatório: se só em sede de Julgamento se pode suscitar a colaboração de arrependido, então as respetivas declarações serão necessariamente de alguém com estatuto de coarguido. Ora, como se sabe e em virtude do direito ao silêncio de que é titular, o (co)arguido não presta juramento e, portanto, a mentira por ele proferida não conduz a crime de falsas declarações, salvo no que toca à sua identidade (artigo 359.º, n.º 2 do CP). Este enquadramento jurídico retira credibilidade ao depoimento e, sobretudo por isso, não vale este como prova testemunhal (artigo 133.º, n.º 1, *a)* do CPP), não devendo, por si, constituir fundamento bastante para condenação alheia. Apesar de o coarguido só estar impedido de hétero-incriminar no caso de exercer o direito ao silêncio para se não autoincriminar (conforme se desentranha do preceituado no artigo 345.º, n.º 4 do CPP) e de o valor probatório do seu depoimento estar no domínio da livre apreciação da prova (artigo 127.º do CPP), a condenação baseada nas suas declarações deve ser corroborada com outras provas. É este o entendimento geral da jurisprudência[15] e doutrina nacionais[16]. Para além de se tratar de declarações não ajuramentadas e por pessoa com interesse pessoal na causa, Inês Ferreira Leite chama ainda a atenção para o facto de o direito ao contraditório, na modalidade de livre *cross-examination*, estar

[13] Cf. INÊS FERREIRA LEITE, "Arrependido": a colaboração processual, cit., p. 395.

[14] Assim, TERESA BELEZA, «Tão amigos que nós erámos»: o valor probatório do depoimento de co-arguido no processo penal português, *RMP*, 19, n.º 74, 1998, p. 45.

[15] Veja-se, por exemplo, Acórdão do STJ de 12-03-2008, relatado por Santos Cabral (disponível na internet em http://www.pgdlisboa.pt) e Acórdão do TRG de 09-02-2009 relatado por Estelita Mendonça (disponível na internet em http://www.dgsi.pt).

[16] Cf., por exemplo, TERESA BELEZA, «Tão amigos que nós erámos», cit., p. 50 ss; MEDINA SEIÇA, *O conhecimento probatório do co-arguido*, Coimbra Editora, Coimbra, 1999, p. 160; RODRIGO SANTIAGO, Reflexões sobre as declarações do arguido como meio de prova no Código de Processo Penal de 1987, *RPCC*, 4, n.º 1, 1994, p. 62, INÊS FERREIRA LEITE, "Arrependido": a colaboração processual, cit., p. 406.

«fortemente limitado quando se trate de depoimento de arguido», uma vez que o «Ministério Público, o advogado do assistente e os defensores dos restantes co-arguidos não podem formular, directamente, perguntas ao arguido, devendo solicitar que estas sejam formuladas pelo juiz»[17] (artigo 345.º, n.º 2 do CPP). O que constitui razão bastante para entender Teresa Beleza que o valor probatório das declarações de coarguido se encontra constitucionalmente limitado pelo princípio do contraditório enquanto garantia de defesa (artigo 32.º, n.º 5 da CRP)[18].

Situação jurídica do "arrependido-colaborador": o "arrependido-colaborador" no sistema jurídico processual penal português (tal como na generalidade dos sistemas dos países da família jurídica romano-germânica) é necessariamente, conforme se mencionou, um coarguido que está a ser julgado.

O "prémio" expectável (também já o vimos) é o de uma possível atenuação de pena no caso de o objeto do processo se referir a crime de "branqueamento de capitais" (artigo 368.º-A, n.º 9 do CP), podendo mesmo significar isenção de pena no caso de crimes previstos na Lei de Combate ao Terrorismo (artigos 2.º, n.º 5, 3.º, n.º 2, 4.º, n.º 6 e 5.º, n.º 2 da Lei n.º 52/2003).

As respetivas declarações, proferidas em sede de Julgamento, são públicas.

Considerando, então, os tópicos enunciados, podemos, *grosso modo*, sublinhar cinco grandes dificuldades da figura do "arrependido-colaborador" no contexto de um modelo processual orientado pelo princípio da obrigatoriedade, quais sejam:

1. Morosidade processual em virtude da necessidade de obtenção de novas provas suscitadas (já) em Julgamento;
2. Dificuldades de obtenção dessas novas provas suscitadas pelas declarações do "arrependido" pela mesma razão, isto é, por estarmos já na fase de Julgamento, escasseando o tempo necessário a uma cabal investigação;
3. Tratando-se de coarguido o depoimento é público, o que se torna desmotivador por receio de perseguição e represálias de ex-companheiros;

[17] INÊS FERREIRA LEITE, "Arrependido": a colaboração processual, cit., p. 404.
[18] Cf. TERESA BELEZA, «Tão amigos que nós erámos», cit., p. 47.

4. Ao ser depoimento de coarguido não beneficia de programa de proteção de testemunhas;
5. "Prémio" é normalmente uma pena reduzida a ser decidida, a final, pelo juiz que pode nem conceder (se, nomeadamente, se não conseguir produzir prova que corrobore as declarações do coarguido).

Atendendo a estas dificuldades que comprometem, sobremaneira, a eficácia das declarações de um "arrependido" no âmbito da criminalidade organizada, não devemos, em minha perspetiva, deixar de suscitar a supra enunciada reflexão (de direito a constituir) sobre a margem de liberdade atribuída pelo legislador aos operadores do Direito, incidindo particularmente na possibilidade de promoção da figura do "arrependido-colaborador" pelo próprio Ministério Público (em sede de Inquérito) enquanto expressão de um novo espaço de oportunidade. Significaria isto, na esteira dos sistemas processuais penais anglo-saxónicos, a concessão legal de poderes ao Ministério Público que lhe permitissem, logo na fase de Inquérito, outorgar "imunidade" a um suspeito ou arguido (e, portanto, contra ele não promover ou não prosseguir a ação penal) em troca do seu testemunho. Não com o objetivo de com as respetivas declarações vir a conseguir uma condenação em Julgamento, mas com o fito de, a partir delas, se conseguirem obter novas provas com um sequente auxílio (colaboração) do "arrependido". Ou, então, não outorgando a "imunidade" ter, pelo menos, o Ministério Público poder de negociação que lhe permitisse acordar com o arguido acusação por crime menos grave (do que aquele que os indícios sustentam) em troca de informações ou testemunho (ao jeito da *plea-bargainig*).

Assim, consoante as concretas necessidades de política criminal (devidamente ponderadas), o Ministério Público (eventualmente com a concordância do juiz de instrução, em conformidade com o regime do artigo 32.º, n.º 4 da CRP) poderia definir logo de início (na fase de Inquérito) a estratégia processual; ou seja (em termos gerais), se efetivamente seria necessária (útil) a colaboração de arrependido; se deveria outorgar "imunidade" ao suspeito ou acusá-lo por crime menos grave[19]; se o depoimento

[19] Impondo-se a necessidade de dar cumprimento ao programa político-criminal substantivo seria necessário analisar, segundo as circunstâncias de cada caso concreto, se a "imunidade" de determinado suspeito ou arguido defraudaria, ou não, as expectativas da comunidade

se poderia realizar em privado e com reserva de identidade (mesmo em Julgamento ao abrigo de programa de proteção de testemunhas, conforme o artigo 16.º da Lei de Proteção de Testemunhas), etc.

Este amplo espaço de oportunidade concedido ao Ministério Público permitiria maior *celeridade processual* (uma das prioridades da Lei Quadro de Política Criminal), na medida em que a questão da colaboração de arrependido não seria apenas suscitada na fase de Julgamento; possibilitaria *melhor prova*, pois a Julgamento chegariam já outras provas desencadeadas pela delação efetuada em Inquérito (outras provas cuja produção teria a colaboração do arrependido[20]); admitiria *depoimentos* do arrependido *em privado* (fosse no gabinete do Ministério público, fosse ao abrigo de programa de proteção de testemunhas, dado não se tratar já necessariamente de um coarguido), evitando represálias ou vingança de ex-companheiros; sendo outorgada "imunidade" estaríamos perante testemunha e não coarguido, ficando assim *garantido o "prémio"*; não havendo "imunidade" sempre poderia o Ministério Público acusar o arguido "arrependido" por crime menos grave em troca de informações, *garantindo-lhe* pena menos grave (seria o *"prémio"*) no caso de condenação, a final, em virtude do princípio da vinculação temática. Superar-se-iam em grande medida, muitas das dificuldades (supra enunciadas) da "delação premiada" tal como ela é concebida no processo penal dos países de cultura jurídica romano-germânica (orientado pelo princípio da obrigatoriedade no exercício da ação penal). Seria, sem dúvida, uma ousada exceção ao princípio da obrigatoriedade (no exercício da ação penal), mas apenas admitida nos casos expressamente previstos na lei no domínio da criminalidade organizada.

É verdade, porém, que a figura do "arrependido-colaborador" levanta controversas questões no domínio ético, o que bem se pode compreender. O problema fundamental que nesta matéria se suscita pode ser condensado na ideia de que o Estado acaba por conceder vantagens a um *traidor*, desleal com ex-companheiros por motivações egoísticas (obtenção do "prémio"),

(que melhor entenderia tal decisão se, no contexto do crime organizado, se tratasse de pessoa enquadrável no chamado "peixe miúdo" e não já tanto assim se em causa estivesse um "cabecilha" desse crime organizado, ou seja, "peixe graúdo" na terminologia enunciada).

[20] Podendo, assim, falar-se com mais propriedade em "arrependido-colaborador" do que propriamente em mero "delator".

situação que se revela apta a denegrir a própria imagem do Estado (Sistema de Justiça) que recompensa traidores.

Não devemos olvidar, no entanto – e utilizando imagem kantiana –, que o "arrependido" atravessa a "ponte de ouro", passando da "margem (do "mundo) dos desvalores" para a (o) dos "valores". No juízo de intenções do "arrependido" nem sempre deveremos interpretar a motivação egoísta de quem pretende obter vantagens, podendo, de outro modo, haver efetivo arrependimento. Nesta perspetiva, o Estado limita-se a recompensar aquele que se ressocializou, tornando desnecessária (total ou parcialmente) a pena aplicável. Seja como for, o Estado promove o arrependimento do suspeito ou arguido e isso entronca no ideal de reintegração do agente na comunidade que constitui um dos fins de política criminal do Sistema de Justiça inscrito no programa substantivo (artigo 40.º, n.º 1 do CP). Se o "arrependido" efetivamente se arrepende, ou não, já não depende, em rigor, do Estado; como não dependem, similarmente, os motivos pelos quais um recluso se ressocializa, ou não. O Estado não tem sequer o dever (e, muito menos, o direito) de ressocializar, apenas lhe cabe propiciar as condições para o efeito. É, como refere, Figueiredo Dias, a "prevenção de reincidência"[21] que, na prática, define o ideal ressocializador. Ora, no caso do "arrependido" é a efetiva colaboração com o Sistema de Justiça que traduz o arrependimento. Por outro lado, a figura do "arrependido-colaborador" (em certo modo de ver, um "agente infiltrado" *ex post*) revela-se apta a emprestar grande eficácia (e eficiência) à investigação no domínio da criminalidade organizada, permitindo, nesse sentido, acautelar efeitos de prevenção geral e, por conseguinte, evitar que a sociedade acabe por desacreditar na Justiça, nomeadamente em relação aos mais poderosos agentes do crime.

A questão é obviamente controversa.

Os argumentos contrários à figura do "arrependido-colaborador" devem ser, sem dúvida, considerados e devidamente ponderados. A proposta de uma reforma processual que visasse implementar a figura do "arrependido-colaborador" em conformidade com o regime jurídico aqui problematizado, suscitaria, decerto, também a necessidade de reforma

[21] Veja-se, por último, FIGUEIREDO DIAS, O Problema do Direito Penal no Dealbar do Terceiro Milénio, *Direito Penal: Fundamentos Dogmáticos e Político-Criminais. Homenagem ao Prof. Peter Hünerfeld (org. Manuel da Costa Andrade et al.)*, Coimbra Editora, Coimbra, 2013, p. 270.

constitucional, ainda que o princípio da legalidade que deve orientar o Ministério Público no exercício da ação penal, em conformidade com o disposto no artigo 219.º da Lei Fundamental, não deixe de abarcar um princípio de "legalidade aberta", no sentido referido por Costa Andrade, vale por dizer, envolvendo também (ao lado do princípio da obrigatoriedade) um princípio de oportunidade[22].

No cômputo geral, porém, a figura do "arrependido-colaborador" pode ser perspetivada como enquadrável nos objetivos e valores de política criminal de um Estado de Direito democrático, dando oportunidade ao delinquente de assumir a sua culpa e adotar a posição de colaborador no combate à criminalidade organizada e económico-financeira. Mais do que a solidariedade com ex-companheiros do crime importará a solidariedade com os valores fundamentais da comunidade contextualizada no modelo de Estado de Direito democrático, liberal e plural. Não se tratará, assim, tanto de uma traição, mas de lealdade ao bem comum e aos valores fundamentais constitucionalmente protegidos[23].

5. A finalizar

Face ao exposto, é meu entendimento que a figura do "arrependido-colaborador" constitui tema que não deve ser, logo à partida, desconsiderado. É flagrante a sua utilidade na criminalidade organizada e económico-financeira, ao ponto de ser promovida em países regidos pelo princípio da obrigatoriedade no exercício da ação penal, tais como Espanha, Itália e Brasil. Também em Portugal se encontra consagrada com o objetivo de combater crimes que constituem precisamente o coração da criminalidade organizada e económico-financeira, ou seja, branqueamento de capitais e terrorismo.

Muitas são as vozes, porém, que se insurgem contra o "arrependido-colaborador" ("bufo", "delator", "traidor"). Não sem alguma razão.

Mas a verdade é que a figura – desde que perspetivada com intervenção residual na investigação da criminalidade organizada mais grave – é

[22] Cf. COSTA ANDRADE, Consenso e oportunidade (reflexões a propósito da suspensão provisória do processo e do processo sumaríssimo), *Jornadas de Direito Processual Penal. O novo Código de Processo Penal*, CEJ, Almedina, Coimbra, 1993, p. 352.

[23] Neste sentido, INÊS FERREIRA LEITE, "Arrependido": a colaboração processual, cit., p. 382-3.

comummente aceite como necessária dadas as dificuldades de prova que o complexo emaranhado organizacional deste género de criminalidade envolve. Sobretudo pelos operadores do sistema de justiça (Ministério Público, Polícias, Juízes), mas também pelo próprio legislador, como se comprova pelos mencionados artigos 368.º-A, n.º 9 do CP (o que envolve não só o próprio crime de branqueamento de capitais, mas toda a panóplia de crimes precedentes, típica do fenómeno da criminalidade organizada) e 2.º, n.º 5, 3.º, n.º 2, 4.º, n.º 6 e 5.º, n.º 2 da Lei n.º 52/2003, de 22 de Agosto (Lei do Combate ao Terrorismo).

Pura e simplesmente ignorar a figura do "arrependido-colaborador" ou prevê-la esparsamente sem regulamentação suficiente e político-criminalmente eficaz é caminhar no sentido da sua existência à margem do Direito. Porque quem investiga no domínio da criminalidade altamente organizada, sente-se, amiúde, obrigado a recorrer a figuras do género sob pena de uma completa ineficácia da investigação apta a reconduzir-nos a um sistema penal (eficaz no que toca ao combate de crimes como, *v.g.*, injúrias, furtos simples ou ofensas à integridade física, mas) completamente inepto no que respeita a crimes como tráfico de crianças para abuso sexual, tráfico de pessoas, lenocínio, tráfico de órgãos ou tecidos humanos, tráfico de armas, tráfico de estupefacientes, branqueamento de capitais, terrorismo, etc. Se o Direito se não adequar à realidade e não obtiver respostas ao mínimo das prementes necessidades sociais, acaba por deixar de ser aplicado, o que normalmente acarreta a promoção de atuações "justiceiras" à sua margem, perdendo, enquanto tal, pretensão de validade.

Prever a chamada "delação premiada" apenas em sede de Julgamento (tal como acontece no sistema penal português, porque só aí é possível, pela respetiva estrutura processual, garantir seriamente o "prémio"), enquanto declaração de coarguido (já no banco dos réus), torna-a ineficaz. Porque ao se tratar de declaração de coarguido a credibilidade é menor e, portanto, diminuto o valor probatório. Porque se não está já em tempo útil de buscar eficazmente novas provas com base na delação. Porque o coarguido não arrisca declarações públicas (com todos os perigos que implicam) em troca de um prémio pouco motivador e (diga-se), a final, incerto.

E, todavia, por falta de regulamentação cabal e eficaz, à margem da lei acaba, muitas vezes, por se recorrer ao "arrependido" em fases preliminares do processo.

No âmbito da criminalidade altamente organizada, a título residual e indubitavelmente excecional, conceder legalmente margem de liberdade ao Ministério Público que lhe permitisse promover a *colaboração* de um *arrependido* através de imunidade (ou, eventualmente, em troca de acusação por crime menos grave), seria caminhar no sentido de uma cabal regulamentação da figura que a tornaria político-criminalmente eficaz, sobretudo na obtenção de novas provas que corroborassem (ou não) a delação do arrependido. É, pois, preferível o "arrependido-*colaborador*" ao "arrependido-(meramente)*delator*", isto é, o arrependido que, a partir das suas declarações, colabora (desde o Inquérito processual) com as instâncias de justiça em busca de ulteriores provas ao arrependido cujas declarações apenas são valoradas (com força diminuta) em sede de Julgamento como prova.

A intervenção do juiz das liberdades em processos-crime de natureza económico-financeira

José Mouraz Lopes
Juiz Conselheiro no Tribunal de Contas

1. Em 1999, num colóquio sobre a investigação criminal traçámos algumas ideias que então entendíamos como linhas estruturais sobre o papel da «garantia judiciária na investigação criminal», ou seja que papel deve ter o juiz no domínio da investigação criminal.

Referimos, então, termos «por pacífico e inequívoco o domínio da acção penal na titularidade do Ministério Público. O inquérito, como invólucro da investigação criminal está em primeira linha na direta responsabilidade daquela magistratura. Mas se em primeira linha essa constatação é inequívoca a amplitude da tarefa necessariamente pressupõe a existência de outras vertentes. De um lado o saber técnico preciso e profundo absolutamente necessário à concretização da investigação criminal que não se compadece com uma estrutura que na sua essência é burocraticamente formada e se pretende, mais do que operacional, intelectualmente dotada de capacidade de orientação investigatória. De outro lado a necessidade de controlos de actuação externos e internos que não permitam a concentração numa única entidade do conjunto enorme de poderes que são dados a quem investiga a prática de crimes. É assim absolutamente compreensível o modelo processual vigente onde o *dominus* do inquérito – o Ministério Público – tem atrás de si uma entidade dotada de autonomia de investigação – a Polícia Judiciária – e sempre a seu lado (ou pairando sobre si) o juiz de instrução. Só assim se entende a atribuição constitucional da competência para realizar ou autorizar actos que possam colidir com os direitos fundamentais do cidadão, a um Juiz – artigo 32.º n.º 4 da CRP: "*Toda a instrução é da competência de um juiz, o qual pode, nos termos da lei, delegar noutras entidades a prática dos actos instrutórios que se não prendam directamente com os direitos fundamentais*».

Não vemos, hoje, razão essencial para mudar de opinião.

2. Entendemos, no entanto, que o tempo, «esse grande escultor», não pode deixar de moldar os esteios que suportam as instituições. E, nesse sentido, também neste domínio, mantendo-se o modelo original podem e devem admitir-se melhoramentos, tanto no sistema global de investigação como na estrutura legal e normativa que rege o procedimento.

No que respeita ao papel do juiz no âmbito da investigação criminal é hoje inequívoco, até pelo alastramento do modelo a outras realidades, que uma alteração sistémica só deve enveredar para um melhor e mais claro conjunto de atos da competência do juiz como "guardião das garantias".

Sejamos claros. O juiz não é nem pode ser o juiz da instrução.

O juiz de instrução, a que se alude no artigo 17º do Código de Processo Penal é um juiz de garantias e qualquer alteração legislativa que se faça deve, para além de clarificadora, comportar normas que ampliem esse sentido.

Daí que, mesmo formalmente, o «juiz de instrução» numa futura alteração legislativa, deva ser substituído, inequivocamente, por um «juiz de garantias». Em sistemas processuais próximos como os que vigoram em Itália, França, (nesta parte com a *Loi de la presumption de l'innocence,* de 2003) e Suiça (no novo Código de Proceso penal, em vigor desde 1.01.2011), o juiz de garantias é, respectivamente, o «*giudice per l'indagini preliminari*», o «*juge des libertès*» e o «*Tribunal des mesures de contraintes*» e nunca um juiz dotado de poderes de instrução.

Quanto ao seu papel e às suas funções processuais, não estamos no modelo perverso de um «super-juiz» investigador e julgador que permite todas as suspeições sobre o verdadeiro papel da jurisdição no sistema constitucional assente nos princípios da imparcialidade e independência.

Estamos sim no âmbito da tutela e reforço da garantia judiciária, cujo conteúdo comporta a tutela das liberdades do cidadão na medida em que tais direitos tenham que ser necessariamente afectados ou restringidos nas fases preliminares do processo por via de uma necessária e eficaz investigação criminal.

Dir-se-ia unânime hoje, a opinião de que é necessário existir um juiz de garantias («das liberdades») que decida todos os atos praticados durante a fase de investigação dos crimes que colidam com direitos, liberdades e garantias dos cidadãos ou que pratique atos de investigação cuja ingerência nos direitos fundamentais seja notória.

Um juiz «das liberdades» que deve ser sempre um juiz diferente do juiz de julgamento assim se garantindo a tutela da imparcialidade judicial e, por isso seja permitido que na fase de audiência de julgamento se apreciem as provas através da concretização do princípio da oralidade, do contraditório e da imediação.

Um juiz das liberdades que mesmo noutros domínios possa efetivamente assegurar os direitos de quem se vê, no processo penal, coartado nos seus direitos por via de medidas determinadas pelo Ministério Público.

É o caso, por exemplo da modificação ou revogação da medida de apreensão de bens determinada no inquérito, que hoje é da competência clara do juiz de instrução, de acordo com o artigo 4.º n.º 3 da Lei n.º 45/2011, de 24 de junho (lei que cria, na dependência da Polícia Judiciária, o Gabinete de Recuperação de Ativos)[1].

3. Este modelo não foi estruturalmente modificado com a recente reforma do processo penal.

Como se sabe, no âmbito da garantia judiciária, são essencialmente duas as matérias que foram modificadas com a Lei n.º 20/2013 de 21 de fevereiro.

Por um lado densificou-se o dever de informação do juiz de instrução ao arguido, quando do seu interrogatório judicial, nos termos do artigo 141.º n.º 1 alínea b) com objetivos claros de ser possível valorar as declarações prestadas pelo arguido nas fases preliminares à audiência, em determinadas circunstâncias, conforme decorre do artigo 357.º n.º 1 alínea b).

Por outro lado alargou-se o âmbito de aplicação de medida de coação pelo juiz (artigo 194.º do CPP) permitindo-se agora que o juiz de instrução

[1] Sobre este regime e, concretamente, de uma forma critica em relação ao papel do juiz de instrução, cf. João Conde Correia, *Da proibição do confisco à perda alargada*, Imprensa Nacional Casa da Moeda/Procuradoria Geral da República, Lisboa, 2012, p. 195.

possa aplicar medida diversa da que foi pedida pelo Ministério Público, ainda que mais leve, "*quanto à sua natureza, medida ou modalidade de execução*", mas apenas com fundamentos nas alíneas a) e c) do artigo 204º do CPP.

No que respeita à primeira alteração importa sublinhar que se trata de uma verdadeira inovação no sistema processual penal português e que de há muito vinha sendo objeto de discussão[2].

O que está em causa é, como se referiu na obra coletiva citada *Mudar a Justiça Penal,* saber se «a valoração em julgamento das declarações prestadas em anteriores fases do processo por arguido que em audiência se remete ao silêncio ou está ausente, se revela uma limitação intolerável e inadmissível ao princípio da imediação e da oralidade, dignidade do arguido, direito ao silêncio e garantias de defesa, consagradas constitucionalmente».

Como se refere nessa obra, sempre entendemos ser essa possibilidade de valoração admissível à face da ordem jurídico-constitucional portuguesa desde que garantidos os princípios subjacentes a um processo penal justo, concretamente identificados nos requisitos necessários a tal possibilidade, a saber: (i) terem as declarações sido prestadas perante o juiz, na presença de defensor; (ii) o arguido tiver sido advertido de que as suas declarações podem ser usadas em audiência de julgamento mesmo que se remeta ao silêncio; (iii) as declarações tiverem sido gravadas em áudio ou vídeo.

A lei agora aprovada veio, acertadamente, possibilitar essa valoração. O legislador foi no entanto, mais além, permitindo a valoração de tais declarações, não só quando prestadas perante o juiz como também no caso de serem prestadas perante o Ministério Público.

A exigência daqueles princípios, nomeadamente a concretização da garantia judiciária sustentada no facto de as declarações terem que ser prestadas perante o juiz leva a que se questione se a valoração que pode ocorrer em relação às declarações prestadas perante o Ministério Público é constitucionalmente suportada. É isso que deverá acontecer.

Quanto à aplicação de medida de coação pelo Juiz de instrução, a alteração mantém a vinculação do juiz de instrução ao requerido pelo Ministério Público, nos casos em que a circunstância ou perigo justificador da medida de coação imbrique na investigação, isto é, quando estiver ligado

[2] Cf., por todos, a obra *Mudar a Justiça Penal,* coord. António João Latas, Almedina, Coimbra, 2012, esp. pp. 96-116.

à perturbação do decurso do inquérito ou da instrução do processo, nomeadamente havendo perigo para a aquisição, conservação ou veracidade da prova.

Nos demais casos previstos nas alíneas do artigo 204.º do CPP (alíneas a) e c), justificativas das medidas de coação diversas do Termo de Identidade e Residência, isto é, em caso de se verificar fuga ou perigo de fuga, ou ainda, quando houver perigo de continuação da atividade criminosa ou perigo de perturbação grave da ordem ou da tranquilidade pública, o juiz de instrução não estará vinculado à promoção do Ministério Público.

O legislador sustentou esta opção no facto de sendo o Ministério Público o titular da investigação, tal posição justifica que lhe caiba avaliar da repercussão que as medidas de coação nela podem provocar, mas que, ao invés, quanto à ponderação dos valores subjacentes às previsões das als. a) e c) do artigo 204.º, *atentos os bens jurídicos que, previsivelmente, podem ser violados, justificam que o juiz, como garante dos direitos fundamentais do cidadão, não esteja limitado na aplicação da medida de coação.*

Alargando o âmbito da «garantia judiciária» aos direitos fundamentais de todos os cidadãos e não apenas dos intervenientes processuais, a razão justificativa terá alguma compreensibilidade.

Numa apreciação maximalista do princípio do acusatório esta solução poderá, no entanto, extravasar o figurino do «juiz das liberdades», tal como o entendemos na evolução do nosso processo penal.

A solução pragmática a que se chegou deve, no entanto sujeitar-se a um crivo de aplicação prática e só então se poderá saber se há ou não uma violação do princípio do acusatório.

4. A manutenção de um quadro normativo processual penal sustentado em princípios constitucionais, em que as soluções normativas se efectivem como direito constitucional aplicado, apresenta-se actualmente como uma garantia fundamental a um processo penal justo.

Garantia que, independentemente das formas processuais especiais diferenciadas ou mesmo, no âmbito do mesmo tipo de processo, das fases processuais que o compõem, deve e tem que manter-se incólume.

Quer isto dizer que soluções processuais que respondam de forma diferenciada a problemas específicos ou excepcionais, sempre minoritários no domínio da criminalidade, não podem decorrer fora do quadro constitucional que garante o processo penal justo.

Assente este princípio fundamental, deve referir-se que a diversificação criminológica e sobretudo a emergência de tipos criminais complexos, graves, violentos e organizados impõe, sem qualquer dúvida, a utilização de mecanismos processuais diversificados como resposta a essas formas de criminalidade.

A adaptação de normas processuais, nomeadamente no domínio dos meios de prova e da sua produção e valoração no âmbito de um processo público e contraditório, em função de realidades criminais complexas, violentas ou organizadas, é um mecanismo admissível no âmbito do quadro normativo e processual penal sustentado naqueles princípios constitucionais.

Sendo vários os institutos disponíveis actualmente na ordem jurídica nacional, cujo campo de aplicação é restringido pela categoria jurídico-penal da criminalidade violenta ou altamente organizada e não obstante o seu carácter fragmentário e disperso no ordenamento nacional, reconhecido o papel do juiz de instrução como juiz das liberdades, interessa-nos abordar, no âmbito dos meios especiais de prova, qual o papel da garantia judiciária no âmbito dos meios especiais de prova admissíveis naquela categoria jurídico-penal.

Ou seja, de uma forma mais incisiva, que papel tem ou deve ter o juiz como sujeito processual capaz de legitimar a utilização excepcional de tais meios de prova.

Previamente há que referir que falamos de meios especiais de prova, no sentido dado por algumas Convenções Internacionais que, para prova de tipos criminais específicos, ultrapassam o catálogo normal do quadro legal estabelecido para toda as formas de crimes, nomeadamente no âmbito da criminalidade grave, violenta ou organizada onde se admitem esses meios de prova excepcionais.

Recorde-se que se trata, em regra, de meios especiais altamente intrusivos de direitos e por isso, dotados de regimes normativos extremamente rigorosos quanto à sua admissibilidade e aos seus requisitos de validade e que só devem valer para um conjunto restrito de crimes graves, sempre condicionados pelos princípios da necessidade, da proporcionalidade, da protecção da intimidade privada e da tutela os direitos de defesa de quem é atingido.

Crimes graves que envolvem hoje de uma forma inequívoca a corrupção, o tráfico de influência ou o branqueamento de capitais, como crimes matriciais no domínio da criminalidade económica e financeira[3], independentemente de este último conceito abarcar outros tipos criminais.

5. Centremo-nos, por isso em três situações particularmente relevantes no domínio da investigação criminal na criminalidade económico-financeira (e na criminalidade organizada): as escutas telefónicas, o registo de voz e imagem e o agente infiltrado.

No primeiro caso, como todos saberão, a reforma do Código de Processo Penal de 2007 trouxe uma alteração muito significativa no regime normativo estabelecendo uma minuciosa regulamentação sobre o instituto.

No segundo caso, de uma forma simples, demasiado simples, dir-se-ia, o legislador estabelece na Lei n.º 5/2002 de 11 de Janeiro, a admissibilidade para a investigação de determinados tipos de crimes, do registo de voz e imagem, por qualquer meio, sem consentimento do visado.

No terceiro caso, existe uma lei especial – Lei n.º 101/2001, de 25-08 – que estabelece o regime das acções encobertas para fins de prevenção e investigação criminal cujo âmbito de aplicação foi alargado pelo artigo 19º da Lei n.º 109/2009 de 15 de setembro, relativa ao Cibercrime e mais recentemente pela Lei n.º 60/2013, de 23 de agosto, relativamente ao crime de tráfico de pessoas.

Interessa-nos, em todos estes regimes saber o que faz o juiz em tais institutos e que problemas têm ocorrido na aplicação desses normativos.

6. No primeiro caso, são vários os momentos da «narrativa» normativa que importa atentar.

Em **primeiro lugar** é ao juiz que cabe autorizar, através de despacho fundamentado e mediante requerimento do MP a autorização das escutas a realizar no inquérito, em determinados tipos de crimes («catálogo»).

Curiosamente a reforma de 2007 veio introduzir uma «nova» competência do presidente do STJ, para autorizar a intercepção, a gravação e a transcrição de conversações ou comunicações em que intervenham as pessoas do presidente da República, do Presidente da Assembleia da República e do Primeiro-Ministro.

[3] Assim o refere expressamente o artigo 1º alínea m) do CPP ao incluir no âmbito da «criminalidade altamente organizada» os referidos crimes.

Como se sabe, não é certo se essa competência decorre apenas quando estas personalidades são suspeitas ou arguidas, pessoas que sirvam de intermediário, relativamente à qual haja fundadas razões para crer que recebe ou transmite mensagens destinadas ou provenientes de suspeitos ou arguido ou sejam vítimas de crime, mediante o respectivo consentimento, efectivo ou presumido, de acordo, com o disposto no artigo 187º n.º 4, ou se tal competência se estende quando essas personalidades são «apanhadas» em conversações com esses mesmos sujeitos. O foro próprio e específico, em razão das funções de soberania que exercem, sendo a razão de ser dessas competências, deve moldar a interpretação a fazer.

Em **segundo lugar** é ao juiz que cumpre fixar o prazo para durar a intercepção.

Em **terceiro lugar** é ao juiz que cabe a competência exclusiva para, inteirando-se previamente do conteúdo das conversações, «limpar», das conversas escutadas, tudo o que diga respeito a conversações em que não intervieram a pessoas suspeitas ou arguidas, pessoas que sirvam de intermediário, relativamente à qual haja fundadas razões para crer que recebe ou transmite mensagens destinadas ou provenientes de suspeitos ou arguido ou sejam vitimas de crime, mediante o respectivo consentimento, efectivo ou presumido, que abranjam matérias cobertas pelo segredo profissional, de funcionário ou de Estado ou cuja divulgação possa afectar gravemente direitos, liberdades e garantias.

Em **quarto lugar** é ao juiz que compete determinar, durante o inquérito, a requerimento do MP, a transcrição e junção aos autos das conversações e comunicações indispensáveis para fundamentar a aplicação de medidas de coacção ou de garantia patrimonial, à excepção do TIR.

Em **quinto lugar** é ao juiz que incumbe autorizar, através de despacho fundamentado, que a gravação de conversações ou comunicações possa ser utilizada noutro processo em curso ou a instaurar, nos casos referidos no artigo 187º n.º 7 – a *garantia do chamado efeito à distância.*

Em **sexto lugar** é ao juiz que compete decidir sobre a autorização e validade da intercepção e gravação de conversações entre o arguido e o seu defensor, desde que estas constituam elemento ou objecto de crime.

O que decorre deste regime é uma efectiva intenção do legislador em dar ao juiz um poder de controlo real sobre a prova que decorre do meio de obtenção de prova escuta telefónica.

E se isto é assim, como é, então o juiz tem que ter um papel activo da investigação criminal no tipo de crime onde é admissível este meio de obtenção de prova.

Interessa-nos sublinhar, nesta matéria, porque algumas dúvidas têm surgido na jurisprudência, a imperatividade da fundamentação das decisões proferidas pelo juiz nesta matéria e, por isso, a absoluta necessidade de existirem factos que suportem a «demonstração da necessidade e razoabilidade da realização» das intercepções, como muito bem foi referido no Ac. Relação de Lisboa de 28-04-2011 (In CJ, Tomo II, 2011, p. 157).

Ou como referimos noutro local, «*trata-se, nesta concretização, de trazer ao processo um conjunto de factos indiciários que possam permitir ao juiz decisor realizar uma efectiva ponderação valorativa no sentido de admitir ou não um acto que impõe uma grave restrição de direitos fundamentais tutelados, concretizando-se assim o núcleo central do modo de motivar especificamente exigido pelo legislador*»[4].

Só desta forma se permite, efectivamente, dar ao juiz a possibilidade de exercer a garantia judiciária sustentada na validação de uma incisiva fractura nos direitos fundamentais do cidadão, para efeitos de investigação criminal.

7. No segundo caso, de uma forma simples, demasiado simples, dir-se-ia, o legislador estabelece na lei n.º 5/2002 de 11 de Janeiro, a admissibilidade para a investigação de determinados tipos de crimes, do registo de voz e imagem, por qualquer meio, sem consentimento do visado.

Trata-se, nesta matéria de questões que dogmaticamente são entendidas como «as grandes escutas» e que por isso mesmo e contrariamente a algumas ideias feitas, assumem um grau de intrusão tão ou mais impressivo e radical que as «escutas» telefónicas.

Recorde-se que nesta matéria falamos na possibilidade de utilização de câmaras de filmar, microfones de largo alcance ou outros dispositivos de captação de som e imagem que podem ser utilizados a grande distância dos visados, de forma a ser recolhida prova através do seu uso.

Daí que pese embora o seu registo normativo de validação extremamente simples – a remissão para o artigo 188º do CPP – a exigência de garantia de direitos que a utilização de tais meios implica, não pode deixar

[4] José António Mouraz Lopes, *A fundamentação da Sentença no sistema penal português*, Almedina, Coimbra, 2011, p. 275.

de sustentar uma posição no **mínimo idêntica** à que está normativizada para as escutas telefónicas.

Recorde-se no entanto que o leque de crimes passíveis de permitirem este tipo de meio de obtenção de prova é mais reduzido do que o catálogo referente às escutas telefónicas.

Daí que o que foi referido quanto a questões relacionadas com as escutas telefónicas que devam aplicar-se a estes meios, *maxime*, a fundamentação da decisão que autorizem esses mecanismos e a fixação de prazo para tal, tem aqui igual reflexo.

8. No terceiro caso, o regime das acções encobertas para fins de prevenção e investigação criminal, tem suscitado alguns problemas que importa abordar.

Sendo conhecido toda a dogmática altamente desenvolvida sobre o grau de intrusão nos direitos fundamentais que suscita este meio de obtenção de prova, por um lado e, por outro lado, a perversidade dos princípios éticos que a admissibilidade do agente infiltrado comporta para o sistema penal, nomeadamente a lealdade processual, atentemos apenas, por uma questão prática no papel que aí tem que desempenhar o juiz.

A acção encoberta, tanto no âmbito de um inquérito como no caso da prevenção criminal, é levada a cabo, sempre, com o controlo de uma autoridade judiciária.

No âmbito do inquérito, é ao Ministério Público que a lei atribuiu essa competência, sabido que, ao contrário de outros sistemas, o MP é uma magistratura dotada de um forte grau de autonomia e sujeita ao princípio da legalidade. O legislador foi ainda mais longe e, salvaguardando a garantia judiciária, impôs que, no domínio da investigação criminal, seja exigida a intervenção do juiz de instrução para validar o procedimento. Validar e não carimbar. Ou seja o juiz tem que analisar a autorização do MP e se esta não obedecer aos requisitos estabelecidos, não deverá ser validada[5].

No caso em que a acção encoberta decorrer no âmbito da prevenção criminal, nos termos do artigo da Lei n.º 36/94 de 29 de Setembro, é o juiz

[5] Sobre a exigência de um conteúdo validatório da intervenção judicial, igual ao conteúdo autorizatório, cf. Maria de Fátima Mata-Mouros, «*Juiz das Liberdades. Desconstrução de um Mito do processo penal*, Almedina, 2011, p. 450.

de instrução do Tribunal Central de Instrução Criminal que tem competência para a autorizar a acção encoberta.

É, por outro lado, ao juiz, de instrução ou de julgamento, consoante a fase processual, que compete autorizar que o agente que tenha actuado com identidade fictícia preste depoimento sob esta identidade em processo relativo aos factos objecto da sua actuação.

É, finalmente, ao juiz de julgamento que compete determinar a comparência em audiência de julgamento do agente encoberto, observando-se sempre, no entanto, o disposto do artigo 87.º n.º 1 do CPP ou o depoimento com ocultação de imagem ou distorção de voz, de modo a evitar-se o seu reconhecimento, nos termos do artigo 4.º da Lei n.º 93/99 de 14 de Julho.

A questão mais problemática que tem sido suscitada na jurisprudência decorre essencialmente da questão, também ela dogmaticamente difícil de gerar consensos, relacionada com a fronteira entre o agente infiltrado e o agente provocador.

Aceitemos, em termos meramente tópicos, que a diferenciação que permite trilhar a fronteira da admissibilidade do meio de obtenção da sua proibição, decorre do facto do agente provocador incitar, instigar outrem à prática do crime, enquanto o agente infiltrado trabalha num meio em que os crimes já foram praticados, estão em execução ou na eminência de ocorrerem. Trata-se de alguma forma de matéria que vem sendo trabalhada pela jurisprudência do STJ.

Sobram ainda alguns problemas, nomeadamente saber como se pode perceber qual o momento em que ocorreu o «salto»

Importa, para resolver este problema, atentar nos princípios que estão em causa no rigoroso regime do agente encoberto.

Como tem sido dito, o regime da acção encoberta, é excepcional porque é exigida uma protecção devida necessária ao agente encoberto para que se permita chegar a um determinado *iter criminis* que doutra forma não seria possível.

Sublinhe-se que se trata de uma actividade de altíssimo risco pessoal que, por isso, obriga o Estado a criar mecanismos de protecção efectiva de quem nela se envolve voluntariamente. Deve por isso ser garantida, sem margem para falhas, a segurança de quem contribuiu para a descoberta da verdade e boa administração da Justiça.

Se a garantia judiciária deve funcionar para garantir o direito a um processo justo, nomeadamente permitindo ao arguido o exercício de um direito de defesa efectivo, não pode, igualmente deixar de tutelar e garantir os direitos pessoais de quem contribuiu para a descoberta da verdade e boa administração da Justiça, com a sua própria integridade física e mesmo a própria vida.

O que se pretende sublinhar é exactamente o carácter verdadeiramente excepcional do regime do agente encoberto, sujeito a uma disciplina rigorosa e diferenciada em relação aos restantes meios de obtenção de prova.

Aceitando essa excepcionalidade e efectuado o controlo jurisdicional, a decisão que envolve o acesso do arguido ao relato da acção encoberta, em virtude da sua junção aos autos, deve ser reservada para situações absolutamente excepcionais de necessidade de prova dos factos da acusação ou da pronúncia.

E aqui o «absolutamente excepcionais» tem que ser interpretado exactamente de forma literal. Ou seja se não for possível de outro modo chegar a prova do que se pretende e se mesmo assim esse caminho for o único que permita ao Tribunal chegar à descoberta da verdade.

A indeterminabilidade da vítima e a posição de assistente nos processos-crime de natureza económico-financeira[1]

FLÁVIA NOVERSA LOUREIRO
Professora da Escola de Direito da Universidade do Minho

Sumário: I. A tríade vítima, ofendido e assistente: do facto criminoso ao processo penal; II. A criminalidade económico-financeira e as suas vítimas; III. A tendencial indeterminabilidade da vítima e a (im)possibilidade de constituição de assistente nos processos por crimes económico-financeiros.

I. A tríade vítima, ofendido e assistente: do facto criminoso ao processo penal

Se o direito existe apenas como forma de mediação inter-relacional, visando a regulação das relações humanas e, em última linha, a manutenção da paz social[2], todo o facto criminoso gera, necessariamente, um conflito

[1] Este artigo corresponde, com ligeiras modificações, àquele que apresentámos em Lisboa, no dia 12 de abril de 2013, no *IV Congresso de Processo Penal – Congresso Luso-Brasileiro sobre Criminalidade Económico-Financeira*, organizado pela Livraria Almedina. Não podemos deixar de aproveitar a oportunidade para agradecer ao Prof. Doutor Manuel Monteiro Guedes Valente, coordenador científico do evento, o convite para participar neste Congresso.

[2] Lembrando as palavras de BATISTA MACHADO no seu *Introdução ao Direito e ao Discurso Legitimador*, Almedina, 1987, p. 7 e ss., o homem constrói-se em relação com o ambiente,

social[3]. Um tal conflito, como repetidamente se afirma na dogmática jurídico-penal, é de tal importância no caso da prática de crimes que é toda a comunidade que se vê afetada e que, nessa medida, exige reação[4]. A ofensa de bens jurídicos com dignidade penal é suscetível de causar fraturas na tessitura social, que olha o crime como um fator potencialmente desintegrador do equilíbrio comunitário e que, por isso, a comunidade enquanto todo, mediada usualmente através da figura do Estado, deve enfrentar[5].

Não significa isto, todavia, como bem sabemos, que a concreta lesão ou colocação em perigo do bem jurídico em causa não afete, primariamente e de modo particularmente acutilante, uma ou mais vítimas concretas, elementos individualizados da comunidade que especificamente sofrem a ação e/ou o resultado da atuação criminosa de determinado agente. A circunstância, pois, de o bem jurídico pertencer à ordem de grandeza das *coisas comunitárias*, representando um interesse ou valor relevante para toda a sociedade em causa, não significa – bem pelo contrário[6] – que não exista um indivíduo determinado ou determinável na esfera do qual o objeto da ação se encontra e em relação ao qual aquele bem jurídico comunitário se concretiza.

natural e humano, ultrapassando a sua incompletude ontogenética através da sociogénese e necessitando, por isso, de *instituições*, que garantem "a segurança das relações entre os homens, ao mesmo tempo que permitem a cada homem encontrar-se e definir-se num contexto ou universo significativo" (p. 8).

[3] Já assim Cesare Beccaria, que, no seu *Dos Delitos e das Penas*, Fundação Calouste Gulbenkian, 2007 (2.ª edição), p. 61 e ss., partindo da ideia base de contrato social, afirmava: "é do interesse de todos que os pactos úteis à maioria sejam observados. A violação, ainda que de um só, é o início da permissão da anarquia".

[4] Sobre a centralidade do conceito de bem jurídico enquanto elemento definidor do crime, cf., por todos, Claus Roxin, *Strafrecht, Allgemeiner Teil, Band I*, Beck, 2006 (4.ª ed.), p. 13 e ss., e Jorge de Figueiredo Dias, *Direito Penal, Parte Geral, Tomo I*, Coimbra Editora, 2007 (2.ª ed.), p. 106 e ss.

[5] No sentido de, através da aplicação de uma pena (ou, eventualmente, de uma medida de segurança) cumprir as finalidade de prevenção geral e especial, garantido a validade e a proteção dos referidos bens jurídicos e tentando a reintegração do agente na comunidade.

[6] Falamos, naturalmente, dos denominados bens jurídicos individuais. Por oposição, claro está, aos bens jurídicos supra-individuais ou coletivos, onde essa ligação entre bem jurídico e pessoa individualmente afetada é ou pode ser mais lassa. Cf., a este propósito, as reflexões que expendemos noutro lugar: Flávia Noversa Loureiro, "Estudo breve do art. 279.º do Código Penal – Após a revisão de Setembro de 2007", *Boletim da Faculdade de Direito – Estudos em Homenagem ao Prof. Doutor Jorge de Figueiredo Dias*, v. 3, Coimbra Editora, 2010, pp. 455-482.

De tal modo assim é que, historicamente, o processo penal nem sempre foi público, estando antes na disponibilidade da pessoa ofendida, que, segundo o seu livre arbítrio, decidia ou não exigir do agente responsável o ressarcimento do dano. Tratava-se, por isso, de uma solução imanentemente privada, de recorte civilístico e que consubstanciava, em grande medida, uma opção pela reparação individual dos danos causados e pela vingança pessoal de um sujeito da comunidade em relação a outro que lhe havia causado certo mal[7].

Com a criação moderna da figura de Estado e a atribuição a este do monopólio da função jurisdicional[8], começa a reconfigurar-se o conflito penal, sublinhando-se a importância do dano comunitário decorrente da prática de um crime e assistindo-se a um fenómeno de afastamento da vítima deste processo. No procedimento penal, a vítima passa a ser representada pelo Estado, pela comunidade, que defende os interesses individuais daquela enquanto parte integrante de um organismo mais vasto, a sociedade. À relação que opõe vítima a ofensor sobrevém agora uma outra que opõe este à comunidade, na premissa de que a afetação de bens jurídicos essenciais à sobrevivência da sociedade não interessa apenas à pessoa que concretamente foi objeto da ação, mas à totalidade dos cidadãos. A vítima é paulatinamente esquecida (ou, ao menos, afastada) no processo penal, encarada apenas como agente espoletador do processo e tornando-se, a partir daí, como que um ente abstrato, sem materialização corpórea no processo.

[7] Cf. Jorge de Figueiredo Dias, *Direito Processual Penal*, Coimbra Editora, 2004 (reimpressão 1974), p. 51 e ss.: "[a] razão disto [da falta de diferenciação entre os vários tipos de processos] residia na própria confusão dos ramos de direito substantivo respectivos e numa concepção jurídico-penal onde não estava ainda presente o interesse da sociedade na punição do criminoso, mas apenas o da vítima em obter vingança e reparação: qualquer processo traduziria só uma oposição de interesses entre uma vítima e um culpado possíveis, esgotando-se na queixa de um facto ilícito e no pedido de reparação ao seu autor".

[8] Para uma análise crítica do papel atribuído à vítima no processo penal, no nosso como em outros tempos e lugares, cf. Maria Leonor Assunção, «A participação central-constitutiva da vítima no processo restaurativo – uma ameaça aos fundamentos do processo penal estadual?», *in* Mário Ferreira Monte/ Maria Clara Calheiros/ Fernando Conde Monteiro/ Flávia Noversa Loureiro (coord.), *Que Futuro para o Direito Processual Penal?, Simpósio em Homenagem a Jorge de Figueiredo Dias, por ocasião dos 20 anos do Código de Processo Penal Português*, Coimbra Editora, 2009, p. 333-357.

A partir de metade do século passado, todavia, ouvem-se vozes que clamam pela necessidade de reconduzir a vítima à discussão penal, de recentrar o processo em redor das duas pessoas a quem, de facto, diz diretamente respeito: a vítima e o infrator. Foi apenas, pois, com o aparecimento da vitimologia enquanto disciplina científica[9] que o direito penal (toda a ciência conjunta do direito penal) despertou para a necessidade de equacionar igualmente um outro conjunto de interesses, repensando o papel da pessoa que sofre a lesão ou a colocação em perigo do seu bem jurídico no quadro do desenvolvimento de um concreto processo criminal, voltando a conceder importância processual à vítima.

Assim, as formas através das quais a ponderação da figura da vítima tem sido levada a cabo no seio do direito penal e processual penal são muito variadas, refletem-se nas várias dimensões da intervenção criminal e têm evoluído ao longo do tempo e do espaço. De causa de exclusão da ilicitude[10] a requisito para a dispensa de pena[11]; de pressuposto para a abertura de inquérito[12] à possibilidade de arquivamento do processo para

[9] O que, como se sabe, é usualmente considerado como tendo ocorrido nos anos 50 do século passado, sobretudo pela mão de BENJAMIM MENDELSOHN, em "La Victimologie: Science Actuelle", *Revue de Droit Pénal et de Criminologie*, Veuve Larcier Editeur, Bruxelas, 1959, 2, abril, pp. 619 e ss.

[10] Por exemplo, o consentimento da vítima, de acordo com o artigo 38.º do Código Penal português.

[11] De acordo com o artigo 74.º, n.º 1, b) do nosso Código Penal (CP), um dos requisitos para que o tribunal, mesmo considerando o arguido culpado, opte pela dispensa de pena é a reparação do dano. O ofensor há de ter reparado o dano que causou à vítima para poder usufruir desta dispensa, de tal modo que, se ainda não o tiver feito mas o juiz tiver razões para crer que uma tal reparação está em vias de se verificar, pode adiar a sentença para reapreciação do caso (n.º 2 do art. 74.º).

[12] De acordo com as limitações ao princípio da oficialidade, nos crimes semipúblicos e particulares *stricto sensu*, a promoção do processo penal depende, pelo menos, de queixa do ofendido (arts. 49.º e 50.º do Código de Processo Penal), sendo que, no último caso, fica igualmente dependente da constituição do ofendido como assistente e, no final do inquérito, da sua acusação particular.

dispensa de pena[13] ou de suspensão provisória do processo[14], o papel da vítima tem vindo a desdobrar-se em múltiplas facetas no direito penal português. Ainda assim, como bem sabemos, é por muitos considerado insuficiente[15] – em sintonia, aliás, com aquilo que tem vindo a suceder um pouco por toda a Europa[16] –, tendo vindo a desenvolver-se esforços no sentido de propor aprofundamentos de um tal papel.

O trabalho que possa realizar-se neste âmbito (não discutindo, agora, da propriedade ou inadequação de uma tal opção) enfrenta, todavia, diversas dificuldades de muito distinta natureza, a começar, logo, pelos aspetos relacionados com a conceituação e delimitação. De facto, *vítima* não é – ou não é apenas – um conceito jurídico, mas antes sociológico e criminológico. E muito embora esteja umbilicalmente ligado ao direito (e ao direito penal,

[13] De acordo com o art. 280.º do Código de Processo Penal (CPP), encerrado inquérito de que resultem indícios suficientes de se ter verificado o crime e de quem foi o seu agente (nos termos do n.º 2 do art. 283.º), o Ministério Público pode não proferir despacho de acusação, mas antes optar por arquivar o processo, se este for por crime relativamente ao qual esteja prevista expressamente na lei penal a possibilidade de dispensa de pena, se verificarem os seus pressupostos e for obtida a concordância do juiz de instrução. Como vimos *supra*, esta dispensa de pena depende, naturalmente, da diminuta ilicitude e culpa do agente, do cumprimentos das exigências de prevenção e da reparação do dano causado.

[14] De modo semelhante, o nosso CPP prevê uma outra *abertura à oportunidade*, ao admitir que o Ministério Público, face à recolha de indícios suficientes, possa ainda optar pela suspensão provisória do processo, prevista no art. 281.º, não lançando mão do despacho de acusação. A suspensão provisória do processo permite ao Ministério Público, cumpridos determinados requisitos, suspender o processo e sujeitar o arguido a um conjunto de injunções e regras de conduta que, se forem cumpridas, conduzirão ao arquivamento do processo (se o não forem, o processo prosseguirá). Para o que aqui nos interessa particularmente, devemos sublinhar que uma suspensão deste género depende da concordância do assistente, sem a qual não poderá ter lugar (a não ser nos casos previstos agora no n.º 9 do preceito).

[15] Analisando o papel da vítima no processo penal português e refletindo sobre a sua importância e necessidade de ajustamento, cfr. Maria Leonor Assunção, *op. et loc. cit.*; Mário Ferreira Monte, "Um olhar sobre o futuro do direito processual penal – razões para uma reflexão", *in* Mário Ferreira Monte/ Maria Clara Calheiros/ Fernando Conde Monteiro/ Flávia Noversa Loureiro (coord.), *Que Futuro para o Direito Processual Penal?, Simpósio em Homenagem a Jorge de Figueiredo Dias, por ocasião dos 20 anos do Código de Processo Penal Português*, Coimbra Editora, 2009, pp. 399-418, *maxime* pp. 412 e ss.

[16] Para uma análise acerca do entendimento do papel da vítima na Europa, sua história e prospetiva, cfr., por todos, Geneviève Giudicelli-Delage e Christine Lazerges (org.), *La victime sur la scène pénal en Europe*, Paris, Presses Universitaires de France, 2008, onde é, por um lado, realizada uma análise da figura da vítima ao nível nacional (dos diferentes países) e, por outro, um estudo dos seus mais importantes problemas transnacionais.

em especial[17]), ultrapassa-o em larga medida, pois que vítima não será, pelo menos em certa aceção, apenas aquela pessoa que sofre um dano por força de uma atuação penalmente relevante de outrem, mas aquela que o sofre por qualquer causa, independentemente da natureza do ato (acidente, doença, caso fortuito, força maior, etc.).

Considerada a amplitude de um entendimento como este, e a variação possível de conceitos, a Declaração dos Princípios Básicos de Justiça relativos às Vítimas da Criminalidade e de Abuso de Poder, adotada pelas Nações Unidas em 1985[18], entendeu como vítimas "as pessoas que, individual ou coletivamente, tenham sofrido um prejuízo, nomeadamente um atentado à sua integridade física ou mental, um sofrimento de ordem moral, uma perda material, ou um grave atentado aos seus direitos fundamentais, como consequência de atos ou omissões violadores das leis penais em vigor num Estado membro, incluindo as que proíbem o abuso de poder". Acrescentando, ainda, que "o termo 'vítima' inclui também, conforme o caso, a família próxima ou as pessoas a cargo da vítima direta e as pessoas que tenham sofrido um prejuízo ao intervirem para prestar assistência às vítimas em situação de carência ou para impedir a vitimização"[19].

Se é certo que esta definição procede já a um estreitamento das variáveis que podem compor um conceito de vítima de ordem sociológica, a verdade é que permanece ainda demasiado amplo, não possuindo a qualidade individualizadora suficiente para operar como conceito de legitimação dentro da dogmática jurídico-penal. Na verdade, da noção estabelecida na Declaração tanto podem resultar vítimas diretas como indiretas, vítimas singulares como conjuntos de vítimas, vítimas objeto da ação criminal como meros lesados por força de uma atuação de defesa ou proteção daquelas primeiras vítimas (os civilmente lesados, por exemplo, tal como os conhece o nosso Código de Processo Penal).

Em sentido tendencialmente similar, a União Europeia, na decisão quadro do Conselho relativa ao estatuto da vítima em processo penal, de 15 de

[17] Acerca do conceito de vítima, perspetivado a partir da ótica penal, cfr., além das referências já apontadas, Manuel da Costa Andrade, *A vítima e o problema criminal*, Edições Coimbra, 1980, *passim*.

[18] Resolução n.º 40/34, adotada por unanimidade pela Assembleia Geral da ONU em 29 de novembro de 1985. Seguiram-se-lhe as Resoluções n.º 1989/57 e n.º 1990/22 , do Conselho Económico e Social, relativas à sua aplicação.

[19] Pontos 1 e 2 da Declaração.

março de 2001[20], entende como vítima "a pessoa singular que sofre um dano, nomeadamente um atentado à sua integridade física ou mental, um dano moral, ou uma perda material, diretamente causados por ações ou omissões que infrinjam a legislação penal de um Estado Membro". Tenta-se já, nesta definição, reduzir a figura da vítima para efeitos processuais, sendo de destacar quer a restrição apenas a pessoas singulares, quer a exigência de um nexo de causalidade direto entre dano e ação ou omissão em causa.

O direito penal português, nesta tentativa de circunscrever o leque de vítimas àquele núcleo de pessoas cujo dano está diretamente relacionado com o crime, sendo usualmente o seu objeto de ação, criou – bem antes de qualquer um destes instrumentos – a figura do ofendido. De acordo com o n.º 1 do artigo 113.º do Código Penal, será ofendido não qualquer pessoa que tenha sofrido um dano com uma certa atuação criminosa de outrem mas somente o titular dos interesses que a lei especialmente quis proteger com a incriminação. Estamos perante um conceito estrito de ofendido, de longa tradição entre nós[21], que se justifica face aos poderes processuais que lhe são atribuídos, desde logo o de iniciativa processual (num determinado número de casos[22]) e o de poder convolar-se em sujeito processual, alargando o seu campo de atuação.

O ofendido tem, pois, no nosso processo penal, além de um conjunto de outras faculdades que aqui não cabe analisar especificamente[23] – mas de entre as quais se destaca, desde logo, a referida titularidade do direito de queixa – a possibilidade de se constituir assistente no processo, nos

[20] A decisão quadro 2001/220/JAI pretende garantir um nível elevado de proteção às vítimas de crime, independentemente do Estado Membro em que se encontrem, considerando ser necessário, para realizar tal objetivo, que os países da UE aproximem as suas disposições legislativas e regulamentares.

[21] Jorge de Figueiredo Dias, *Direito Processual Penal*, pp. 505 e ss.

[22] Como dissemos já *supra*, sendo o MP quem, ao abrigo do princípio da oficialidade, tem a competência para promover o processo, essa regra sofre limitações no que respeita aos crimes particulares *lato sensu*. Nos crimes semipúblicos e particulares *stricto sensu* cabe, pois, ao ofendido apresentar a queixa respetiva, só assim se abrindo a possibilidade de dar início ao processo penal (nos termos dos arts. 49.º e 50.º do CPP).

[23] Na verdade, o ofendido – ainda que se não constitua assistente – pode participar no processo penal, embora nesta hipótese não adquira a qualidade de sujeito processual. Além de ser o titular do direito de queixa (nos termos dos arts. 113.º e ss. do CP e 49.º e ss. do CPP), o ofendido tem, por exemplo, o direito a ser notificado da decisão de encerramento de inquérito, quando haja apresentado queixa (nos termos dos arts. 277.º, n.º 3 e 283.º, n.º 5), ou o direito a requerer, sendo caso disso, pedido de indeminização civil (art. 74.º do CPP).

termos do artigo 68.º do Código de Processo Penal. O assistente, enquanto colaborador do Ministério Publico, a cuja atividade a sua intervenção está por regra subordinada[24], constitui verdadeiro sujeito processual[25], pois que a sua atuação é suscetível de condicionar o andamento do processo e conformar a decisão final. Ao assistente, de acordo com o artigo 69.º, n.º 2, do CPP, compete especialmente intervir no inquérito e na instrução, oferecendo provas, requerendo diligências e conhecendo os despachos que recaírem sobre tais iniciativas, deduzir acusação independente da do Ministério Público ou, no caso de crimes particulares, ainda que este a não deduza, e interpor recurso das decisões que o afetem, ainda que o MP não o tenha feito.

Há, pois, como resulta desta análise sintética, um movimento de constrição quanto ao relevo e tratamento da vítima na nossa ciência jurídico-criminal: à vítima em sentido amplo, relevante quer do ponto de vista criminológico, quer de uma perspetiva político-criminal[26], sucede a vítima jurídico-penalmente relevante – o ofendido –, enquanto titular do interesse jurídico-penal posto em causa; e este pode mesmo vestir-se de sujeito processual através da sua constituição como assistente, intervindo e conformando o processo dentro dos limites legais.

[24] É o que estabelece o art. 69.º, n.º 1 do CPP. Não assim já quando estejamos perante crimes particulares *stricto sensu*, onde o assistente pode agir *contra* a decisão do MP, nomeadamente no poder que tem de deduzir acusação particular ainda que o Ministério Público entenda não ter recolhido indícios suficientes (art. 285.º CPP).

[25] Como explica Jorge de Figueiredo Dias, *Direito Processual Penal*, pp. 239 e ss., serão participantes processuais "todas as pessoas e entidades que, investidas nas mais diversas funções, actuam juridicamente no processo e para as quais, por isso, nascem daquele diferentes direitos e obrigações", estando reservada a designação de sujeitos processuais para aqueles participantes "a quem competem direitos e deveres processuais *autónomos*, no sentido de que, através das suas próprias decisões, podem codeterminar, dentro de certos limites, a concreta tramitação do processo" (p. 240). Cf., do mesmo Autor, «Sobre Sujeitos Processuais no Novo Código de Processo Penal» *in* CEJ (org), *Jornadas de Direito Processual Penal – O Novo Código de Processo Penal*, Almedina, Coimbra, 1988, pp. 1 e ss.

[26] Sobretudo hoje quando se questiona a necessidade de uma viragem rumo à justiça restaurativa ou ao direito penal reparador, onde a vítima deve assumir um papel verdadeiramente central.

II. A criminalidade económico-financeira e as suas vítimas

Muito embora seja hoje muito comum fazer-se referência à criminalidade económico-financeira, esta é uma noção com contornos fluidos e pouco precisos, dotada de grande plasticidade, mas, por isso mesmo, com um défice sensível de concretude e operacionalidade[27]. Em boa verdade, não se torna fácil precisar exatamente o que seja a criminalidade económico-financeira, no sentido de identificar os tipos legais que caibam nesta classificação, de se lhes identificar um mínimo denominador comum, de modo a densificar um conjunto que se mostra muito abrangente e que pretende aglutinar sob uma mesma égide um conjunto muito grande – e porventura algo díspar – de realidades. Apesar dessas dificuldades, os, denominados, crimes económico-financeiros ocupam talvez a preocupação central no direito penal e processual penal contemporâneo[28] e merecem, por isso, atenção particular.

A Organização das Nações Unidas (ONU) apresentou no seu 11.º Congresso sobre Prevenção do Crime e Justiça Penal, que decorreu na Tailândia em 2005[29], uma aproximação à definição desta criminalidade[30]: crime económico-financeiro seria, então, "toda a forma de crime não violento que

[27] Como sublinha Jorge dos Reis Bravo, *Para um Modelo de Segurança e Controlo da Criminalidade Económico-financeira – Um Contributo Judiciário*, Observatório de Economia e Gestão de Fraude, Working Papers, n.º 18, 2013, "criminalidade organizada e criminalidade económico-financeira não são, rigorosamente, conceitos (técnico-)jurídicos; são conceitos eminentemente operativos ou instrumentais" (p. 16). Chamando já a atenção para este problema, a propósito da criminalidade organizada, Jorge de Figueiredo Dias, "A criminalidade organizada: do fenómeno ao conceito jurídico-penal", *Revista Brasileira de Ciências Criminais*, n.º 71, março-abril 2008, pp. 14 e ss.

[28] Nas palavras de Maria Fernanda Palma, "Direito Penal Especial: o vértice do sistema penal", *Boletim da Faculdade de Direito – Estudos em Homenagem ao Prof. Doutor Jorge de Figueiredo Dias*, v. 3, Coimbra, Coimbra Editora, 2010, p. 546: "[d]esse modo, deslocou-se o centro do sistema penal do homicídio, da ofensa corporal, do sequestro, da violação, do furto e do roubo para áreas de actividade directamente destrutivas de um modelo de sociedade que a ferem na sua consistência e na aceitabilidade pelos cidadãos".

[29] Documento informativo UNODC, UnisVienna n.º 5 a respeito do 11.º Congresso das Nações Unidas sobre Prevenção do Crime e Justiça Penal, disponível em www.unis.unvienna.org.

[30] Igualmente importantes nesta matéria são as Convenções das Nações Unidas contra o Tráfico Ilícito de Estupefacientes e Substâncias Psicotrópicas (adotada a 20 de dezembro de 1998 e ratificada pelo decreto do Presidente da República n.º 45/91, de 6 de setembro), e contra a Criminalidade Organizada Transnacional (adotada em 15 de novembro de 2000 e ratificada pelo Presidente da República n.º 19/2004, de 2 de abril).

tem como consequência uma perda financeira". O conceito é conscientemente largo, abrangendo um amplo leque de atividades ilegais (entre as quais, a ONU destaca, desde logo, a fraude, a corrupção, a evasão fiscal e o branqueamento de capitais) e apelando a uma conceptualização mais precisa por parte da doutrina. Tanto mais quanto os velozes desenvolvimentos tecnológicos atuais fornecem cada vez mais meios e oportunidades para este tipo de criminalidade.

No seio da União Europeia, por sua vez, este também tem sido um tema a merecer especial atenção, usualmente encarado enquanto problema transnacional e, por isso, tratado conjuntamente com os problemas relacionadas com a criminalidade organizada. A este propósito devemos, por isso, destacar o Plano de Ação contra a criminalidade organizada, de 28 de abril de 1997[31]; a resolução do Parlamento Europeu de 20 de novembro de 1997 sobre o referido Plano de Ação[32]; a resolução 98/C 408/01 do Conselho Europeu, de 21 de dezembro de 1998, sobre a prevenção da criminalidade organizada[33]; a Ação Comum do Conselho Europeu relativa à incriminação da participação numa organização criminosa nos Estados-Membros da União Europeia 98/733/JAI, de 21 de dezembro de 1998[34]; e a Estratégia da União Europeia para o início do novo milénio sobre a prevenção e controlo da criminalidade organizada, 2000/C 124/01[35].

Busquemos, por último, na nossa legislação interna alguns indicadores quanto ao que deva entender-se por este tipo de criminalidade. A lei n.º 36/94, de 29 de setembro[36], que estabelece medidas de combate à corrupção e à criminalidade económica e financeira, elege como seu âmbito material os crimes de corrupção, peculato e participação económica em negócio, administração danosa, fraude na obtenção ou desvio de subsídio, subvenção ou crédito, infrações económico-financeiras cometidas de forma organizada, com recurso à tecnologia informática, e infrações económico-

[31] JO C 251, de 15 de agosto de 1997.

[32] JO C 371, de 8 de dezembro de 1997.

[33] JO C 408/01, de 29 de dezembro de 1998.

[34] JO L 351, de 29 de dezembro de 1998.

[35] JO C 124, de 3 de março de 2000.

[36] Primeiro diploma expressamente vocacionado para tratar destas matérias, foi entretanto alterado pela lei n.º 90/99, de 10 de Julho; pela lei n.º 101/2001, de 25 de Agosto; pela lei n.º 5/2002, de 11 de Janeiro, retificada pela declaração de retificação n.º 5/2002, de 6 de Fevereiro; e pela lei n.º 32/2010, de 2 de Setembro.

-financeiras de dimensão internacional ou transnacional (art. 1.º). Se é certo que não nos permite uma conclusão exata acerca do que possa entender-se por criminalidade económico-financeira (uma vez que, mais não fosse, é o próprio legislador a fazer uso da expressão no elenco de crimes em causa), sempre nos deixa pistas muito úteis sobre o seu núcleo essencial.

Por sua vez, a lei n.º 5/2002, de 11 de janeiro[37], veio estipular um conjunto de medidas de combate à criminalidade organizada e económico-financeira, delimitando o seu núcleo material com referência aos seguintes crimes: tráfico de estupefacientes (nos termos dos arts. 21.º a 23.º e 28.º do decreto-lei n.º 15/93, de 22 de janeiro), terrorismo e organização terrorista; tráfico de armas; corrupção passiva e peculato; branqueamento de capitais; associação criminosa; contrabando; tráfico e viciação de veículos furtados; lenocínio e lenocínio e tráfico de menores; contrafação de moeda e de títulos equiparados a moeda.

Não há, pois, coincidência exata com o âmbito material da lei n.º 36/94, mas podem, todavia, identificar-se dois ou três traços comuns, aglutinadores – segundo julgamos – das caraterísticas distintivas essenciais desta classificação. Por um lado, detetamos uma persistente preocupação com os crimes relacionados com a corrupção e infrações conexas (peculato, participação económica em negócio); por outro, uma centralização em criminalidade com relevo internacional ou transnacional (tráficos, terrorismo); por último, uma marca tendencial relacionada com o prejuízo económico-financeiro. Se é certo que não podemos afirmar tratar-se aqui de uma definição, cremos que estes *topoi* auxiliam na tarefa de delimitação de quais os tipos de crimes pré-existentes que compõem este conceito[38].

A tarefa complica-se, todavia, a cada momento que passa. Não havendo um conceito estabilizado de crime económico-financeiro, não é fácil, desde logo, manter registos e estatísticas fiáveis e comparáveis (quer internamente, quer entre países diferentes), que permitam induzir conclusões ou propor formas de atuação. O que, naturalmente, ainda é mais dificultado pela circunstância de este ser um tipo de criminalidade extremamente

[37] Alterada pela lei n.º 19/2008, de 21 de abril; pelo decreto-lei n.º 317/2009, de 30 de outubro; pelo decreto-lei n.º 242/2012, de 7 de novembro; e pela lei n.º 60/2013, de 23 de agosto.

[38] A propósito das tentativas de caraterização do crime organizado, por exemplo, cfr. Cláudia Cruz Santos, *O Crime de Colarinho Branco (Da origem do conceito e sua relevância criminológica à questão da desigualdade na administração da justiça)*, Boletim da Faculdade de Direito, Studia Iuridica, 56, Coimbra, Coimbra Editora, 2001, p. 81 e ss., com profusa referência doutrinária.

evolutiva, com capacidade de adaptação às novas realidades e que utiliza, por regra, a sofisticação técnica e o desenvolvimento tecnológico em seu proveito. A capacidade organizativa e logística e o fluxo financeiro usualmente ligados a este tipo de criminalidade aumentam muito o nível das dificuldades no que respeita à prevenção e repressão penais.

Por outro lado, as especificidades destes crimes no que toca à sua vitimologia[39] representam talvez um dos mais sérios óbices ao seu conhecimento real e, por consequência, ao respetivo combate. Efetivamente, a criminalidade económico-financeira é, por excelência uma área em que o conceito tradicional de vítima (aquele que traçámos como alicerçado numa ideia de pessoa física, singular, que sofre diretamente um determinado dano) é muito estreito e com pouca utilidade, dado o processo de profunda despersonalização, anonimato e coletivização da vítima[40] que se tem vindo a produzir na nossa sociedade e que afeta em particular este tipo de crimes. Estamos, na verdade, a falar de crimes que são cada vez mais cometidos no seio de pessoas coletivas, por regra empresas, que utilizam meios muito sofisticados, habitualmente ligados às tecnologias de informação, que disseminam a sua atuação por um número mais ou menos indiferenciado de destinatários, situados em diversos países e que, num grande número de vezes, não têm sequer a consciência de que são alvo de um crime. Em diversas circunstâncias, aliás, a vítima do crime não é sequer uma pessoa física individual, mas antes uma organização, uma empresa, a própria sociedade ou o Estado.

Ora, estas características assim identificadas a traços largos – que correspondem, aliás, não só ao perfil moderno de uma parte muito significativa dos delitos[41], como, sobretudo, a uma verdadeira transformação de

[39] Usamos aqui o termo na aceção de conhecimento a respeito das vítimas de determinado crime. Vitimologia, portanto, enquanto descrição das caraterísticas essenciais comuns do conjunto de pessoas que sofre determinado ato criminalmente relevante.

[40] Cfr., a este propósito, António Garcia-Pablos de Molina, *Tratado de Criminología,* Tirant lo blanch, Valencia, 2009 (4.ª ed.), pp. 107 e ss., que a este respeito fala da incorreta utilização da expressão "crimes sem vítima" (pp. 122-123).

[41] O que manifesta, como não podia deixar de ser, uma transformação significativa – já por nós sublinhada no início deste trabalho – quanto ao tipo de bem jurídico que vem ganhando terrenos em termos de tutela penal: o crescimento de tipos incriminadores que tutelam bens jurídicos coletivos ou supra-individuais reflete-se necessariamente no afrouxamento da ligação entre ação e vítima. Não deixa de ser curioso, portanto, que num momento em que ganham terreno no direito penal crimes sem vítima, com vítima difusa ou, ao menos, com

paradigma quanto à vítima e sua relação com o delinquente[42] – conduzem-nos ao problema central desta reflexão: a indeterminabilidade da vítima nos crimes de natureza económico-financeira. Na verdade, como sublinhámos, a construção científica em torno da ideia de vítima nasceu do pressuposto de que para uma verdadeira e proficiente análise do fenómeno criminal teria de partir-se não, como até aí, exclusivamente da pessoa do delinquente, mas antes do conceito de parelha criminal, de *partnership* entre delinquente e vítima. Só compreendida a complexa e bidirecional relação que se estabelece entre ofensor e ofendido, poder-se-ia, na verdade, compreender o próprio crime e atuar para a sua prevenção.

Ora, se a vítima assim encarada era necessariamente uma pessoa física, contrapondo-se, neste modelo, uma vítima a um delinquente, muito rapidamente se interiorizou que este quadro conceptual não era suficientemente complexo para abranger a multiplicidade de situações reais, defendendo mesmo vários autores não ser possível utilizar um conceito unitário de vítima[43]. Tanto mais quanto, muitas vezes, estaríamos mesmo perante uma tipologia de crimes que ficou conhecida como de "crimes sem vítima"[44], por não ser identificável no tipo de ilícito um interesse jurídico-penal de cariz individual, antes se tutelarem interesses coletivos ou do próprio Estado.

Como justamente salienta alguma doutrina[45], todavia, o facto de estarmos perante um crime sem ofendido (no sentido jurídico-penal que

vítima pouco consciente de o ser, se clame, simultaneamente, pela necessidade de reinvestir a vítima na centralidade da discussão jurídico-processual penal.

[42] A *partnership* criminal era o pressuposto no qual assentavam – assentam ainda – os grandes postulados da vitimologia, tal como foi, ademais, demonstrado pelos primeiros grandes estudiosos da matéria. Já H. v. Hentig e Mendelsohn sublinhavam o crime como fenómeno complexo e dual, em que ao papel desempenhado pelo agente se somava necessariamente aquele que era representado pela vítima, elemento essencial do crime. Cfr. Antonio García-Pablos de Molina, *op. cit.*, p. 115 e ss. e 1085 e ss., com um análise histórica dos contributos daqueles dois Autores e evoluções posteriores. Ver, igualmente, para uma perspetiva global e crítica, R. I Mawby e S. Walklate, *Critical Victimology. International Perspectives*, London, SAGE, 2002, *passim*.

[43] Cf. Antonio García-Pablos de Molina, *op. cit.*, p. 122.

[44] Entre nós, cfr. Jorge de Figueiredo Dias e Manuel da Costa Andrade, *Criminologia. O Homem Delinquente e a Sociedade Criminógena*, Coimbra, Coimbra Editora, 1997 (2.ª reimpressão), pp. 412 e ss.

[45] Acompanhamos, uma vez mais, Antonio García-Pablos de Molina, *op. cit.*, pp. 123 e ss., chamando exatamente a atenção para a criminalidade financeira e de *colarinho branco*: "[c]iertos hechos criminales, por su propia naturaleza, lesionan o ponen en peligro bienes e

atrás procuramos precisar) não significa que não existam vítimas de tal ato. A ausência de uma pessoa física, individual e individualizável, cujo interesse imediato a norma quis proteger, não significa, por um lado, que não haja uma pessoa ou um conjunto delas afetadas, ainda que não de modo direto, pelo ato criminoso, nem, por outro, que não possam estar mesmo em causa interesses jurídicos mais vastos, o da comunidade como um todo ou o do corpo político em que esta se organiza, o Estado.

Uma conceção deste tipo aparece como muito restritiva, deixando de fora de toda a consideração vitimológica uma gama muito rica e grave de comportamentos criminais dirigidos contra pessoas jurídicas ou interesses supra-individuais. Parece, por isso, hoje indiscutível a superação daquela noção inicial de vítima, alicerçada no binómio delinquente-vítima, e que a encara como sujeito que configura o facto criminal, condiciona o seu autor e contribui para a sua própria vitimização. Hoje ninguém negará seriamente que as pessoas coletivas, a própria sociedade ou o Estado podem igualmente ser vítimas de crimes.

Mas reconhecê-lo não significa, sem mais, que sejamos capazes de, face a cada concreto ato criminoso, identificar quem é a vítima, sobretudo quando, como na criminalidade económico-financeira, estamos num campo em que se acentuam as assinaladas tendências de anonimização, despersonalização e coletivização próprias da nossa sociedade pós-industrial. Na verdade, muitos investigadores puseram já em relevo que, em crimes desta natureza, dada a difícil identificação da vítima (ou a sua impossível individualização), a sua eventual natureza societária ou anónima, a sua ausência física, a falta de uma relação pessoal e direta da mesma com o infrator, assistimos usualmente ao funcionamento de poderosos mecanismos de neutralização ou justificação[46].

interesses cuyo titular no es la persona física, porque transcienden a ésta. Ello no significa, desde luego, que existan delictos «*sin víctima*»; significa que en estos campos de la criminalidad (criminalidade «*financiera*»; de «*cuello blanco*», etc.), la acepción tradicional de «*víctima*», muy restrictiva, carece de operatividad" (p. 123).

[46] Assinalando estas caraterísticas, muito embora direcionando a análise especificamente para a criminalidade económico-financeira *empresarial* (que sendo a maior parte dela, não a esgota necessariamente), James Gobert e Maurice Punch, *Rethinking Corporate Crime*, London, Butterworths – LexisNexis, 2003, pp. 21 e ss.; ou Christopher Harding, *Criminal Enterprise. Individuals, organizations and criminal responsability*, Devon, Willan Publishing, 2007, pp. 28 e ss.

Na verdade, esta indefinição da imagem da vítima acaba por ter incidência frequente no processo de resolução criminal do delinquente e nas suas estratégias de racionalização e auto-desculpação dos seus atos que lhe permitem defender-se do complexo de culpa e respetiva auto-degradação do conceito que faz de si próprio. Técnicas como a de negação da vítima, da sua culpabilização ou mesmo da negação da ofensa acabam por gerar no delinquente uma atitude de desresponsabilização quando não mesmo de justificação em relação aos seus atos criminosos.

Devemos, aliás, salientar que, quando este tipo de criminalidade coincide, como sucede num número muito grande de hipóteses, com a denominada criminalidade de *colarinho branco*, é a própria comunidade e mesmo as autoridades com competência para a investigação e perseguição penal que a encaram de modo mais tolerante ou permissivo[47], pois que ao não serem perfeitamente identificadas ou determináveis as vítimas se cria a sensação de que estas não existem ou de que os custos associados a estes crimes são baixos. Acontece, porém, exatamente o contrário, tal como se tem vindo a demonstrar através de diversos estudos levados a cabo sobretudo nos Estados Unidos da América e na Grã-Bretanha e parece começar a fazer parte da consciência coletiva. De acordo com Anthony Giddens, por exemplo, calcula-se que, nos EUA, no final do século passado, a quantidade de dinheiro envolvido em crimes de *colarinho branco* (fuga aos impostos, fraudes com seguros, fraudes envolvendo medicamentos e serviços médicos, fraudes com melhoramentos na habitação e na reparação de automóveis) era quatro vezes superior à envolvida em crimes comuns contra a propriedade[48].

O que é tanto mais relevante, como tem vindo a ser sublinhado, quanto uma parte muito considerável do valor envolvido em crimes económico-financeiros acaba a financiar outros atos criminosos, sobretudo criminalidade altamente organizada (com particular relevo para o terrorismo). E que coloca, como sabemos, desafios acrescidos quanto ao modo como lidar com este tipo de criminalidade, pois que não só se torna necessário pôr fim à atividade criminosa atual como evitar que, com base nos lucros

[47] Chamando a atenção para este problema, ANTHONY GIDDENS, *Sociologia*, Fundação Calouste Gulbenkian, 2009, pp. 231 e ss.

[48] *Idem, ibidem*, de acordo com dados da Comissão Presidencial contra o Crime Organizado, de 1986.

com ela obtidos e entretanto ocultados, se venha depois (mesmo que só após o cumprimento de uma pena) custear o desenvolvimento de novas ações proibidas[49].

III. A tendencial indeterminabilidade da vítima e a (im)possibilidade de constituição de assistente nos crimes económico-financeiros

Todos estes fatores aliados fazem com que possa afirmar-se, de facto, que uma das caraterísticas principais da atual criminalidade económico-financeira é a tendencial indeterminabilidade das suas vítimas. Seja porque tais crimes lesam ou colocam em perigo um bem jurídico supra-individual, sendo difícil identificar em que indivíduos concretos tal ofensa se reflete, seja porque a relação de tempo e espaço se dilui nesta criminalidade, fazendo com que, muitas vezes, nem a própria vítima saiba que o é, ou, mesmo quando tenha tal perceção, não saiba quem é o agente infrator ou como agir para o responsabilizar.

Do ponto de vista processual penal, este é mais um desafio que esta criminalidade apresenta. Se é certo que, entre nós, cabe ao Estado a perseguição penal, através do Ministério Público, de acordo com os princípios da oficialidade e da legalidade, a verdade é que a presença da vítima no processo, nomeadamente através da sua constituição como assistente, responde a um conjunto de necessidades que não devem ser desvalorizadas.

Por um lado, permite à vítima acompanhar todo o processo de apuramento de responsabilidades e eventual aplicação da sanção, o que certamente contribuirá para o seu sentimento de reparação de dano e

[49] O problema da recuperação de ativos é hoje considerado central em toda a temática dos crimes económico-financeiros e tem vindo a ocupar fatia significativa das preocupações de todos quantos lidam diariamente com a necessidade de debelar esta criminalidade. Em Portugal, a lei n.º 45/2011, de 24 de junho, criou o Gabinete de Recuperação de Ativos (GRA), a funcionar na dependência da Polícia Judiciária, dando assim cumprimento à decisão n.º 2007/845/JAI, do Conselho, de 6 de dezembro, relativa à cooperação entre os gabinetes de recuperação de bens dos Estados Membros no domínio da deteção e identificação de produtos ou outros bens relacionados com o crime. Por regra, o GRA procede à investigação patrimonial e financeira quando se trate de instrumentos, bens ou produtos relacionados com crimes puníveis com pena de prisão igual ou superior a 3 anos, ou quando o valor estimado dos mesmos seja superior a 1000 unidades de conta (art. 4.º, n.º 1). Além do GRA, o diploma em questão criou igualmente o Gabinete de Administração de Bens (GAB), com vista a garantir uma correta administração dos bens apreendidos ou recuperados.

de reposição da justiça (o sentimento de *closure*)[50]. Por outro, não pode esquecer-se que a vítima é usualmente testemunha privilegiada do facto criminoso, sendo quem pode trazer mais elementos relevantes para o apuramento dos factos, além de que detém um interesse particular no desenrolar do processo, pelo que exerce, como ninguém mais, uma pressão específica para que o processo-crime chegue a bom termo. Costuma sublinhar-se, a este propósito, que a vítima é o *gatekeeper* do processo[51], pois que as autoridades se inclinam para perseguir maioritariamente os crimes denunciados, pelo que pode assinalar-se uma tendência para que os crimes económico-financeiros propendam mais a ficar irresolvidos.

Não poderá negar-se, pois, quer a importância da constituição da vítima como assistente nos processos-crime de natureza económico-financeira, quer a sua particular dificuldade. Tal possibilidade existe, aliás, com matizes diferenciados que poderão auxiliar na tarefa que acabamos de caraterizar como complexa. De facto, nos termos da alínea a) do n.º 2 do artigo 68.º do CPP, poderão constituir-se como assistentes num determinado processo os ofendidos, desde que maiores de 16 anos. Retomando-se aqui a noção de ofendido que nos é fornecida pelo CP, considerar-se-ão enquanto tais os titulares dos interesses que a lei *especialmente* quis proteger com a incriminação. Ou seja, ainda que na presença de um crime económico-financeiro, se o tipo legal se destinar a proteger os interesses jurídicos de uma pessoa determinada ou determinável, esta pode constituir-se como assistente, nos termos daquele preceito legal.

Se assim não for, todavia, nomeadamente por estarem em causa tipos incriminadores que visem tutelar exclusivamente bens jurídicos supra-individuais (ou, com mais propriedade, segundo cremos, bens jurídicos coletivos[52]), a possibilidade de constituição de assistente enquanto ofen-

[50] Chamando já a atenção para este aspeto, JORGE DE FIGUEIREDO DIAS e MANUEL DA COSTA ANDRADE, *Criminologia. O Homem Delinquente e a Sociedade Criminógena*, Coimbra, Coimbra Editora, 1997 (2.ª reimpressão), pp. 448 e ss.

[51] Na expressão cunhada por MICHAEL J. HINDELANG e MICHAEL GOTTFREDSON, "The victim's decision not to invoque the criminal justice process", *in* W. MCDONALD (ed.), *Criminal Justice and the victim*, Beverly Hills, Sage, 1976, pp. 57-78.

[52] Cfr. o que a este propósito dissemos em FLÁVIA NOVERSA LOUREIRO, *op. cit.*, pp. 461 e ss., onde fazemos a distinção entre bem jurídico supra-individual e bem jurídico coletivo, na senda da diferenciação feita por DULCE MARIA SANTANA VEGA, *La protección de los bienes jurídicos colectivos*, Madrid, Dykinson, 2000, pp. 77 e ss., ente bens jurídicos supra-individuais institucionais e coletivos.

dido não existe, ficando a vítima, em regra, afastada do processo-crime, senão porventura como testemunha. Há, todavia, uma outra possibilidade, ainda que para casos restritos. Efetivamente, muito embora o artigo 68.º do CPP esteja construído, tal como dissemos, em torno da noção estrita de ofendido que é sufragada pelo Código Penal, a sua alínea e) consente, para um determinado conjunto de hipóteses, uma intrusão da noção de ofendido em sentido amplo, de vítima.

Assim, quando estejam em causa crimes contra a paz e a humanidade, bem como crimes de tráfico de influência, favorecimento pessoal praticado por funcionário, denegação de justiça, prevaricação, corrupção, peculato, participação económica em negócio, abuso de poder e de fraude na obtenção ou desvio de subsídio ou subvenção, o CPP permite que qualquer pessoa se constitua assistente. É a assunção pelo legislador de que, nestes crimes, estamos perante a afetação de bens jurídicos supra-individuais ou coletivos, que dizem respeito a toda a comunidade e em cuja perseguição esta deve estar empenhada. Em crimes, portanto, como corrupção, peculato, participação económica em negócio, abuso de poder e fraude na obtenção ou desvio de subsídio ou subvenção – tipos facilmente enquadráveis na criminalidade económico-financeira e que dela representam mesmo uma fatia significativa – qualquer pessoa, um qualquer cidadão (porque todos considerados vítimas dos crimes desta natureza) pode constituir-se como assistente.

De fora destas hipóteses ficam, porém, um número muito significativo de casos. Situações em que, como resulta da reflexão que temos vindo a fazer, a vítima não é determinável ou não tem um interesse direto, jurídico-penalmente tutelado pela norma. Quando estejamos dentro da primeira hipótese (vítima difusa ou não determinável), enfrentaremos provavelmente uma efetiva impossibilidade – uma verdadeira impossibilidade fática – de constituição de assistente, com todas as consequências daí decorrentes, nomeadamente para o esclarecimento dos factos e recolha de provas, que tentámos atrás enunciar.

Já quando, pelo contrário, nos movamos dentro do âmbito do segundo núcleo de hipóteses (não existir interesse individual direito protegido pela norma), podemos porventura equacionar se, ainda aqui, não estaremos perante circunstâncias que permitam – ou devessem permitir – a constituição de assistente. Na verdade, sempre que, face a um determinado tipo incriminador, possa haver, para lá do bem jurídico supra-individual tutelado a título principal, um outro bem jurídico de matriz individual secundariamente protegido, perguntamo-nos se não devia a jurisprudência (e mesmo, se se mostrar necessário, o próprio legislador), reconhecer a possibilidade de constituição de assistente dos titulares de tais bens jurídicos. Uma tal opção caberá ainda, segundo cremos, numa interpretação menos restritiva da alínea a) do n.º 1 do artigo 68.º do CPP, tal como tem vindo a ser feito, aliás, pela jurisprudência noutros âmbitos[53].

Nesses casos, portanto, a pessoa ou pessoas (já agora, individual ou coletiva) que, muito embora não sendo titular do interesse que a norma quis proteger, sofra a manifestação do comportamento criminoso, cujas consequências se repercutam na sua esfera jurídica, poderia constituir-se assistente no processo-crime respetivo, colaborando com o Ministério Público no apuramento da verdade material. Certo será, naturalmente, que uma tal possibilidade há de ser analisada cuidadosamente, sob pena de – ao tentarmos alargar o núcleo daqueles que, sendo afetados pelo crime, possam intervir no processo, no sentido quer de aumentar a sua eficácia, quer de oferecer uma justiça mais plena e próxima dos cidadãos – dilatarmos

[53] Veja-se a este respeito o acórdão do STJ n.º 1/2003, publicado na Série I do Diário da República em 27 de fevereiro de 2003, que fixou jurisprudência no sentido de que, no crime de falsificação de documento, a pessoa cujo prejuízo seja visado pelo agente pode constituir-se como assistente. Como se explica na decisão, "a análise do tipo legal de falsificação de documento do artigo 256.º do Código Penal permite concluir que a circunstância de ser aí protegido um interesse de ordem pública não afastou, sem mais, a possibilidade de, ao mesmo tempo, ser também imediatamente protegido um interesse susceptível de ser corporizado num concreto portador, aquele cujo prejuízo o agente visava, assim se afirmando a legitimidade material do ofendido para se constituir assistente". Em sentido convergente, voltou a decidir o STJ no acórdão de fixação de jurisprudência n.º 8/2006, publicado na Série I do Diário da República em 28 de novembro de 2006, neste caso a respeito do crime de denúncia caluniosa: "[n]o crime de denúncia caluniosa, previsto e punido pelo artigo 365.º do Código Penal, o caluniado tem legitimidade para se constituir assistente no procedimento criminal instaurado contra o caluniador". Uma vez mais, a argumentação sublinha que "[...] podem constituir-se assistentes os que forem titulares do interesse especialmente protegido pela incriminação. Decorre, ainda, que o caluniado é titular de um dos interesses que a lei especialmente protege com o crime de denúncia caluniosa. Em consequência, o alegadamente caluniado pode constituir-se assistente em procedimento criminal relativo ao crime de denúncia caluniosa instaurado contra o indiciado como seu caluniador. Se este ao mesmo tempo que afronta a realização da justiça ofende a integridade moral do caluniado, o qual é pessoa diversa daquele, num Estado de direito material importa que se confira ao caluniado o direito de intervenção processual penal na salvaguarda da sua integridade moral, direito que se há-de concretizar, desde logo, na possibilidade da sua constituição como assistente".

em demasia a faculdade de interferir com a aplicação da justiça penal, acabando por malograr os referidos objetivos.

Num último ponto, intrinsecamente relacionado com o anterior, não podemos deixar de questionar-nos acerca do papel que a pessoa coletiva desempenha no atual quadro jurídico-penal. Tendo em consideração que ela pode ser autor do crime (quer em profusa legislação avulsa, particularmente importante em matéria de criminalidade económico-financeira, quer, desde 2007, em relação a um determinado número de tipos legais previstos no Código Penal[54]), e sendo certo que nada obsta a que possa igualmente ser vítima do facto criminoso – o que, como dissemos já, terá até alguma probabilidade de suceder nos casos de criminalidade económico-financeira –, poderá esta constituir-se assistente nos casos em que, nos termos que vimos de caracterizar, seja titular de um interesse tutelado pela norma incriminadora?

Muito embora não estivesse decerto na mente do legislador a previsibilidade de uma pessoa coletiva se tornar assistente num processo-crime, parece-nos que, apesar de tudo, o art. 68.º do CPP não é absolutamente contrário a uma tal interpretação, muito embora ela possa exigir alguma atividade criadora (que, porventura, deveria ser evitada através de intervenção legislativa). Efetivamente, por um lado, o próprio corpo do n.º 1 do preceito fala de pessoas e *entidades* a quem leis especiais confiram esse direito, abrindo aqui a possibilidade de constituição como assistentes de pessoas coletivas[55] – na verdade, há no nosso ordenamento jurídico a possibilidade de algumas organizações se constituírem assistentes em determinados processos-crime (como é, por exemplo, das associações ambientalistas, no

[54] Nos termos do art. 11.º do Código Penal, as pessoas coletivas e entidades equiparadas, com exceção do Estado, de outras pessoas coletivas públicas e de organizações internacionais de direito público, podem ser responsabilizadas pela prática de um conjunto de crimes (tão díspar como os maus-tratos ou o tráfico de influências), desde que estes tenham sido cometidos em seu nome e no interesse coletivo por pessoas que nelas ocupem uma posição de liderança, ou por quem aja sob a autoridade dessas pessoas em virtude de uma violação dos deveres de vigilância ou controlo que lhes incumbem.

[55] Em boa verdade, o legislador pensou esta possibilidade para a participação no processo penal de associações e fundações de defesa de interesses dos cidadãos, tal como está previsto, aliás, na lei n.º 83/95, de 31 de agosto. Não se vislumbra, todavia, qualquer razão para que tal direito seja concedido a tais organizações e não posso sê-lo a pessoas coletivas direta ou indiretamente afetadas pelo comportamento criminoso.

caso de crimes contra a natureza ou de poluição[56], ou o das associações zoófilas, quando se trate de crimes praticados contra animais de companhia[57]). Enquanto, por outro, será aceitável que, ao menos na hipótese prevista na alínea a) daquele n.º 1 – que prevê a possibilidade de constituição de assistente dos ofendidos, considerando-se como tais os titulares dos interesses que a lei especialmente quis proteger com a incriminação –, possam ainda caber as pessoas coletivas (desconsiderando, por desadequada ao caso, a referência feita na parte final do preceito à necessidade de que a pessoa seja maior de dezasseis anos).

Nenhum sentido fará, se bem vemos, vedar às pessoas coletivas a possibilidade de se constituírem assistentes em processo penal, ao menos quando sejam as titulares dos interesses protegidos pela norma. Como se operacionalizará um tal direito, quem representará a pessoa coletiva, em que termos se processará a colocação em prática desta faculdade, são questões que se colocam a jusante da que aqui abordamos e para o tratamento das quais este não é o local apropriado. Muito embora, sempre se dirá que são só mais algumas das muitas interrogações que as pessoas coletivas e a sua relevância jurídico-penal suscitam e às quais não poderemos continuar a permanecer indiferentes. Sob pena de acentuarmos um desfasamento que, a este propósito, se faz já sentir no nosso ordenamento jurídico entre aquilo que vai estabelecido na legislação substantiva e o que encontra respaldo concreto no regime processual penal.

[56] De acordo com o estabelecido no art. 25.º da referida lei n.º 83/95.

[57] Nos termos do recente n.º 1 do art. 10.º da lei n.º 69/2014, de 29 de agosto, que criminalizou os maus tratos a animais de companhia.

Conferência de encerramento

As alterações processuais penais e a criminalidade económico-financeira

MANUEL MONTEIRO GUEDES VALENTE
Doutor em Direito e Professor Universitário
Coordenador Científico do Congresso

Chegamos ao fim de dois dias de congresso que proporcionou o debate de temas jurídico-processuais penais que nos inquietam e nos preocupam. Parece-nos que os objetivos do Congresso foram atingidos e que temos muita matéria jurídica para refletir e para estudar as melhores interpretações e aplicações da norma jurídica de modo que se construa uma democracia mais sólida, mais justa, mais livre e mais solidária.

Cumpre-nos fazer uma breve viagem sobre as alterações processuais penais e a criminalidade económico-financeira. Não irei fazer uma análise com a profundidade que desejariam, mas com simplicidade alertar mais uma vez que adiamos o assumir de um Código de Processo Penal que garanta, acima de tudo, a ***segurança jurídica*** que se impõe a um Estado de direito e democrático, como princípio basilar de uma democracia constitucional como a portuguesa e a brasileira.

O adiamento de se avançar, de uma vez por todas, para uma alteração séria e responsável na legiferação de um CPP que seja espelho de uma ***sistematização consistente jurídico-processual*** e não espelho de mais um remendo que assenta em uma ideia «ilusória» de eficácia e de celeridade processual, que, na prática e conjuntura económico-financeira vigentes, não passa, como escreve Germano Marques da Silva, do "resultado das intuições de alguns juristas e políticos inspiradas por um certo populismo em matéria de combate ao crime, que parece ter-se apoderado da sociedade portuguesa ou pelo menos dos meios de comunicação social"[1].

A ideia de eficácia da prevenção e da repressão criminal, em especial à criminalidade organizada – onde se encaixa em regra a criminalidade económico-financeira (*v. g.*, branqueamento de bens, corrupção no sector público e no sector privado, desvio de subvenção, fraude fiscal e contra a segurança-social, contrabando, etc.) –, que tem regido as últimas alterações processuais penais, não pode ser prosseguida com a delação dos direitos humanos. Não se investe em saber o «porquê» da ineficácia da lei vigente, altera-se a lei com a ideia de que aquela redação vai dotar o sistema de maior eficácia. Como já escrevêramos, reina o princípio do *achismo* e o princípio *palpiteiro* nas reformas legislativas sem que primeiro se olhe para o todo e se lhe dê a estrutura, a coerência e a consistência sistemática.

A opção da prevenção e repressão criminal de fenómenos (condutas) económico-financeiros, que convive com vítimas invisíveis ou indeterminadas e com agentes de crimes nem sempre físicos – pessoas coletivas (ou pessoas jurídicas) e entidades equiparadas[2] –, implica primeiro saber se esta opção legislativa é o meio mais adequado e indispensável para alcançar esse desiderato e, caso seja positiva a conclusão, deve-se ter um Código de Processo Penal que responda à demanda sob o equilíbrio da persecução penal imposto pela Constituição.

Os arguidos e as vítimas (mesmo invisíveis e inidentificáveis) no âmbito da criminalidade económico-financeira têm direito a um processo penal que respeite e alcance as finalidades do processo penal: (**i**) *descoberta da verdade material processual* e *válida judicialmente*, (**ii**) *realize a justiça*, (**iii**) *respeite e garanta os direitos fundamentais de todos os cidadãos* (em especial do arguido e das vítimas) e (**iv**) *restabeleça a paz jurídica e a paz social.*

[1] Cfr. Germano Marques da Silva, Notas Avulsas sobre as Propostas de Reforma das Leis Penais (Proposta de lei n.º 75/XII, 76/XIII e 77/XII)", *in Revista da Ordem dos Advogados*, ano 72, Abr./Sert. 2012, Lisboa, p. 531.

[2] Veja-se a admissibilidade desta extensibilidade no quadro do *cibercrime* – regime jurídico que deixa muito a desejar na prevenção e repressão da criminalidade económico-financeira – em José de Oliveira Ascensão, "O Cibercrime", *in* Maria Fernanda Palma *et Alii* (Coord.), *Direito Penal Económico e Financeiro. Conferências do Curso Pós-Graduado de Aperfeiçoamento*, Coimbra: Coimbra Editora, 2012, pp. 317-318.

Se o arguido é uma pessoa física, os direitos, as liberdades e as garantias encontram-se positivadas – não obstante a contínua tentativa de diminuição ou de apagamento do reino jurídico-positivo –, mas face às grandes interpelações de juristas[3] sobre a necessidade de a uma responsabilização penal material das pessoas coletivas (e entidades equiparadas) deve corresponder uma panóplia de direitos, liberdades e garantias no espectro do direito penal processual. No mínimo, como escreve GERMANO MARQUES DA SILVA, impõe-se que se constituam "um conjunto de normas de adaptação do processo comum à idiossincrasia particular destes sujeitos"[4] processuais penais.

Razão tem FARIA COSTA quando nos diz que a «complexidade na determinação de todos os elementos do tipo, a que acresce que a atividade criminosa não tem como destinatários vítimas bem individualizadas, faz com que **haja uma inibição** e **torne particularmente difícil a própria denúncia** ou **o próprio "aparecimento" do crime**», assim como nos encontramos no âmbito de uma fenomenologia criminal com um "forte poder de **neutralização**"[5].

Um Estado democrático e de direito está obrigado a responsabilizar os autores das condutas que a lei considera como crime económico-financeiro, mas está obrigado a criar um sistema processual penal adequado à aquisição da notícia do crime – de difícil labor – e ao desenvolvimento do *iter processualis*, garantindo aos entes jurídicos direitos e garantias adequados à sua natureza sob pena de a responsabilidade das pessoas coletivas tão-só servir de muleta à responsabilidade dos agentes físicos dos crimes. Opção não partilhada por nós por ser contrária à lealdade e à democraticidade de um processo penal do séc. XXI.

As alterações produzidas estão bem localizadas e dirigidas à **diminuição de direitos e garantias** dos arguidos. As alterações dirigem-se à

[3] Sendo a mais pertinente e a mais audaz apresentada por GERMANO MARQUES DA SILVA, " Questões processuais na responsabilidade cumulativa das empresas e seus gestores", *in Que Futuro para o Direito penal processual Penal? Simpósio em Homenagem a JORGE DE FIGUEIREDO DIAS, por Ocasião dos 20 anos do Código de Processo Penal Português*, Coimbra: Coimbra Editora, 2009, pp. 789-803.

[4] GERMANO MARQUES DA SILVA, "Questões processuais na responsabilidade ...", *in Que Futuro para o Direito Penal Processual ...*, p. 802.

[5] JOSÉ DE FARIA COSTA, *Direito Penal Económico*, Coimbra: Quarteto, 2003, p. 82. Negrito nosso.

contínua restrição dos direitos de e à celeridade processual, ao silêncio, à não autoincriminação, aos princípios da imediação e da oralidade do julgamento[6], ao respeito pela estrutura acusatória do processo (o JIC intervém cada vez mais na fase de inquérito, como denota a agora admissibilidade do JIC aplicar medida de coação diferente da requerida pelo MP).

Assiste-se não só ao "assassinato" da essência funcional do JIC – juiz das liberdades que passa a ser "comproprietário" do inquérito podendo ou não ser um codecisor sobre o desenvolvimento de um processo-crime por meio da aplicação da medida de coação –, como ainda assistimos à promoção da morte lenta da estrutura processual penal portuguesa consagrada na nossa constituição: estrutura acusatória.

Esta estrutura que assenta em uma ideia filosófico-jurídico-política de separação de funções – uma diferenciação orgânica e respetiva diferenciação material de intervenção no *iter porcessualis* – encontra-se desequilibrada com o consequente aumento dos poderes do JIC na fase de inquérito, que se assume como um influente co-diretor do inquérito [decisão do segredo de justiça prevista no art. 86.º do CPP e a atual admissibilidade de decidir da medida de coação diferente da proposta pelo MP, prevista no n.º 2 do art. 194.º do CPP].

O JIC deixa o seu papel de ser o juiz das liberdades e assume-se, numa linha *justicialista*, como um interventor emotivo do andamento do processo colocando em causa o processo penal democrático assente na estrutura acusatória.

Existe a ilusão de se «acabar com a impunidade», como se a notícia de um crime ou a validade como elemento de prova de declarações prestadas nas fases processuais anteriores ao julgamento fossem a luz da condenação, violando a Constituição e a estrutura constitucional do nosso processo penal.

A questão que gostaríamos de deixar em cima da mesa hoje é a seguinte:

Para quando uma reforma processual penal, assumindo-se de uma vez por todas o ***princípio da reserva de código*** que se deseja num Estado subordinado ao Direito, que:

- Integre no código de processo penal os meios de obtenção de prova semeados pela legislação processual avulsa – p. e., registo de voz e imagem, agente infiltrado, revista ao corpo, revistas e buscas não domiciliárias especiais no âmbito das armas, controlo de contas

[6] Cfr. artigos 141.º, n.º 4, al. *b*) conjugado com o art. 357.º, n.º 1, al. *b*) do CPP.

bancárias, quebra de segredo profissional, pesquisa de dados informáticos, apreensão de dados informáticos, apreensão de correio eletrónico e registos de comunicações de natureza semelhante, interceção de comunicações no âmbito do sistema informático.

- Integre todas as medidas de coação espalhadas em legislação avulsa processual penal no Código de Processo Penal – p. e., obrigação de tratamento em estabelecimento adequado (p. no art. 55.º do DL n.º 15/93, de 22 de janeiro) ou a caução económica e o arresto preventivo previstas nos artigos 48.º e 49.º do DL n.º 28/82.
- Integre todas as medidas cautelares e de polícia da legislação processual penal no Código de Processo Penal – vejam-se as previstas no DL n.º 28/84, como a apreensão de bens (art. 46.º), revista ao corpo (art. 53.º do DL n.º 15/93), revistas e buscas não domiciliárias especiais no âmbito das armas (art. 109.º do RJAM).
- Seja capaz de diferenciar, com clareza e nitidez, meios de obtenção de prova de medidas cautelares e de polícia – localização celular e apreensão de correspondência – de modo a afastar as conceções e interpretações inadequadas e extrapoladas do rigor científico jurídico.
- Expurgue o CPP das mais variadas inconstitucionalidades materiais e construções jurídico-positivas geradoras de insegurança jurídica, a título de exemplo:
  - a al. *c)* d n.º 2 do art. 177.º do CPP, que ultrapassa a autorização de restrição constitucional do direito à inviolabilidade de domicílio, durante a noite, consagrada no n.º 3 do art. 34.º da CRP.
  - o prazo de 10 dias para comunicação da notícia do crime [n.º 3 do art. 243.º e n.º 1 do art. 248.º do CPP] viola o princípio da jurisdicionalidade de todo o processo, consagrado pela nossa Constituição, cuja consequência na ultrapassagem do prazo não pode ser outra que a inadmissibilidade de todo o conteúdo produzido pelos OPC por estarmos perante uma hipotética fase processual – pré-inquérito – não prevista na nossa ordem jurídica desde 1945, pela mão de Cavaleiro de Ferreira, por meio de uma *interpretação extensiva* da al. *b)* do art. 119.º do CPP, uma vez que *não existe promoção do processo por parte do Ministério Público* e sim pelos OPC.

- Faltou uma harmonização dos pressupostos e fundamentos do recurso aos meios de obtenção de prova geradores de maior *danosidade social: v. g.*, agente infiltrado e as respetivas restrições quanto ao âmbito e quanto ao fim deste meio excecional, e a apreensão de correspondência cujos princípios da indispensabilidade de recurso à diligência para descoberta da verdade e o princípio da impossibilidade objetiva para obtenção de prova voltaram a ficar estacionados nos artigos referentes à interceção de comunicações e de conversações [n.º 1 do art. 187.º do CPP e n.º 2 do art. 18.º da Lei do Cibercrime].

Como podemos ver ao longo deste dois dias, há muito trabalho a fazer e em especial no processo penal e no quadro da criminalidade económico-financeira. Ao longo destes dois dias foram elencados vários problemas e alguns caminhos possíveis. É um objetivo do Congresso cumprido que se concretizará no seu todo com a publicação em livro e em e-book das comunicações disponibilizadas pelos conferencistas.

Lisboa (Hotel Altis), 12 de abril de 2013

ÍNDICE

CONFERÊNCIA DE ENCERRAMENTO